Les secrets de
l'expertise immobilière

Graphique de couverture:
Indices des prix immobiliers dans le canton de Zurich (BNS et Stat. ZH, 1980=100).
Source: BNS: *Bulletin mensuel de statistiques économiques*, Tab. 04.3.
Graphique réalisé par Philippe Thalmann

Les secrets de l'expertise immobilière
Prix et valeurs

Quatrième édition revue et augmentée

Philippe Favarger
et Philippe Thalmann

PRESSES POLYTECHNIQUES ET UNIVERSITAIRES ROMANDES

Egalement disponibles:

Locataire ou propriétaire
Enjeux et mythes de l'accession à la propriété
Philippe Thalmann et Philippe Favarger

Le prix des immeubles
10 cas pratiques +1
Lorenzo Pedrazzini et François Micheli

La politique du logement (Collection Le savoir suisse)
Stéphane Cuennet, Philippe Favarger, Philippe Thalmann

La construction et son environnement en droit public
Eléments choisis pour les architectes, les ingénieurs et les experts de l'immobilier
Jean-Baptiste Zufferey, Isabelle Romy

Les Presses polytechniques et universitaires romandes sont une fondation scientifique dont le but est principalement la diffusion des travaux de l'Ecole polytechnique fédérale de Lausanne ainsi que d'autres universités et écoles d'ingénieurs francophones. Le catalogue de leurs publications peut être obtenu par courrier aux Presses polytechniques et universitaires romandes,
EPFL – Rolex Learning Center, CH-1015 Lausanne, par E-Mail à ppur@epfl.ch,
par téléphone au (0)21 693 41 40, ou par fax au (0)21 693 40 27.

http://www.ppur.org

ISBN 978-2-88074-959-0
Quatrième édition revue et augmentée
© Presses polytechniques et universitaires romandes, 2012, pour la quatrième édition
© Presses polytechniques et universitaires romandes, 2009, pour la troisième édition
© Presses polytechniques et universitaires romandes, 2008, pour la deuxième édition
© Presses polytechniques et universitaires romandes, 2007, pour la première édition

Tous droits réservés
Reproduction, même partielle, sous quelque forme ou sur quelque support que ce soit, interdite sans l'accord écrit de l'éditeur.

Imprimé en Italie

Avertissement

Dès la première édition de cet ouvrage, nous nous sommes écartés sensiblement de la «doctrine» de l'évaluation immobilière sur différents points. La reconstruction de l'édifice a été progressive. Nous avons laissé de côté le terme de valeur, qui prête trop à confusion. A la recherche du prix probable, nous avons distingué l'approche directe consistant à interpréter les prix payés de l'approche indirecte consistant à reproduire le fonctionnement du marché. Dans cette dernière optique, nous avons centré l'analyse sur les acteurs et leurs alternatives. Nous avons également remis en cause la manière d'appliquer certaines méthodes (par exemple l'actualisation des recettes et des dépenses au même taux) ainsi que certaines hypothèses couramment retenues (par exemple la croissance exponentielle). Nous avons encore esquissé les différences entre les calculs de l'expert-conseil et ceux de l'évaluateur.

L'ensemble n'était ni tout à fait abouti ni tout à fait suffisant. L'ouvrage a donc encore été amélioré. Il n'est toujours pas totalement satisfaisant car certaines questions n'ont toujours pas trouvé réponse et certaines réponses appellent de nouvelles questions. Il reste donc de la place pour de nouvelles réflexions.

Le lecteur de la troisième édition était averti que le terme de *méthode* ne nous semblait pas le plus approprié pour désigner les voies que peut suivre l'expert pour déterminer ou pour estimer un prix acceptable ou un prix probable. Nous avons revu cette terminologie et distinguons dorénavant deux approches et trois familles de méthodes.

L'approche par comparaison directe consiste à estimer le prix probable sur la base essentiellement des prix payés sur le marché, en supposant que deux biens identiques ont le même prix. L'approche par les prix équivalents vise à déterminer le prix acceptable pour un acteur donné, en regard des alternatives qui s'offrent à lui. Lorsque l'expert considère un acteur typique du marché, cette approche sert également à estimer indirectement le prix probable.

Nous appelions *méthode par les coûts* les calculs formalisant la comparaison entre l'acquisition d'un immeuble et l'alternative de construire un immeuble semblable. Mais cette comparaison peut s'effectuer avec différentes méthodes, allant de la traditionnelle valeur intrinsèque à une comparaison détaillée des flux futurs de liquidités. Nous dirons donc que l'expert applique des *méthodes par les coûts*. C'est la première famille.

Il en est de même lorsque l'alternative est d'investir dans un autre type d'actifs (ou de prendre en location un immeuble semblable en ce qui concerne l'acteur usager). Les méthodes vont de la traditionnelle valeur de rendement par capitalisation à la méthode *DCF* (*Discounted Cash Flow*). Nous parlerons alors de *méthodes par les revenus*. Deuxième famille.

Pour la détermination d'un prix équivalent par comparaison avec l'alternative consistant à acheter un autre immeuble, nous parlions de *méthode par comparaison directe*. Et nous employions les mêmes termes pour désigner l'estimation du prix probable sur la base des prix payés, ce qui prêtait à confusion. Nous avons maintenant distingué ces deux approches. Quant aux méthodes, certaines sont typiques de l'approche par comparaison directe (la méthode hédoniste par exemple), d'autres sont plus adéquates pour déterminer un prix équivalent (la méthode multicritère par exemple), mais d'autres encore peuvent être appliquées dans les deux cas (l'ajustement des rapports revenu/prix par exemple) et surtout elles ont toutes en commun de se référer aux prix du marché (demandés ou payés). Nous les qualifierons donc de *méthodes par les prix*, dans les deux approches. C'est la troisième famille.

La distinction entre la problématique de l'expert qui détermine un prix équivalent pour un acteur particulier, celle de l'expert qui estime un prix équivalent en vue de cerner le prix probable et enfin celle de l'expert qui estime directement le prix probable, distinction entamée dans la troisième édition, a été finalisée dans celle-ci. Pour ce faire, certaines sections des chapitres 3, 4 et 5 (prix équivalents pour les acteurs) ont été déplacées dans les chapitres 7 (approche du prix probable par comparaison directe) et 8 (approche du prix probable par les prix équivalents). Le chapitre 6 est dorénavant entièrement dédié à la formation des prix payés et aux principes fondamentaux de leur prévision, ce que l'on appelle couramment la *valeur vénale*. Enfin, nous avons ajouté un chapitre entièrement neuf, le 9 justement, pour détailler la façon dont l'expert peut réconcilier différentes approches du prix et aboutir à une synthèse répondant aux attentes de son client.

D'autres défauts subsistent évidemment et la réflexion se poursuit. Nous disions dans l'édition précédente espérer avancer sur la problématique presque philosophique du choix entre une croissance exponentielle et une croissance linéaire, puis particulièrement sur l'adaptation nécessaire des calculs d'actualisation dans l'hypothèse d'une croissance linéaire. Mais la frénésie (exponentielle?) de la vie moderne en a décidé autrement. Les changements présentés ci-avant ont monopolisé plus d'énergie que prévu. Il ne nous reste donc plus qu'à espérer la perspective d'une cinquième édition pour remettre l'ouvrage sur le métier.

Remerciements

Les auteurs sont reconnaissants aux nombreux participants aux cours de formation continue organisés à l'EPFL à ce sujet pour les avoir stimulés dans la rédaction et l'amélioration de ce livre.

TABLE DES MATIÈRES

	Avertissement	IX
	Remerciements	XI
Chapitre 1	Introduction	1
Chapitre 2	Prix, valeurs et méthodes d'estimation	11
	2.1 Les prix	11
	2.2 Les alternatives des acteurs	14
	2.3 Les prix équivalents	16
	2.3.1 Les prix équivalents pour l'acheteur usager	16
	2.3.2 Les prix équivalents pour l'acheteur investisseur	22
	2.3.3 Des acheteurs aux motifs particuliers	28
	2.3.4 Les prix équivalents pour le propriétaire investisseur	28
	2.3.5 Les prix équivalents pour le propriétaire usager	30
	2.4 En résumé	31
Chapitre 3	Comparaison avec d'autres immeubles proposés à l'achat	33
	3.1 Choisir des biens assez semblables	35
	3.2 Imaginer des travaux éliminant les différences	37
	3.3 Tenir compte des différences de qualité	37
	3.3.1 Corrections simples	37
	3.3.2 Une analyse multicritère	38
	3.4 Utiliser le multiplicateur du revenu	40
	3.5 En résumé	41

Chapitre 4	**Estimation du prix à partir des revenus** 43
	4.1 Rendement et valeur actuelle 44
	4.1.1 Fonds et cash-flow libre 44
	4.1.2 Taux de rendement et taux d'actualisation . . . 46
	4.1.3 Actualisation des cash-flows libres 47
	4.1.4 Prise en compte de l'incertitude 49
	4.2 Simplifier l'actualisation des cash-flows en les capitalisant 50
	4.3 Période d'actualisation et horizon d'investissement . 52
	4.4 Comment prévoir les cash-flows? 54
	4.4.1 Cash-flows de l'investisseur 54
	4.4.2 Cash-flows de l'usager 55
	4.4.3 Les sorties de liquidités en détail 56
	4.4.4 Les entrées de liquidités en détail 64
	4.5 Le mystère du taux d'actualisation 66
	4.5.1 Taux d'intérêt et taux de rendement 67
	4.5.2 Taux nominal et taux réel 68
	4.5.3 La relation entre risque et rendement 69
	4.5.4 La fixation du taux d'actualisation 73
	4.5.5 Le taux de capitalisation 80
	4.6 Et si la croissance était linéaire? 82
	4.7 En résumé 84
Chapitre 5	**Le coût de production d'un immeuble semblable** . . . 85
	5.1 Le prix probable du terrain 92
	5.1.1 Le prix du terrain selon les données du marché 92
	5.1.2 Le prix du terrain par déduction 94
	5.2 Le prix de l'ouvrage 95
	5.2.1 Le prix de revient de construction 95
	5.2.2 La vétusté 97
	5.2.3 L'obsolescence 100
	5.3 Autres éléments à prendre en compte 102
	5.3.1 La disponibilité immédiate 102
	5.3.2 Les coûts de gestion et les risques 103
	5.3.3 La liberté de conception 104
	5.3.4 Un ouvrage qui ne peut plus être reconstruit . . 104
	5.4 Le prix équivalent 105
	5.5 En résumé 105
Chapitre 6	**La formation du prix payé et sa prévision** 107
	6.1 Des prix équivalents au prix acceptable 107
	6.2 Le processus d'échange qui conduit au prix payé . . . 108
	6.2.1 Du prix acceptable au prix d'exercice 108
	6.2.2 Des prix d'exercice au prix payé 112

	6.2.3 L'incidence des alternatives sur le prix payé	113
	6.2.4 La loi du marché	114
6.3	Prix probable et valeur vénale	114
	6.3.1 Une diversité de prix probables possibles	114
	6.3.2 Prendre en compte ou non le point de vue du propriétaire	115
	6.3.3 Le prix probable peut être estimé directement ou indirectement	116
6.4	En résumé	117

Chapitre 7 Estimation directe du prix probable ... 119
- 7.1 La comparaison immédiate ... 122
- 7.2 Ajustement sur les caractéristiques ... 126
  - 7.2.1 Ajustement sur une seule caractéristique ... 126
  - 7.2.2 Ajustement sur plusieurs caractéristiques ... 129
- 7.3 Le multiplicateur du revenu ... 130
- 7.4 Indexation d'un prix antérieur du bien ... 137
- 7.5 Le prix probable par comparaison directe ... 140
- 7.6 En résumé ... 141

Chapitre 8 L'estimation indirecte du prix probable ... 143
- 8.1 Identifier les types d'acheteurs potentiels ... 144
- 8.2 Etablir les comparaisons appropriées ... 145
- 8.3 Reproduire le raisonnement des acteurs ... 147
- 8.4 La méthode des classes de centralité ... 153
- 8.5 Prendre en compte l'état du marché ... 157
- 8.6 En résumé ... 159

Chapitre 9 La synthèse de l'expert ... 161
- 9.1 La synthèse de l'expert-conseil ... 162
- 9.2 La synthèse de l'expert-estimateur ... 164
- 9.3 La conclusion de l'expert ... 169
- 9.4 En résumé ... 171

Chapitre 10 Conclusion en dix thèses pour évaluer un bien ... 173

Annexe 1 Valeurs de référence (en Suisse) ... 181

Annexe 2 Introduction aux calculs financiers ... 189

Annexe 3 Cas pratique ... 197

Lexique ... 213

Bibliographie ... 219

Chapitre 1

INTRODUCTION

Pourquoi ce livre?
Tout «bon» rapport d'expertise peut donner l'illusion au lecteur non averti que l'évaluation immobilière est une science exacte. Loin s'en faut. Les caractéristiques des biens et les particularités du marché immobilier (voir encadré) induisent une multiplicité de concepts, d'approches, de méthodes, de techniques et de résultats. Pire, la théorie et la pratique sont truffées d'affirmations péremptoires, d'hypothèses plus ou moins implicites ou arbitraires, de raccourcis, d'approximations, de confusions et d'autres merveilles du genre, qui en font un monde enchanté où tout semble permis et où chacun croit détenir la vérité.

Tableau 1.1 Les particularités des biens immobiliers.

Caractéristiques	Incidences
hétérogènes	sous-marchés
	comparaisons difficiles
	objets d'amateur
immobiles	pas de rééquilibrage spatial, marchés localisés
intensifs en sol	contraintes d'aménagement du territoire
	rareté des terrains
longs à produire	réaction lente de l'offre à une variation de la demande
durables	importance du coût de maintenance
	impossibilité d'adapter l'offre à la baisse
chers	financement hypothécaire (importance des fonds étrangers)
indispensables	demande peu sensible aux prix, forte variabilité des prix

L'évaluation immobilière mérite bien un ouvrage supplémentaire. Celui-ci se veut autant essai que manuel. Il tente de structurer la problématique et de décrire et classifier les méthodes d'évaluation de façon globale, logique et cohérente, au prix de certaines libertés prises vis-à-vis des doctrines et de la terminologie consacrées.

«Quelle est la valeur de cet immeuble?» Telle est la question à laquelle est confronté l'expert. Question piège s'il en est, et terminologie qui illustre d'emblée la principale confusion régnant dans le domaine. Le concept de valeur est multiforme, de sorte que le substantif seul est insuffisant. Surtout que la connotation morale du terme laisse la porte ouverte aux querelles idéologiques et suscite la vaine quête de la «vraie» valeur, alors qu'il s'agit seulement d'une question de définition (qui doit être réglée par convention).

La confusion des mots
Lorsque la question est plus précise, c'est habituellement de *valeur vénale* dont il s'agit, à savoir du prix auquel un bien devrait pouvoir être vendu sur le marché. La question est ainsi plus claire, mais la réponse n'en est pas forcément beaucoup plus facile. Personne ne connaît la valeur vénale d'un immeuble. Elle ne peut être ni observée ni calculée. La transaction n'est que virtuelle, le prix du marché n'est pas le résultat d'une formule mathématique et la valeur vénale ne peut donc être qu'estimée, avec une marge d'erreur parfois considérable.

L'expert recourt à différentes méthodes pour procéder à cette estimation. Il calcule typiquement une *valeur de rendement*, soit le montant en capital que le revenu locatif permet de rémunérer, ou une *valeur intrinsèque* définie comme le prix de reproduction du bien, vétusté déduite. Ainsi, la valeur est simultanément un objectif et un moyen, ce que l'on cherche et la façon de le trouver, le prix probable et la méthode pour l'estimer. On peut comprendre que même le spécialiste peine parfois à s'y retrouver, d'autant plus qu'il existe d'autres notions encore, telles que la *valeur d'assurance*, la *valeur fiscale* ou la *valeur de gage*.

La définition même de la valeur vénale prête à confusion: le prix auquel un bien devrait pouvoir être vendu. La valeur c'est donc le prix! Mais alors pourquoi deux termes distincts? En réalité, personne ne prétend que prix et valeur représentent exactement la même chose, mais peu savent établir clairement la différence.

Ajoutons encore, pour compléter le panorama des malentendus possibles, que le concept de prix est également multiforme et que certaines notions sont qualifiées de prix par les uns et de valeur par les autres (prix de marché et valeur vénale par exemple). Le lecteur conviendra alors que le projet d'un réexamen critique et d'une reconstruction de l'approche analytique de l'évaluation immobilière n'est pas dénué de fondements.

La quête du prix probable et du prix acceptable
A l'origine, le présent ouvrage a été conçu pour guider l'expert à la recherche de la valeur vénale. En l'écrivant, il nous est apparu qu'il peut aussi aider l'expert-conseil face à un propriétaire ou un acheteur potentiel qui lui demande

à quel prix il devrait accepter de vendre ou d'acheter un bien. Car la valeur vénale peut être estimée soit directement, par comparaison avec les prix d'immeubles comparables, soit indirectement en passant par la comparaison avec des alternatives à l'achat du bien. Ces comparaisons donnent des prix acceptables et permettent ainsi à l'expert-conseil de répondre à son client. Elles permettent également de cerner la valeur vénale en reproduisant le fonctionnement du marché. Les mêmes méthodes sont utilisées pour estimer le prix auquel un bien devrait s'échanger sur le marché (ce qui est couramment appelé la *valeur vénale*) et pour estimer son prix acceptable pour le vendeur et un acheteur. Mêmes méthodes mais utilisation sensiblement différente car dans le premier cas les acheteurs sont anonymes, donc leurs attentes spécifiques ne sont pas prises en compte, alors que dans le second elles doivent l'être.

Pour éliminer les confusions, la dénomination de valeur vénale est écartée au profit de l'expression plus immédiate de *prix probable*[1]. Le terme de valeur sera également évité dans la dénomination des méthodes d'estimation et de fixation des prix. Exit la valeur de rendement. Derrière cette expression se cachent en fait deux méthodes bien distinctes, raison de plus pour l'abandonner. Lorsque le revenu est capitalisé à un taux correspondant au rapport entre revenus et prix observés sur le marché, il s'agit d'une *méthode par les prix*; lorsque les revenus anticipés sont actualisés avec un taux fixé par arbitrage, c'est une *méthode par les revenus*. Quant à la valeur intrinsèque (en France, méthode par sol et construction), qui repose sur l'estimation du coût de reconstitution d'un immeuble, c'est une *méthode par les coûts*.

Lorsque l'on pose à l'expert la question du prix probable d'un immeuble, il est naturel qu'il cherche la réponse sur le marché. L'analyse des mécanismes du marché et du comportement des acteurs donne la clé pour passer du prix probable aux méthodes d'estimation. Ce sésame, c'est l'arbitrage. Si les acteurs du marché achètent au prix le plus bas ou vendent au prix le plus élevé possibles, deux biens identiques devraient s'échanger au même prix. Il suffit alors à l'expert d'observer les prix payés sur le marché pour répondre à la question posée. C'est l'*approche par comparaison directe*, la seule qui permette d'estimer directement et objectivement le prix probable.

L'ouvrage pourrait s'arrêter là si la réalité était aussi simple. Mais deux immeubles identiques, cela n'existe pas. L'hétérogénéité des biens est la principale source des difficultés rencontrées par l'expert. Elle l'oblige à ajuster les prix du marché en fonction des caractéristiques des biens échangés et du bien expertisé, mais l'ajustement est ardu. La collecte de toute l'information nécessaire est souvent impossible, les calculs comportent forcément une part de subjectivité et le résultat de l'ajustement peut par conséquent sombrer facilement dans l'aléatoire.

---

[1] Dans le monde anglo-saxon, on trouve de plus en plus la notion de *most probable price* à la place du prix du marché.

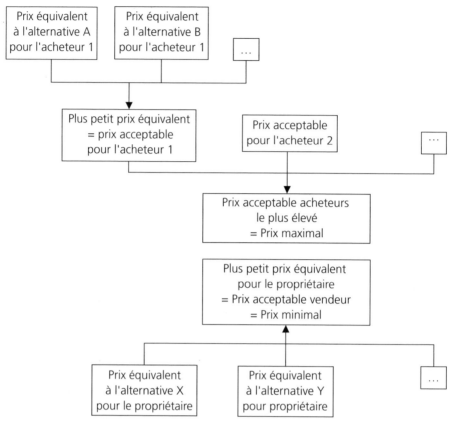

Fig. 1.1 Prix équivalent, prix acceptable et prix maximal ou minimal.

Lorsque l'approche par comparaison directe est peu fiable, l'expert est contraint de cerner le prix probable par d'autres moyens. S'il ne peut observer le résultat des mécanismes du marché sous la forme de prix payés pour des biens suffisamment semblables, il peut tenter de reconstituer le comportement probable des acteurs. Le vendeur affiche habituellement un prix, l'acquéreur peut en proposer un autre, et chacun aura probablement une limite, dite *prix acceptable*, en deçà ou au-delà de laquelle il refusera de conclure la transaction. Le prix probable devrait donc se situer entre le prix acceptable ou *prix minimal* du vendeur et le *prix maximal* des acheteurs, qui est le prix acceptable le plus élevé parmi ceux des acheteurs potentiels (fig. 1.1). Ces prix jouent ainsi un rôle central dans le processus d'expertise. En reproduisant les calculs que font les acteurs hypothétiques par rapport au bien, on adopte une approche indirecte, l'*approche par les prix équivalents*, pour estimer son prix probable.

Le raisonnement économique des acteurs

Un acheteur ou un vendeur est soit un investisseur soit un usager, selon qu'il envisage ou non de mettre ou de laisser le bien en location. Sur le plan économique, un usager recherche le meilleur rapport qualité/coût, l'investisseur le meilleur rapport rendement/risque. Leurs objectifs sont différents, mais ils peuvent employer la même technique financière pour déterminer leur prix acceptable.

La décision d'acheter ou de ne pas vendre implique de devenir ou de rester propriétaire, en général pour plusieurs années, avec les droits et les devoirs que cela comporte, en particulier le droit de percevoir des revenus (éventuellement non monétaires) et le devoir d'assumer certaines dépenses. Il s'agit donc de tenir compte de ces flux futurs de liquidités, ce qui n'est pas trivial car l'importance d'une recette ou d'une dépense n'est pas identique selon qu'elle a lieu immédiatement ou au contraire dans un avenir plus ou moins éloigné (cf. chap. 4). La technique reconnue en finance qui permet de déterminer un prix acceptable en fonction des flux prévisibles de recettes et de dépenses est l'*actualisation*. A la base, cette technique sert à mesurer la rentabilité prévisible d'un investissement, ou à comparer les rendements espérés de différents projets d'investissement dont le coût initial est connu. Mais elle peut également être employée dans le sens inverse pour déterminer le montant maximal pouvant être investi dans un projet si l'on souhaite atteindre un taux de rendement donné, par exemple en cas d'acquisition d'une entreprise.

La formule consiste à ramener en valeur actuelle les flux de liquidités prévisibles pour pouvoir les additionner. La somme de ces flux actualisés indique le prix de revient à ne pas dépasser pour espérer atteindre le taux de rendement requis. La même formule peut être appliquée à l'immobilier. Bien que très souvent simplifiée, elle est toujours sous-jacente dans la détermination d'un prix acceptable.

Le rôle central des alternatives

Le prix acceptable résulte de la comparaison entre les options qui s'offrent à l'acteur. C'est à nouveau le principe d'arbitrage qui entre en jeu. L'acquéreur potentiel d'un certain bien a généralement des alternatives à l'acquisition de ce bien. S'il investit dans une optique de rendement, il a l'option de placer son capital dans un autre actif. Il ne devrait donc pas payer plus que le montant qui, investi dans un autre actif de même risque, lui rapporterait le même revenu. Pour estimer ce prix équivalent, il doit actualiser ou capitaliser les recettes et les dépenses futures au taux de rendement du placement alternatif, appliquant ainsi des *méthodes par les revenus*.

Si l'acquéreur potentiel entend utiliser lui-même le bien, le placement alternatif de ses moyens ne l'intéresse pas en tant que tel. Mais il entre en ligne de compte si l'acquéreur envisage de prendre en location des surfaces comparables au lieu d'acheter. Cette alternative lui coûte la somme cumulée des loyers, sous déduction des revenus cumulés du «placement alternatif». Il dispose de recettes monétaires, ce qui n'est pas le cas dans les autres options qu'il peut envisager. Dès lors et par analogie, nous qualifierons également ces calculs de *méthodes par les revenus*.

Celui qui envisage d'acheter pour placer des fonds et celui qui entend utiliser lui-même les surfaces ont généralement tout autant la possibilité d'acheter un autre immeuble, qui procure à l'un un rendement équivalent et à l'autre une satisfaction comparable. Si cette alternative est envisageable, l'acquéreur ne devrait pas payer plus que le prix probable de l'autre immeuble, ajusté au besoin pour tenir compte des différences de qualité. Il s'agit toujours de comparer des flux de liquidités, mais les variables diffèrent. La prise en compte des prix de marché des autres immeubles étant caractéristique de cet arbitrage, on dira que le prix équivalent est déterminé avec une **méthode par les prix**.

Précisons d'emblée que les méthodes par les prix diffèrent selon que l'on cherche le prix probable ou que l'on détermine un prix équivalent pour un acteur particulier. L'expert qui estime le prix probable par comparaison directe analyse les données objectives ressortant du marché et ne procède pas par actualisation. L'expert qui reproduit le raisonnement des acteurs peut s'en passer puisque ceux-ci font rarement la comparaison avec l'achat d'un autre bien en actualisant les flux futurs de liquidités. En revanche, l'expert qui est mandaté pour déterminer un prix équivalent ne devrait renoncer à l'actualisation que si certaines conditions sont remplies (cf. chap. 3).

De plus, s'il convient de procéder à des ajustements pour tenir compte de différences de caractéristiques entre les biens, l'expert qui tente d'estimer directement le prix probable doit évaluer les préférences moyennes du marché à l'aide d'analyses statistiques alors que l'acteur (ou son conseil) doit fonder son résultat sur ses propres préférences.

Enfin, l'acquéreur potentiel peut envisager l'alternative d'acheter un terrain et de construire. Dès lors, il ne devrait pas payer plus que le prix probable du terrain additionné éventuellement d'un coût de démolition et surtout du coût de construction du bâtiment, ajusté également pour des différences de qualité au besoin. On dira alors que c'est une **méthode par les coûts** qui sert à fixer le prix équivalent. Etant ici également précisé que l'on peut parfois simplifier le calcul et découvrir la traditionnelle valeur intrinsèque.

Le calcul d'un prix équivalent repose donc sur la comparaison entre ce que l'acquéreur obtient en achetant l'immeuble et ce qu'il peut obtenir alternativement. Lorsque l'alternative est l'achat ou la construction d'un autre bien, il faudra veiller à ce que cet autre bien soit comparable à l'immeuble à évaluer et sinon procéder aux ajustements compensatoires. Lorsque les revenus et les charges sont au centre de l'analyse, il faut davantage prêter attention à ce que l'acquéreur pourra effectivement obtenir avec l'immeuble à évaluer. En effet, en tant que propriétaire, il aura la possibilité d'appliquer une stratégie de gestion optimale, qui peut aller de l'entretien minimal en vue d'une démolitionreconstruction à la transformation complète. Le prix équivalent reflète ce que l'acquéreur obtiendra au mieux en achetant l'immeuble à évaluer.

Les prix acceptables et le prix probable
La comparaison avec chaque alternative faisable permet de calculer un prix équivalent, soit un prix qui rend l'acquéreur indifférent dans le choix entre l'achat et cette alternative. Il existe évidemment de nombreuses alternatives: d'autres immeubles ou actifs à acheter, d'autres surfaces à louer, d'autres sites où construire d'autres bâtiments. Naturellement, c'est l'alternative la plus avantageuse qui détermine en définitive le prix acceptable pour l'acquéreur potentiel. Personne n'aurait en effet l'idée de calculer la moyenne des prix équivalents aux différents placements financiers possibles; il faut clairement choisir le plus bas. Pourtant, c'est bien ce que recommandent les principaux manuels suisses d'expertise quand ils préconisent de déterminer le prix probable par la moyenne entre les résultats du calcul par les revenus et du calcul par les coûts (chap. 9). Dans ce manuel, le prix acceptable pour l'acquéreur potentiel sera son plus petit prix équivalent, obtenu par comparaison avec l'alternative la plus avantageuse. Comme les alternatives ne sont pas les mêmes et qu'elles ne sont surtout pas appréciées de la même manière par tous les acheteurs potentiels, chacun aura son propre prix acceptable pour le même bien.

La même analyse par les alternatives permet de déterminer un prix acceptable pour le propriétaire envisageant de vendre son bien. Il s'agit du prix minimal qu'il doit obtenir pour se sentir indifférent tant à la vente de son bien qu'à la conservation de celui-ci, sachant que s'il vend il devra trouver un autre placement ou d'autres surfaces à utiliser. Le prix auquel se fera effectivement l'échange, s'il se fait, est forcément au moins aussi élevé que le prix minimal du propriétaire sans dépasser le prix acceptable le plus élevé parmi ceux de tous les acquéreurs potentiels, ce que nous avons appelé le prix maximal. Ainsi, les prix acceptables permettent de cerner le prix probable, même s'ils ne permettent pas de le prédire directement.

L'expert évaluateur ou conseiller
Par ailleurs, le calcul de son prix acceptable intéresse directement un acquéreur potentiel qui doit faire une offre ou s'interroge sur un prix demandé pour un bien. Il intéresse également le propriétaire qui envisage de se séparer de son bien «à condition que le prix soit juste». Avec une telle vision de l'évaluation s'opère un glissement de la notion d'expert-évaluateur dont la mission est de prédire au mieux le prix probable vers celle d'un expert-conseiller, qui aide l'acquéreur potentiel ou le propriétaire à comparer les alternatives et à trouver la meilleure solution pour le placement de son capital, pour trouver des surfaces répondant à ses besoins et désirs ou pour développer l'immeuble en question. Les Anglais distinguent ainsi entre *assessment* ou *appraisal* et *valuation*. L'*assessment/appraisal* revient à prédire un prix probable pour un

bien immobilier. La *valuation* va plus loin vers une véritable prestation de conseil à valeur ajoutée beaucoup plus élevée. Calculer un prix équivalent par les revenus peut conduire à analyser rigoureusement les opportunités offertes par un immeuble et à comparer les options de sa conservation en l'état, de sa rénovation immédiate ou ultérieure, de sa transformation, etc. Ce calcul peut guider ainsi le propriétaire actuel ou futur dans ses choix stratégiques.

Les méthodes modernes d'évaluation mettent clairement l'accent sur l'étude de marché, l'analyse statistique et le calcul financier. Est-ce que cela signifie que l'expertise immobilière va échapper aux architectes et aux géomètres? Nous faisons le pari que ces professionnels peuvent acquérir les compétences nécessaires et défendre leur place, d'autant plus que la mensuration et le diagnostic physique de l'état du bâtiment resteront des étapes essentielles de toute évaluation immobilière.

Plan du livre

Le chapitre 2 clarifie les concepts de prix esquissés dans cette introduction et développe l'approche par la comparaison critique et rigoureuse avec les alternatives. Le chapitre 3 montre comment la comparaison avec les prix demandés pour d'autres immeubles similaires peut contribuer à la détermination du prix acceptable de l'acquéreur potentiel, l'achat d'un autre bien étant une alternative à envisager. Le chapitre 4 développe une seconde alternative, celle de placer son argent dans un autre actif ou de prendre un autre bien en location, ce qui conduit à déterminer un prix équivalent par les revenus. Là aussi, les méthodes vont du plus simple calcul de capitalisation pour lequel il suffit d'estimer un revenu net représentatif et le taux de rendement visé par l'investisseur au calcul de simulations le plus sophistiqué, qui devient un outil d'optimisation stratégique du placement immobilier. Dans le chapitre 5, l'alternative consiste à construire un nouvel immeuble, ce qui permet également de limiter le prix acceptable par l'acquéreur potentiel. Ce sont les méthodes par les coûts.

Avec le chapitre 6 nous passons de la recherche du prix acceptable pour un client particulier par l'expert-conseil à la recherche du prix probable par l'expert-estimateur. Ce chapitre précise la notion de prix probable et son lien avec la valeur vénale classique et montre comment le prix se forme sur le marché. Il introduit ensuite les deux approches possibles du prix probable. L'approche directe est présentée dans le chapitre 7. Elle repose sur la comparaison directe avec les prix payés récemment pour des immeubles similaires et va de la méthode la plus simple, qui se contente d'un minimum de données comparatives, à la plus sophistiquée, qui permet de tenir compte de la grande diversité des biens mais exige de vastes bases de données. L'approche indirecte du prix probable est développée dans le chapitre 8. Elle consiste à adapter les méthodes d'estimation des prix acceptables au cas où on a affaire à des acheteurs anonymes et pluriels et à en déduire le prix probable par le jeu du marché. Le chapitre 9 réunit à nouveau l'expert-conseil et l'expert-estimateur puisque les deux auront appliqué plusieurs méthodes et trouvé plusieurs réponses à la question du prix qui leur a été posée. Les deux devront comparer ces réponses et en faire la synthèse afin de fournir les informations les plus utiles possibles à leur client. Le chapitre 10 conclut ce manuel sous la forme de dix thèses qui rappellent les méthodes d'estimation développées et leur utilisation adéquate.

Les annexes comprennent des valeurs de référence pour les charges et les taux d'intérêt, les principaux éléments d'analyse financière requis pour l'actualisation, un cas pratique calculé, un lexique trilingue et les principales définitions ainsi qu'une bibliographie.

Avant d'entrer dans l'analyse, il convient de préciser que ce manuel ne répond pas à toutes les questions et qu'il ne fournit pas de recettes toutes prêtes pour l'estimation des prix immobiliers. Pour cela, il est bien trop mince et avare en formules (les rares formules sont reléguées dans l'annexe 2). Beaucoup de questions devant être résolues dans le cadre d'une expertise ne le sont pas ici, comme la prise en compte du risque dans un calcul par actualisation ou la correction pour les différences de qualité dans la comparaison directe. Ces points devront être approfondis dans d'autres ouvrages. Celui-ci prétend simplement clarifier les concepts et poser les fondations sur lesquelles seront construites des marches à suivre précises. Il aura rempli son rôle s'il permet au lecteur de repérer les embûches semées sur le chemin d'une évaluation et de trouver des pistes pour les contourner. C'est peu et pourtant beaucoup à la fois!

Chapitre 2

PRIX, VALEURS ET MÉTHODES D'ESTIMATION

Le titre du présent chapitre ne dément pas l'option prise dans le précédent. Il n'y a que des prix et des méthodes pour les fixer ou les estimer. S'il est question de valeurs, c'est uniquement pour faire le lien avec les appellations consacrées, mais peu contrôlées, de l'expertise immobilière.

La valeur vénale, en tant que prix auquel un immeuble devrait pouvoir être vendu, est ainsi simplement remplacée par le prix probable. Dans sa plus simple expression, la définition ne prête pas à confusion. La plupart des auteurs y apportent toutefois des précisions ayant trait principalement au fonctionnement du marché sur lequel pourrait se trouver l'objet expertisé. Certaines de ces précisions méritant discussion seront abordées au chapitre 6.

Si le mandat consiste à estimer le prix probable, n'est-il pas judicieux de s'interroger sur le fonctionnement du marché, le comportement des acteurs, le processus d'échange et le mécanisme des prix? Le lecteur verra qu'une telle analyse donne les clés permettant de définir des méthodes scientifiques d'estimation et d'adopter, selon les cas, la ou les familles de méthodes les plus adéquates. Elle permet également de comprendre l'origine des trois méthodes traditionnelles d'évaluation (comparaison, valeur intrinsèque et valeur de rendement).

Sur le marché, on parle de prix. Ils méritent donc plus notre attention que les valeurs. Mais il y a plusieurs notions de prix, qui ont toutes leur importance (sect. 2.1). Les prix sont guidés par les alternatives qui s'offrent (ou ne s'offrent pas) aux acteurs (sect. 2.2). L'analyse de ces alternatives conduit à des méthodes permettant de fixer des prix équivalents et des prix acceptables (sect. 2.3), méthodes qui sont développées dans les chapitres suivants.

2.1 Les prix

Le terme de valeur est ambigu. Il est impossible d'en donner une définition générique qui recouvre les différentes notions dont l'évaluation immobilière est parsemée. Le terme de prix ne prête pas à pareille confusion. Différentes notions de prix cohabitent sur le marché, mais elles peuvent être réunies sous une même définition:

Le prix est la contrepartie monétaire d'un bien dans un processus volontaire d'échange

Une transaction n'est que l'aboutissement d'un processus qui commence habituellement par une annonce de vente, avec un **prix affiché**. Ce prix est la contrepartie monétaire réclamée par le vendeur en échange de son bien.

Si une personne intéressée par le bien mis en vente accepte le prix affiché, le processus se termine directement par une transaction, avec un **prix payé** équivalent au prix affiché. En principe, le prix payé est la contrepartie monétaire figurant dans l'acte de vente.

Mais le prix payé peut être différent du prix affiché initialement. Si plusieurs personnes acceptent le prix affiché, elles risquent de devoir se livrer à une surenchère. Et si personne n'accepte le prix affiché, le vendeur peut être amené à revoir ses prétentions à la baisse. Dans les deux cas, les demandeurs

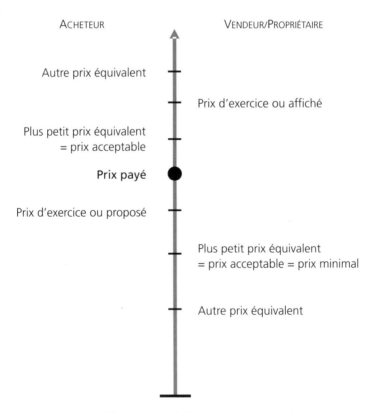

Fig. 2.1 Les différents prix de l'acheteur et du vendeur.

sont incités à proposer eux-mêmes un prix. Chacun peut indiquer un montant qu'il est disposé à payer en échange du bien. On l'appellera le *prix proposé*.

Le processus entre ainsi dans une phase de négociation, au cours de laquelle le prix affiché et les prix proposés peuvent fluctuer. Ces fluctuations ne devraient toutefois pas dépasser certaines limites. Si le vendeur accepte de négocier à la baisse, il n'acceptera certainement pas n'importe quelle compensation pour se séparer de son bien, du moins pas de son plein gré. Le montant minimal exigé sera dénommé le *prix minimal du vendeur* ou *prix acceptable pour le vendeur*. Ce prix peut également fluctuer au cours du processus d'échange, mais au contraire des prix affichés et proposés, il ne sera peut-être jamais dévoilé.

Le prix minimal dépend des alternatives qui s'offrent au vendeur. Il peut en avoir une ou plusieurs, par exemple acquérir un autre bien plutôt que conserver le sien. Chacune d'elle le conduit par arbitrage à un *prix équivalent* à partir duquel il a intérêt à vendre. Le plus bas de ces prix équivalents constitue son prix minimal. S'il peut vendre à un prix plus élevé, la meilleure utilisation alternative de son capital ainsi libéré est plus rentable que la conservation du bien.

De leur côté, les acheteurs potentiels se fixent généralement un montant maximal au-delà duquel ils refuseront d'aller. Pouvant aussi fluctuer et n'étant pas non plus forcément dévoilés, ces prix acceptables ont toutes les chances d'être multiples puisque chaque candidat à l'acquisition se détermine selon ses propres critères et ses propres références. Comme le vendeur, l'acheteur adopte comme prix acceptable le plus bas des prix équivalents qu'il obtient par comparaison avec ses alternatives.

Si le prix affiché dépasse le prix acceptable pour l'acheteur, ce dernier va attendre qu'il baisse. Même s'il est inférieur, il peut encore attendre une baisse pour améliorer sa «marge», la différence entre son prix acceptable et le prix qu'il devra effectivement payer. Ce faisant, il risque de tout perdre puisqu'un autre acheteur pourrait le devancer. Plus le prix baisse et plus la marge augmente mais avec elle ce risque de tout perdre. L'acheteur potentiel doit donc mettre en balance ces deux conséquences possibles de son attente. Il va laisser descendre le prix jusqu'à un certain niveau, où il exercera son option d'acheter. Appelons ce niveau le *prix d'exercice*. Les prix affichés et proposés sont des prix d'exercice dans le sens où les acteurs annoncent qu'ils acceptent de conclure la transaction à ce prix.

Les prix acceptables jouent un rôle central car ils vont guider les acteurs tout au long du processus d'échange. Ils constituent les principaux déterminants des prix affichés et proposés, des prix d'exercice et par conséquent du prix payé si la transaction a lieu. Ils vont donc pouvoir guider l'expert dans sa quête du *prix probable*, contrepartie monétaire d'un bien dans un échange virtuel (mais réaliste). Parfois, les prix acceptables eux-mêmes répondent à la question posée à l'expert, lorsqu'un acheteur potentiel lui demande si un prix affiché est admissible pour lui ou qu'un vendeur potentiel s'interroge sur l'opportunité d'accepter un prix proposé.

> BEST-OWNER PRINCIPLE
>
> Ce principe, en provenance du monde de la reprise d'entreprises, reconnaît que différents acheteurs ont des prix acceptables différents selon ce qu'ils sont capables de faire avec un immeuble, selon les revenus et la plus-value qu'ils peuvent en retirer. Le «meilleur propriétaire» est celui dont le prix acceptable est le plus élevé. La concurrence entre les acheteurs potentiels ou les transactions répétées portant sur le même immeuble le font monter le long de l'échelle des prix acceptables, en principe jusqu'au plus élevé. Les transactions «créent» donc de la valeur, puisque l'immeuble est de mieux en mieux utilisé. Il atteint ainsi son «*highest and best use*».
>
> WINNER'S CURSE
>
> Lorsqu'un acheteur remporte la «concurrence» contre les autres acheteurs, que ce soit pour un objet dont le prix est affiché ou dans le cadre d'une vente aux enchères, cela peut signifier que personne d'autre n'était disposé à payer plus que lui. En d'autres termes, il risque fort d'avoir surévalué l'objet et il va avoir des problèmes s'il entend le revendre. Les Américains appellent ceci le *winner's curse*, la malédiction du vainqueur.

Les prix acceptables dépendent des motivations des acteurs et de leurs alternatives. Ces dernières sont différentes selon qu'il s'agit d'un investisseur ou d'un usager, mais elles mènent toutes aux trois méthodes traditionnelles d'évaluation.

2.2 Les alternatives des acteurs

A première vue, les alternatives sont simples. Un propriétaire peut vendre ou ne pas vendre, un acheteur peut acheter ou ne pas acheter. Mais cela ne suffit pas pour fixer un prix acceptable. Il faut remonter aux motivations des acteurs. Lorsque l'acheteur achète et que le propriétaire vend, ils poursuivent tous deux un objectif. Pour identifier les alternatives, il faut connaître leur objectif et imaginer comment ils peuvent l'atteindre.

Si l'objectif de l'acheteur potentiel est de trouver un bien pour son usage propre, il a pour alternative d'acheter le bien proposé ou de répondre à ses besoins en obtenant le droit d'utiliser un autre bien. Il peut acheter cet autre bien, mais il peut aussi le prendre en location, voire le construire. Il a ainsi trois alternatives qui déterminent trois prix équivalents. L'alternative la plus avantageuse détermine son prix acceptable.

Si l'objectif de l'acheteur potentiel est un investissement rentable, il a pour alternative d'acheter le bien proposé ou d'obtenir un rendement différemment, en plaçant son capital dans un autre actif. Pour disposer d'un bien qui lui rapporte le même taux de rendement, il peut acheter un autre immeuble, voire en construire un, mais il peut également investir dans un autre type d'actif. L'alternative la plus rentable lui sert de référence pour fixer son prix acceptable.

Le propriétaire, vendeur potentiel, peut lui aussi disposer de plusieurs alternatives. S'il a besoin d'un immeuble pour son usage propre, il peut conserver son bien ou, à l'image de l'acheteur, répondre à ses besoins en obtenant le droit d'utiliser un autre bien. Il peut vendre le sien pour en acheter un autre, en construire un autre ou encore en louer un autre. Ses alternatives à la conservation de son bien sont donc les mêmes que les alternatives à l'acquisition d'un bien.

Si le propriétaire n'a pas ou plus besoin d'un immeuble (et n'a pas non plus besoin de liquidités pour un autre usage), il est ou devient un investisseur qui cherche à rentabiliser au mieux un investissement. Il peut conserver son bien et le mettre ou le laisser en location, mais il peut également le vendre pour acheter un autre immeuble, en construire un ou investir dans un autre type d'actif. Ses alternatives à la conservation de son bien sont ainsi identiques à celles de l'acheteur investisseur.

Le tableau 2.1 résume les alternatives des acteurs. Pour les acheteurs, l'acquisition de l'immeuble ou d'un autre actif ou immeuble est précédée par la recherche du meilleur mode de financement, que ce soit la mobilisation de liquidités, la vente d'autres actifs, le recours à l'emprunt ou une combinaison de tout cela.

Le tableau 2.1 montre également que les positions du vendeur et de l'acheteur sont très proches. *In fine*, celui qui achète un immeuble et celui qui renonce à vendre un immeuble se retrouvent tous deux propriétaires. Dans l'autre terme de l'alternative, celui qui renonce à acheter et celui qui vend se retrouvent aussi dans la même situation. Le tableau montre enfin que la principale distinction se situe entre l'usager et l'investisseur : ce dernier met en location alors que l'usager utilise et que son alternative est forcément l'acquisition d'un autre immeuble.

Tableau 2.1 Alternatives pour l'investisseur et l'usager.

	Acheter ou conserver l'immeuble	Renoncer à acheter ou vendre l'immeuble
L'investisseur	Mettre ou laisser l'immeuble en location	Acquérir* un autre actif
L'usager	Utiliser l'immeuble	Acquérir* un autre immeuble

* Acquérir signifie acheter, mais également construire ou prendre en location s'il s'agit d'un immeuble.

Les motifs, le contexte et les alternatives qui s'offrent au propriétaire façonnent son prix acceptable. A ce prix acceptable, il ajoutera une marge pour formuler son prix affiché en fonction de son appréciation du marché, plus particulièrement des prix acceptables pour les acheteurs. Le prix affiché, confronté aux prix proposés par les acheteurs, déterminera le prix payé.

2.3 Les prix équivalents

Les alternatives de l'acheteur usager à l'achat d'une maison familiale serviront à présenter les trois familles de méthodes d'estimation, puis les raisonnements de l'acheteur investisseur, du propriétaire investisseur et du propriétaire usager conduiront à moduler ces méthodes.

2.3.1 Les prix équivalents pour l'acheteur usager

La position d'usager se définit par rapport à l'avenir et non au passé. Un propriétaire qui n'a plus besoin d'un immeuble n'est pas un usager, c'est un investisseur.

Lorsqu'un acheteur potentiel se voit proposer une maison à l'achat, il dispose théoriquement de quatre options:
- acheter la maison proposée,
- acheter une autre maison,
- construire une autre maison,
- louer une autre maison.

Face à ces options, l'acheteur potentiel devrait choisir celle qui lui offre le meilleur rapport satisfaction-coût, selon ses besoins et ses moyens.

Comparaison avec l'achat d'une autre maison
Si l'acheteur potentiel peut acheter une autre maison, même différente mais qui lui procure globalement la même satisfaction, il ne devrait pas acheter l'objet proposé à un prix supérieur à celui auquel il peut acheter cette autre maison. Il fixe ainsi un prix équivalent par comparaison directe avec les prix des autres biens proposés sur le marché, raison pour laquelle nous appellerons les méthodes qui reposent sur cette comparaison *méthodes par les prix* (chap. 3).

L'exercice est plus difficile qu'il n'y paraît. Il est rare de trouver sur le marché deux biens pouvant procurer exactement le même niveau de satisfaction. Il est même difficile pour quiconque de juger si deux biens remplissent cette condition, faute d'échelle de mesure. Heureusement pour la comparaison, l'acheteur ne vise pas un niveau précis de satisfaction. Il cherche à répondre à ses besoins ou à ses envies, compte tenu de ses goûts et de ses capacités financières. Et il peut trouver sur le marché d'autres biens qui y répondent, des biens différents non seulement par leurs caractéristiques mais aussi par le niveau global de satisfaction qu'il peut en retirer. La comparaison est moins aisée car il n'acceptera pas de payer le même prix pour deux biens qui ne lui procurent pas la même satisfaction. Il devra donc ajuster les prix des autres biens pour fixer son prix équivalent, de façon forcément approximative en l'absence d'instrument fiable de mesure de sa propre satisfaction.

La comparaison est d'autant plus aléatoire qu'il ne sait pas vraiment à quel prix il peut acheter une autre maison sans avoir conclu de transaction avec son propriétaire. Il connaît le prix affiché, mais pas le prix minimal du vendeur. Pour éviter cet écueil, il peut se référer aux prix payés pour des maisons semblables dans un passé récent. Mais il n'est pas certain que les vendeurs actuels acceptent de pratiquer les mêmes prix.

Enfin, le coût de la maison ne se limite pas au prix payé et aux charges financières qui en découlent. L'acheteur doit aussi être attentif aux frais d'entretien et de rénovation auxquels il devra faire face. Il ne devrait pas accepter de payer le même prix si la qualité des matériaux ou l'état de vétusté de la construction sont différents, même si les deux maisons lui procurent la même satisfaction. Et quand il commencera à penser à l'avenir, il se rendra compte que les deux maisons pourraient ne pas lui donner la même satisfaction sur la durée et que les prix de revente potentiels à terme pourraient être différents.

L'acheteur est ainsi obligé d'effectuer divers arbitrages, ajustements, calculs et approximations pour fixer son prix équivalent. Il doit ajuster les prix observés en fonction des qualités objectives et subjectives des biens offerts ou échangés. Il doit tenir compte de la situation du marché s'il ajuste les prix affichés ou de l'évolution récente de ce marché s'il se réfère aux prix payés dans le passé. En raison de ces ajustements, il y a peu de chances que deux acheteurs potentiels aboutissent au même prix équivalent. De plus, chacun peut être amené à réviser ce prix dans le temps si des informations nouvelles lui parviennent.

L'acteur peut recourir à un expert pour l'aider à procéder aux ajustements. Cet expert peut appliquer les méthodes et techniques habituelles, mais il doit tenir compte des préférences et exigences de son client. Ainsi, le même expert-conseil mandaté par deux acheteurs différents pour évaluer leur prix équivalent par rapport à la même maison a peu de chances d'aboutir au même résultat.

L'arbitrage avec l'acquisition d'un autre bien est à l'origine de la traditionnelle méthode par comparaison. Les experts qui appliquent cette dernière procèdent aux mêmes types d'ajustements que les acteurs, mais ils se réfèrent plutôt aux prix payés qu'aux prix demandés – pour des raisons développées au chapitre 6 – et ils ne tiennent pas compte des préférences d'un acteur particulier. Ils estiment ainsi directement un prix probable. Nous dirons que ces experts-évaluateurs adoptent une approche par comparaison directe[1] (chap. 7).

---

[1] Il convient de préciser *comparaison directe* parce que toutes les méthodes reposent sur des comparaisons.

Comparaison avec la construction d'une maison

Si l'acheteur potentiel peut construire une maison qui lui procure la même satisfaction, il ne devrait pas acheter l'objet proposé à un prix supérieur au montant nécessaire pour acheter un terrain et construire. Il fixe ainsi un prix équivalent *par les coûts* (chap. 4). Ceci correspond à la *valeur intrinsèque*, chère aux architectes.

L'exercice n'est pas plus facile que les méthodes par les prix. L'estimation se heurte d'abord au même genre d'obstacles, car il s'agit d'estimer le prix auquel un terrain semblable mais non bâti pourrait être acquis. Il faut ensuite estimer le coût de construction d'une maison semblable, et le calcul est lui aussi forcément approximatif, surtout dans les pays où l'on fabrique peu de maisons en série. Si le bien à évaluer n'est pas neuf, ce qui est plus que fréquent, une difficulté supplémentaire apparaît puisqu'il est impossible de construire une maison vétuste. Il faut alors procéder à un ajustement supplémentaire, et pas moins approximatif, pour tenir compte de l'état d'entretien de la maison en vente et des exigences de l'acheteur.

Les méthodes par les coûts ne sont donc pas plus simples que les méthodes par les prix pour le calcul d'un prix équivalent, et différents acheteurs potentiels, avec des préférences et exigences différentes, aboutiront aussi à des résultats différents.

Comparaison avec la location d'une maison

Troisième comparaison, si l'acheteur potentiel peut louer une autre maison qui lui procure la même satisfaction, il ne devrait pas acquérir l'objet proposé à un prix supérieur au montant des loyers dont il devrait s'acquitter pour l'autre maison. En d'autres termes, la propriété ne devrait pas coûter plus cher que la location. L'arbitrage est délicat car il ne s'agit pas de comparer deux prix, mais un prix et un loyer.

Souvent, l'acheteur usager transforme le prix demandé pour le bien en charge annuelle d'intérêts, auquel il ajoute des charges d'exploitation et d'entretien. Si le montant ainsi obtenu est inférieur aux loyers demandés pour les biens alternatifs, il en conclut que l'acquisition est économiquement plus intéressante que la location. Le prix équivalent, c'est celui pour lequel la charge annuelle correspond au loyer d'un bien semblable.

Pour établir la comparaison avec plus de précision, un horizon-temps doit être fixé et l'ensemble des recettes et des dépenses doit être pris en considération. La propriété implique des frais de transaction et des dépenses d'entretien, mais elle donne droit au produit de la revente de l'objet. Quant à la location, elle implique généralement le paiement mensuel d'un loyer. Pour que le coût de la propriété ne soit pas plus élevé que le coût de la location, le prix d'achat ne doit pas dépasser un montant correspondant à la somme des loyers prévisibles pour une maison semblable, augmentée du prix de revente prévisible de la maison en vente et diminuée de l'ensemble des frais prévisibles de transaction et d'entretien engendrés par l'occupation de cette maison en propriété. La première difficulté consiste à anticiper l'avenir dans l'incertitude. De plus, tous ces montants ne peuvent être additionnés sans ajustement préalable, car il n'est pas équivalent de payer une certaine somme aujourd'hui ou dans dix ans (pour des raisons qui seront développées au chapitre 4). Les dépenses et les recettes doivent être transformées en leur équivalent d'aujourd'hui ou, dit en termes financiers, être ramenées à leur valeur actuelle ou, plus simplement, actualisées. L'acheteur potentiel calcule ainsi un prix équivalent *par les revenus* (chap. 5). Cette dénomination est plus facilement compréhensible pour l'investisseur qui compare les revenus de l'immeuble en vente aux revenus de placements alternatifs. Pour l'usager, les revenus sont non monétaires, ce sont des loyers qu'il n'a pas besoin de payer, ce que le fisc ne manque pas d'imposer au titre de valeur locative. Le résultat ainsi obtenu correspond à la *valeur de rendement* chère aux financiers.

Le résultat est peut-être plus aléatoire encore que par les prix ou par les coûts et il a toutes les chances d'être différent. Il dépend fortement des anticipations de l'acheteur, qui sont forcément personnelles, ainsi que du taux utilisé pour actualiser les flux de dépenses et de recettes anticipés. Ce taux d'actualisation ne peut pas non plus être fixé indépendamment de l'acheteur parce qu'il dépend des risques financiers encourus dans les deux termes de l'alternative et parce que chacun a sa propre perception du risque. Chaque acheteur aura donc aussi son propre prix équivalent sur la base des revenus.

L'actualisation n'est pas le propre des méthodes par les revenus. Lorsque l'alternative est l'achat ou la construction d'une autre maison, il faut aussi actualiser des différences de dépenses ou de frais intervenant sur plusieurs années parce que l'immeuble alternatif n'est pas identique, par exemple il est plus vétuste sans qu'il soit prévu d'y remédier dans l'immédiat.

Comparaison de toutes les alternatives
Si l'acheteur dispose des trois alternatives, ce sont trois variantes de calcul et plusieurs résultats approximatifs qu'il va falloir traduire ou réduire en un seul prix acceptable (fig. 2.2). Ces variantes préfigurent l'autre approche d'estimation du prix probable, celle qui reproduit les calculs faits par les acteurs du marché.

Si l'acheteur potentiel a plusieurs alternatives, elles sont en quelque sorte cumulatives. Le montant le plus bas parmi les résultats obtenus avec les méthodes adéquates lui donne le montant qu'il devrait accepter de payer la maison proposée pour qu'aucune autre option ne soit plus économique. Il n'y a aucune raison théorique de combiner les prix équivalents obtenus par différentes méthodes pour différentes alternatives. En effet, rien dans la démarche ne suggère que les erreurs faites avec une méthode pourraient être compensées par les erreurs faites avec une autre. La loi des grands nombres ne s'applique pas à l'expertise. En revanche, il est indispensable de comparer le

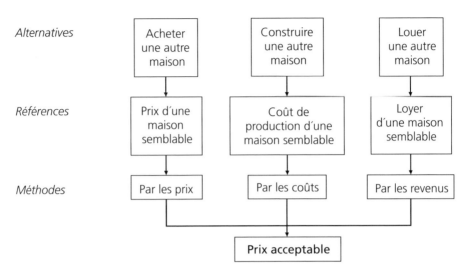

Fig. 2.2 Prix acceptable à partir des alternatives.

prix équivalent le plus bas obtenu avec la capacité économique de l'acheteur. Si ce prix dépasse ce qu'il peut financer au vu de son revenu, de ses fonds propres, des exigences des instituts de crédit hypothécaire et d'une aide de tiers éventuelle, alors il ne s'agit pas véritablement d'un prix acceptable et l'acheteur doit envisager l'achat d'un logement plus modeste ou rester sur le marché locatif.

La fixation du prix acceptable n'est pas simple dans la réalité. D'une part, l'imprécision des méthodes incite à exprimer les résultats sous forme d'intervalles plutôt que de montants uniques. D'autre part, les alternatives sont soumises à des risques qui ne sont pas véritablement équivalents et ouvrent des options qui sont accompagnées elles-mêmes d'incertitudes différentes. Tout ceci réduit la pertinence des résultats obtenus et altère leur influence sur le prix acceptable.

Complications supplémentaires pour la comparaison avec la construction
Construire est différent d'acheter car des éléments autres que le strict coût de reproduction entrent en ligne de compte. La construction implique un délai inhérent au processus de conception-autorisation-réalisation, ainsi que des responsabilités et des risques liés à la maîtrise d'ouvrage. Elle nécessite de plus certaines compétences et une grande disponibilité. Si le délai ou les risques présentent des inconvénients pour l'acheteur ou s'il manque de compétences ou de disponibilité, il devrait accepter de payer une prime (par rapport au coût de reproduction) pour acquérir la maison existante. Si, en revanche, il apprécie la liberté de construire une maison selon ses goûts, son prix équivalent est inférieur au coût de reproduction. Certains éléments, comme le temps

nécessaire pour assumer la maîtrise d'ouvrage, peuvent être intégrés au calcul. D'autre éléments, comme l'obligation de rester deux ans de plus dans un logement plus petit ou la liberté de concevoir son logement, par exemple, sont plus difficilement traduisibles en primes.

L'arbitrage est encore plus compliqué si la maison à vendre n'est pas neuve. Cette fois, l'ajustement est forcément à la baisse. L'acheteur ne devrait pas accepter de payer autant pour la maison existante que pour une maison neuve. Mais comment fixer la «décote»? Pour traiter une alternative entre deux choses différentes, on peut les rendre identiques, en l'occurrence par une remise à neuf de la maison mise en vente. L'arbitrage conduit alors à soustraire le coût de cette rénovation du coût de construction d'une maison neuve. Mais il n'est pas fréquent que l'acheteur envisage de remettre à neuf immédiatement la maison. L'expert devrait alors tenir compte, en les actualisant, du supplément de charges d'entretien pour la maison en vente par rapport à une maison neuve jusqu'à la rénovation, en plus du coût de la rénovation différée. Parfois la capacité financière d'un acheteur potentiel ne lui permettrait même pas de payer une maison neuve[2]. Dans ce cas, l'alternative de la construction n'est que virtuelle et il vaut mieux renoncer aux méthodes par les coûts.

Complications supplémentaires pour la comparaison avec la location

L'arbitrage entre achat et location comporte d'autres écueils. Un locataire ne dispose pas des mêmes droits qu'un propriétaire. Il n'est pas libre d'aménager ou de transformer le bien à sa guise et il a toujours le risque de voir son bail résilié. La différence de statut est telle que certains acheteurs potentiels n'envisagent même pas l'hypothèse de la location. Ils tiennent absolument à devenir ou à rester propriétaires car cela leur procure une forme de liberté et une sécurité qu'ils n'ont pas en tant que locataires. Pour eux, l'alternative achat-location n'est pas une référence pour la fixation du prix acceptable.

Pour tous les autres, qui ne tiennent pas absolument à la propriété et attachent peu de valeur au statut de propriétaire, l'alternative de la location peut parfaitement servir de référence pour fixer un prix acceptable. Ils peuvent même apprécier de ne pas avoir les responsabilités d'un propriétaire et d'être plus libres de leurs mouvements tout en conservant l'option d'acheter plus tard. Ces acheteurs potentiels devraient actualiser les loyers d'un logement comparable au bien en vente sur la durée d'usage prévue du bien. Le résultat obtenu devrait être corrigé pour tenir compte de la différence de statut si l'acheteur y attache de l'importance. La correction peut être à la hausse ou à la baisse, selon que l'acheteur préfère être propriétaire ou locataire, mais son ampleur est forcément personnelle et arbitraire.

---

[2] La conséquence en est que ceux dont le revenu est plus faible consentent à payer plus pour une maison délabrée, non par préférence mais parce qu'ils ont moins d'alternatives.

Lorsque l'acheteur potentiel est locataire, cas particulièrement fréquent en Suisse, il compare parfois le coût d'usage du bien proposé en propriété avec le loyer qu'il paie actuellement pour son logement. Mais si les deux biens sont fortement différents, ce qui est souvent le cas car le souhait de devenir propriétaire est souvent concomitant à une volonté de changement qualitatif, il doit procéder à un ajustement pour fixer un prix équivalent.

Si l'on ajoute à tout cela que le calcul n'est pas trivial et que les expertises de maisons familiales contiennent rarement une valeur fixée par actualisation, sous le mauvais prétexte que les acheteurs potentiels sont plus des usagers que des investisseurs, le lecteur comprendra que les méthodes par les revenus ne jouent pas un rôle prépondérant dans la fixation du prix acceptable pour les maisons familiales.

Pour autant, l'acheteur n'en néglige pas toujours la comparaison avec la location. Mais il fait habituellement un calcul différent[3], qui est généralement biaisé car la rémunération des fonds propres et la plus- ou moins-value potentielle ne sont pas prises en considération. L'acheteur s'y réfère néanmoins, mais plus pour juger de l'ordre de grandeur des prix affichés que pour fixer son prix acceptable. Il accepte généralement de payer plus pour être propriétaire, mais il peut y renoncer si la différence est trop grande.

Particularités du bien qui peuvent encore compliquer l'évaluation
Si le bien est loué à un tiers, peu d'acheteurs usagers seront intéressés. Celui qui peut attendre pour avoir l'usage du bien ne s'en désintéressera pas forcément, mais il n'acceptera probablement pas de payer le même prix que pour une maison vide. L'ampleur de la décote peut être approchée par actualisation, en comparant le loyer que l'acheteur continuera de payer en attendant de pouvoir intégrer son bien et celui qu'il recevra pendant ce temps du locataire en place.

En définitive, l'acheteur potentiel dispose habituellement de quelques prix payés ou affichés pour des maisons semblables mais différentes, d'un coût de reconstitution dont la pertinence est souvent douteuse et d'une idée plus ou moins précise du coût d'un bien semblable en location. Il est impossible dans ces conditions d'échapper à une part d'arbitraire dans la fixation du prix acceptable. Chacun aura le sien, qui pourra évoluer au gré des informations complémentaires glanées sur le marché ou du réexamen des divers calculs.

2.3.2 Les prix équivalents pour l'acheteur investisseur

Comme l'usager, l'investisseur recherche le meilleur rapport satisfaction-coût. Mais il se distingue de l'usager sur plusieurs points. Sa satisfaction se résume

---

[3] Il compare les dépenses qu'il aurait en tant que propriétaire avec le loyer d'un objet semblable. Voir Thalmann et Favarger, 2002, chap. 7.

intégralement au flux de revenus qu'il peut retirer du bien. Il dispose ainsi d'une échelle de mesure plus précise et objective de sa propre satisfaction, ce qui va faciliter certains arbitrages. Par ailleurs, l'investisseur n'a pas de contraintes, de besoins ou d'envies. Son choix est donc beaucoup plus large que celui de l'usager et il peut même investir dans un actif autre qu'un bien immobilier. Il utilisera néanmoins les mêmes méthodes que l'usager pour fixer son prix acceptable, mais de façon différente.

L'usager est contraint par ses capacités financières et par ses besoins ou envies, de sorte que les niveaux de satisfaction que peuvent lui procurer ses alternatives se situent dans une marge relativement étroite. Il peut donc comparer les coûts des différentes options en termes absolus, tout en procédant à quelques ajustements pour les différences de satisfaction. L'investisseur n'est pas contraint par des besoins ou des envies et la simple comparaison des coûts lui importe donc peu. Il peut accepter un revenu beaucoup plus bas si le prix l'est aussi. Son critère est donc relatif. Il s'intéresse directement à la relation entre les revenus et les coûts et dispose à cette fin d'un indicateur précis et conventionnel: le taux de rendement (chap. 4).

Comment comparer des revenus sur la durée?
En fait, la comparaison des alternatives ne sera pas si aisée parce que l'investisseur ne s'intéresse pas qu'au revenu relativement assuré de la première année de possession. Un placement immobilier est un placement sur plusieurs années (le cas du spéculateur à court terme est traité au § 2.3.3), ce qui implique des revenus incertains et un prix de revente qui l'est encore plus. Selon les biens, le revenu peut évoluer de façon très divergente. Si deux maisons procurent la même satisfaction à un usager aujourd'hui, elles vont probablement lui procurer la même satisfaction à l'avenir également. L'usager peut donc généralement se contenter de comparer les biens en fonction de ses préférences actuelles. Mais si deux placements procurent le même revenu aujourd'hui, il n'en sera pas forcément de même demain.

Admettons que l'investisseur potentiel trouve deux immeubles qui promettent des revenus nets différents mais dont on peut admettre qu'ils sont constants pour l'éternité. Il s'agit clairement d'une hypothèse peu vraisemblable, mais nécessaire pour aboutir à la méthode la plus couramment utilisée pour l'évaluation sommaire d'un placement immobilier, celle qui repose sur le rapport revenu/prix. Avec cette hypothèse, le rapport revenu net/prix est égal au taux de rendement sur les fonds investis pour la première année et toutes les suivantes (voir annexe 2). Si ce rapport est le même pour les deux immeubles, alors le taux de rendement pour l'investisseur est également le même. Il est alors facile de déterminer le prix équivalent de l'investisseur pour l'un des immeubles en comparaison avec l'autre: il suffit de diviser le revenu net de cet immeuble par le rapport revenu net/prix (payé ou affiché) de l'autre immeuble (ces deux prix pouvant servir d'indicateurs pour le prix probable de l'autre immeuble, qui est l'élément décisif). C'est une méthode par les prix.

Si l'acheteur potentiel peut acheter l'immeuble à ce prix équivalent ou à un prix plus bas, il obtient un taux de rendement au moins aussi élevé qu'en achetant ou en ayant acheté l'autre immeuble. Si plus de deux immeubles peuvent servir de référence en remplissant la condition formulée plus haut, c'est le rapport revenu net/prix le plus élevé qui fixe le prix équivalent de l'investisseur pour les autres.

Une hypothèse un peu plus réaliste est que les revenus nets croissent régulièrement, ne serait-ce qu'avec le niveau général des prix. La règle susmentionnée peut également être valable dans ce cas. L'égalité des rapports revenu net/prix garantit l'égalité des taux de rendement lorsque les revenus nets des immeubles croissent au même taux constant pour l'éternité (voir annexe 2). Relevons au passage que le taux de rendement est donné par la somme du rapport revenu net/prix et du taux de croissance du revenu net.

De façon plus générale, le prix équivalent peut être fixé sur la base du rapport revenu net/prix de n'importe quel actif dont on peut supposer que le revenu net évolue de concert avec celui de l'immeuble mis en vente. Mais le choix n'est pas immense. Les biens mobiliers ne peuvent pas servir de référence car l'évolution des revenus qu'ils procurent est peu corrélée avec celle des loyers. Même parmi les biens immobiliers, tous ne peuvent pas servir de référence car l'évolution des revenus et des charges dépend de l'état du bien, de son utilisation, de sa localisation, etc. Cette évolution ne peut être présumée identique que si les biens se trouvent sur le même marché, s'ils répondent à la même demande. Lorsque l'immeuble mis en vente est un immeuble résidentiel locatif, l'investisseur doit se référer aux prix des immeubles résidentiels locatifs semblables par la situation, la taille, le standing, la matérialisation et l'état d'entretien pour fixer son prix équivalent.

Revenu net ou revenu brut?
La méthode présente un inconvénient lié à la détermination du revenu net. Celui-ci est assez volatil car les frais d'entretien sont pour partie aléatoires et dépendent de la stratégie de gestion du propriétaire. Deux immeubles identiques peuvent avoir des revenus nets différents si le propriétaire de l'un a fait procéder à plus de travaux d'entretien que le propriétaire de l'autre au cours de la période de référence. C'est vraisemblablement pour éviter ce biais qu'on utilise plus souvent le revenu brut que le revenu net pour ce genre de calcul. Le prix équivalent peut être fixé sur la base du rapport revenu brut/prix si la part des charges d'exploitation et d'entretien dans le revenu brut de l'immeuble mis en vente peut être supposée identique à celle des immeubles de référence. Cette hypothèse devrait être satisfaite si les immeubles sont très semblables et en particulier dans le même état d'entretien.

L'acheteur peut échapper à la contrainte du très semblable s'il parvient à expliquer le rapport revenu (brut)/prix d'un immeuble par ses caractéristiques. Il peut alors ajuster les rapports revenu/prix du marché en fonction des caractéristiques de l'immeuble mis en vente, mais l'exercice n'est pas trivial car il faut disposer d'une base de données conséquente et d'outils statistiques adéquats.

Dans la pratique, les rapports revenu brut/prix et revenu net/prix sont appelés **taux de rendement brut** et **taux de rendement net**. L'appellation est trompeuse car elle laisse entendre que le rapport revenu net/prix est égal au taux de rendement obtenu par l'investisseur. Or, nous avons vu que ceci n'est vrai qu'à la condition de poser une hypothèse peu réaliste. Les experts américains proposent une règle qui prête moins à confusion en considérant le rapport prix/revenu brut, soit l'inverse du taux de rendement brut (The Appraisal Institute, 2008), à l'image de l'indicateur utilisé dans le monde boursier. Ce facteur est qualifié de **multiplicateur du revenu brut** et le prix équivalent est obtenu en multipliant le revenu de l'immeuble mis en vente ou évalué par le multiplicateur de référence.

La confusion terminologique est d'autant plus grande que la technique du rapport revenu/prix ou du multiplicateur est souvent employée par les experts pour estimer une valeur dite de rendement. Il s'agit pourtant d'une méthode par les prix puisque l'investisseur se réfère directement aux prix d'autres biens semblables. Elle ressemble à la méthode par capitalisation mais s'en distingue fondamentalement. La méthode par capitalisation repose sur un taux de rendement visé par l'investisseur et constitue une méthode par les revenus simplifiée, qui suppose une autre forme d'arbitrage.

Le placement alternatif

La comparaison des rapports revenu/prix ou prix/revenu est la méthode adéquate si l'investisseur envisage l'acquisition d'un autre immeuble comme alternative. Mais il en a d'autres. Ce sont même de nombreux placements alternatifs qui s'offrent à lui. Chacun «promet» un certain taux de rendement et comporte un certain risque. Pour des placements comme les actions, le taux de rendement est aléatoire et le risque est élevé. Pour des bons d'un gouvernement en revanche, le taux de rendement est quasiment certain et le risque est presque inexistant (encore qu'à l'heure où nous relisons ces lignes, le nombre de pays pour lesquels cette affirmation est encore valable a sensiblement diminué). Si l'investisseur peut estimer le taux de rendement qu'il devrait pouvoir obtenir sur un placement alternatif ainsi que les revenus que devrait lui procurer l'immeuble en vente, il peut en déduire un prix équivalent par les revenus.

Le principe des méthodes par les revenus est d'utiliser le meilleur taux de rendement que l'investisseur peut obtenir sur un placement financièrement comparable pour déterminer le prix maximal qu'il devrait payer pour un immeuble afin d'obtenir au moins le même taux de rendement. «Financièrement comparable» signifie que le flux des revenus nets est équivalent pour l'investisseur, qui est plus ou moins impatient et plus ou moins enclin à assumer des risques.

Appelons *taux de rendement visé* le taux de rendement le plus élevé que l'acheteur investisseur peut obtenir avec un placement alternatif financièrement comparable. Le montant qu'il est alors disposé à placer dans un immeuble est égal à la valeur actuelle des revenus nets qu'il prévoit d'en retirer, actualisés au taux de rendement visé.

Le calcul se simplifie si on ajoute l'hypothèse que les revenus nets de l'immeuble croîtront à un taux constant pour l'éternité. Dans ce cas, le prix équivalent est égal au revenu net de la première année divisé par le taux de rendement visé diminué du taux de croissance des revenus nets. Si en plus les revenus nets ne croissent pas, alors le prix équivalent est simplement le revenu net divisé par le taux de rendement visé.

Ainsi, dans le cas d'immeubles pour lesquels l'hypothèse de la croissance uniforme des revenus nets est plausible, le prix équivalent peut être obtenu en divisant un revenu net représentatif actuel par un taux que l'on appelle *taux de capitalisation*. Nous appellerons la méthode elle-même *méthode par capitalisation*. Le taux de capitalisation et le taux de rendement de l'investisseur ne sont égaux que si les revenus nets sont constants.

L'investisseur demandera le même taux de rendement pour deux immeubles présentant les mêmes risques. Cela implique le même taux de capitalisation et donc le même rapport revenu net/prix si le revenu net de chaque immeuble croît à un taux constant égal à celui de l'autre. On pourrait croire que l'on retombe sur la méthode du rapport revenu/prix, soit une méthode par les prix, mais ce n'est pas le cas. En effet, l'immeuble de référence n'offre pas forcément le meilleur taux de rendement. Si l'investisseur peut obtenir un meilleur taux de rendement avec un autre placement, c'est ce taux qui détermine le taux de rendement attendu de son calcul de capitalisation ou d'actualisation et non le taux de rendement de l'immeuble de référence. On voit pourquoi il faut compléter les méthodes par les prix par des méthodes par les revenus pour l'investisseur: les premières n'envisagent comme alternative à l'achat d'un immeuble que l'achat d'un autre immeuble semblable. Un placement différent plus lucratif devrait pourtant inciter l'investisseur à calculer un prix acceptable plus faible, à moins qu'il ne limite ses alternatives aux seuls actifs immobiliers.

L'actualisation en pratique

En principe, l'investisseur devrait pratiquer les méthodes par les revenus comme l'usager qui arbitre avec la location. Comme lui, il devrait prévoir l'avenir et fixer un taux d'actualisation. Comme lui, il se heurte à la problématique du risque. La fixation du taux d'actualisation fait partie des merveilles de l'évaluation immobilière. Un investisseur demande en principe un rendement plus élevé s'il prend un risque plus grand, il se contente d'un rendement moindre dans le cas contraire et demande par conséquent un rendement identique si le risque est le même. Mais qui connaît vraiment le risque pris en achetant tel ou tel actif?

Tous les subterfuges sont bons, tant en théorie qu'en pratique, pour contourner ces obstacles. On suppose que l'avenir sera identique au passé, tout en sachant que l'hypothèse est pour le moins osée. On mesure le risque de façon synthétique mais très partielle. On ajoute des primes plus arbitraires les unes que les autres à un taux de rendement considéré comme hors risque. Quelle que soit la technique adoptée, la subjectivité est maîtresse des lieux et le résultat peut varier fortement en fonction des anticipations et du rendement visé par l'acheteur potentiel.

Traditionnellement, les acteurs procèdent par capitalisation. On a vu que cette méthode repose sur des hypothèses irréalistes. Avec le développement des moyens informatiques et l'extension de la sphère financière sur le secteur immobilier, des formes plus riches et complexes de méthodes par les revenus prennent progressivement le pas sur cette forme simplifiée. Les résultats sont plus fiables car on évite que des revenus nets obtenus dans un lointain futur influencent excessivement le prix équivalent. De plus, l'exercice a le mérite de forcer l'investisseur à expliciter ses hypothèses de calcul. Il peut alors fixer son prix équivalent de manière plus fine et procéder à diverses simulations afin de mesurer la volatilité du résultat.

L'option de construire un autre immeuble
L'investisseur a encore l'option d'acheter un terrain et de construire un bâtiment plutôt que d'acheter un autre immeuble ou d'investir dans un autre actif. Il dispose des méthodes par les coûts pour analyser cette alternative, mais il se heurte à plusieurs difficultés. Comme l'usager, il doit estimer le prix probable du terrain et le coût de construction du bâtiment, puis ajuster le résultat en fonction de la vétusté de l'immeuble mis en vente. Contrairement à l'usager, il est en principe peu sensible au délai inhérent à la construction, mais il est plus sensible au risque. Construire est plus risqué qu'acheter un bien existant car l'investisseur n'est pas assuré du prix final et ne sait pas exactement quels loyers il pourra pratiquer lorsque le bâtiment neuf sera mis sur le marché. En outre, il lui manque souvent les compétences et la disponibilité nécessaires à la maîtrise d'ouvrage. Il acceptera donc généralement de payer une prime par rapport au coût de reconstitution, comme l'usager. Il n'y aurait d'ailleurs pas de promoteurs si cette prime n'existait pas. Notons enfin qu'à l'opposé de l'usager, l'investisseur préfère un immeuble déjà loué, sauf si le loyer contractuel est inférieur au loyer du marché et ne peut être augmenté sans difficultés.

En définitive, l'investisseur peut fixer un prix maximal en se référant au rapport revenu/prix du marché, en actualisant les revenus nets futurs ou en capitalisant le revenu net actuel, voire en estimant un coût de reconstruction. A l'instar de l'usager, le plus petit des résultats obtenus devrait lui servir de prix acceptable.

2.3.3 Des acheteurs aux motifs particuliers

Certains investisseurs s'intéressent peu aux revenus locatifs car ils espèrent obtenir l'essentiel de leur rendement sous forme d'une plus-value à relativement court terme. L'acquéreur fait le pari que les prix immobiliers vont augmenter suffisamment pour pouvoir atteindre le taux de rendement visé en revendant l'immeuble, raison pour laquelle il est qualifié de spéculateur. Les méthodes par les revenus et par les coûts ne lui sont pas d'une grande utilité. Il fait un pari et doit simplement s'assurer de ne pas payer plus que le prix auquel il pourrait acheter un immeuble semblable.

Reste le cas de l'acheteur potentiel qui n'a pas forcément besoin d'un immeuble et n'y voit pas a priori un placement mais envisage de l'acheter comme résidence secondaire, comme objet de collection ou pour d'autres motifs encore comme se préserver une vue ou empêcher l'installation d'un concurrent. Il peut renoncer à acheter sans construire ou louer. Son prix acceptable dépendra des usages alternatifs de son argent, des autres moyens de satisfaire ses désirs et des avantages que lui apporte l'immeuble. L'acheteur potentiel d'une résidence secondaire prendra en considération les frais de déplacement et les loyers de courte durée sur place. Le collectionneur comparera avec d'autres objets de collection, pas forcément dans le domaine immobilier, d'où la fameuse valeur d'amateur, sans lien étroit avec la qualité objective d'un bien. Celui qui achète pour empêcher un autre de le faire évaluera la perte qu'il aurait subie sans cela. Tous tiendront compte de leurs capacités financières et peut-être de leur sentiment quant au niveau des prix du moment dans une perspective historique.

2.3.4 Les prix équivalents pour le propriétaire investisseur

Le vendeur potentiel fixe son prix acceptable différemment selon les cas, mais ses méthodes ne sont pas différentes de celles d'un acheteur potentiel. Pour lui, le prix acceptable est le montant minimal qui rend la vente intéressante. Comme pour l'acheteur, c'est le plus petit prix équivalent qui donne le prix acceptable. A partir de ce prix, le propriétaire accepte de vendre car il a au moins une alternative plus intéressante.

A la recherche du meilleur rendement

Le bien immobilier n'intéresse son propriétaire investisseur que par le flux de revenus nets qu'il lui procure ou peut lui procurer. Il gagne alors à le vendre si le produit de la vente placé dans un autre actif lui permet d'obtenir un flux de revenus plus élevé qu'avec son bien. Le taux de rendement du meilleur placement alternatif détermine le taux de rendement qu'il devrait obtenir avec son immeuble actuel. Mais quel est le taux de rendement qu'il obtient effectivement avec cet immeuble? Il s'agit d'une question piège, puisqu'on est tenté de calculer le rendement par rapport au prix payé pour l'immeuble. Or un prix historique n'a pas de pertinence pour l'avenir. Le taux de rendement de l'immeuble actuel doit être calculé par rapport au coût d'opportunité de le conserver, donc par rapport au prix auquel le propriétaire pourrait vendre cet immeuble. Si le flux des revenus nets de l'immeuble correspond à un taux de rendement – par rapport à ce prix – inférieur à son taux de rendement visé, alors le propriétaire a intérêt à vendre. Ce raisonnement permet de déterminer le prix équivalent: c'est le prix par rapport auquel le flux de revenus nets donne le taux de rendement visé. On peut le calculer simplement en actualisant les revenus nets de l'immeuble au taux de rendement visé. Lorsqu'on peut admettre que les revenus nets croissent à un taux constant, le prix équivalent est égal au revenu net de la première année divisé par la différence entre le taux de rendement visé et le taux de croissance du revenu net. On retrouve donc les calculs d'actualisation et de capitalisation de l'acheteur investisseur.

On notera que plus l'investisseur est habile à trouver un meilleur placement alternatif et plus bas est son prix équivalent. En effet, il saura tirer un flux de revenus équivalent à celui de l'immeuble avec une somme inférieure. Le calcul d'actualisation traduit directement ce fait: plus le taux de rendement visé est élevé, plus la valeur actuelle du flux de revenus nets de l'immeuble est faible. Cela n'implique pas, cependant, qu'il vendra son bien moins cher qu'un investisseur moins habile à trouver un placement alternatif. De fait, si son acheteur est aussi un investisseur, il est certainement moins habile puisque son prix équivalent acheteur, donc son évaluation du flux de revenus nets de l'immeuble, est forcément supérieur à celui du vendeur.

Comparaison avec les autres alternatives

Le placement alternatif peut être un autre immeuble. Le propriétaire se retrouve alors dans la même situation qu'un acheteur investisseur qui cherche à placer des liquidités, sauf qu'il doit se défaire de son bien pour en acheter un autre. Comme l'acheteur, il emploie les méthodes par les prix. Mais en tant que vendeur et contrairement à l'acheteur, il a un prix équivalent plus élevé que le prix d'un bien comparable, sans quoi l'échange n'en vaut pas la chandelle. La différence doit couvrir les frais de transaction et même un peu plus pour inciter le propriétaire à vendre.

Le propriétaire peut encore vendre son immeuble pour en construire un autre. Il emploie alors les méthodes par les coûts, comme l'acheteur. Mais contrairement à ce dernier, il a un prix équivalent supérieur au coût de reconstitution car l'échange lui est inutile s'il n'en retire pas un certain bénéfice.

Conserver ou vendre son bien en l'état ne sont pas les seules alternatives qui se présentent au propriétaire investisseur. Il peut développer un projet de transformation et le vendre avec ce projet, attendre d'avoir obtenu le permis de construire, transformer le bâtiment lui-même et même attendre de l'avoir remis en location avant de le vendre. De façon générale, il devrait toujours comparer l'option de la vente immédiate avec celle d'une vente différée, puisque la vente est irréversible. La technique de l'actualisation est si efficace qu'elle permet de comparer toutes ces alternatives dans un cadre uniforme, mais évidemment il faudra prévoir les coûts de transformation, le flux des revenus nets après transformation, le prix auquel l'immeuble pourrait être vendu à une date ultérieure, etc. Le propriétaire devrait faire ce genre de calculs pour déterminer la meilleure stratégie de valorisation de son bien ainsi que son prix acceptable pour une vente immédiate, puisque c'est la meilleure stratégie qui détermine le flux de revenus nets auquel il renonce en vendant son bien. Attention toutefois de n'évaluer que des stratégies de valorisation possibles pour le propriétaire, au vu notamment de ses ressources financières et des conditions légales.

2.3.5 Les prix équivalents pour le propriétaire usager

La détermination du prix acceptable pour le propriétaire usager est un peu plus difficile puisque vendre son immeuble l'oblige à trouver un autre immeuble où se loger ou exercer son activité. Par définition, le propriétaire usager qui envisage de vendre son bien est simultanément un acheteur potentiel (de même, d'ailleurs, que beaucoup d'acheteurs usagers sont simultanément des propriétaires usagers vendeurs).

Mais d'abord, tout propriétaire est un vendeur potentiel. Il devrait accepter de vendre son bien si le prix qu'il en retire lui permet d'acquérir un autre bien qui lui convient mieux ou d'acquérir un bien équivalent pour lui à un prix plus bas et donc de réaliser un bénéfice. Il a le choix entre conserver son bien, d'une part, et le vendre pour en acheter un autre, en construire un autre ou en louer un autre, d'autre part. Ses alternatives sont semblables à celles de l'acheteur usager et vont donc le conduire à utiliser les mêmes méthodes.

La satisfaction supplémentaire ou le bénéfice retiré de l'échange doit toutefois couvrir au moins les frais de transaction et de déménagement pour qu'il accepte de vendre. Une telle opportunité ne devrait pas se présenter si l'alternative est un bien semblable dans la même région. Mais songez à un industriel qui souhaite délocaliser sa production ou à un retraité qui désire échanger son appartement en Suisse contre une maison en Espagne.

Un propriétaire peut aussi envisager de vendre parce que son bien ne le satisfait pas (ou plus) complètement. Il acceptera de payer un supplément pour disposer d'un immeuble qui lui conviendra mieux, tout en tenant compte des frais de transaction et de déménagement.

Dans tous les cas, le propriétaire usager doit procéder à des ajustements plus conséquents et personnels que l'acheteur usager qui cherche des alternatives à l'achat d'un bien qui, par hypothèse, devrait le satisfaire.

Reste le cas, relativement fréquent sur le marché, du propriétaire qui ne peut pas ou ne veut pas conserver l'usage de son bien parce qu'il va travailler dans une autre région ou que sa maison est devenue trop petite pour son ménage. Il lui reste néanmoins le choix de mettre son bien en location. Il raisonne alors comme un investisseur, en considérant le flux de revenus auquel il renonce s'il vend son bien. Mais s'il a besoin de fonds propres, il ne lui reste plus qu'à vendre au plus offrant.

2.4 En résumé

L'acheteur potentiel d'un bien immobilier devrait déterminer le prix acceptable de ce bien par comparaison avec les alternatives qui se présentent de façon réaliste à lui. La comparaison avec chaque alternative détermine un prix équivalent pour le bien, soit le prix pour lequel l'achat et l'alternative lui procurent la même satisfaction ou le même rendement. L'analyse systématique de ces comparaisons a montré que le propriétaire du bien, vendeur potentiel, ne devrait pas raisonner autrement. Le plus petit prix équivalent de l'acheteur est son prix maximal et celui du vendeur est son prix minimal.

Toute l'analyse repose donc sur les prix équivalents, qui ne sont pas simples à estimer puisque chaque alternative – construire, acheter un autre bien, placer son argent ailleurs, rester locataire – implique de nombreuses différences pour l'acteur, des différences de qualité, de confort, de disponibilité, de risques, etc. Dès lors, les chapitres suivants s'appliquent à préciser ces différences et à montrer comment on peut en tenir compte dans les comparaisons.

Chapitre 3

COMPARAISON AVEC D'AUTRES IMMEUBLES PROPOSÉS À L'ACHAT

Naturellement, un acheteur ne devrait pas accepter de payer pour un bien davantage que le prix auquel il peut acheter un bien identique. On appelle cela parfois le «juste prix». Nous dirons plutôt prix équivalent par comparaison avec d'autres biens proposés sur le marché, pour éviter la connotation morale.

Les bourses sont faites pour faciliter la comparaison. A tout moment, l'acheteur peut contrôler le prix auquel l'action d'une société cotée est proposée à la vente. Mais la question devient complexe si elle concerne la société dans son ensemble, soit la totalité de son capital-actions. La comparaison devient beaucoup plus difficile car il n'existe pas deux sociétés identiques, et la quête du prix équivalent devient délicate.

De ce point de vue, un immeuble ressemble à une société. Il est forcément unique, ne serait-ce qu'en raison de l'impossibilité matérielle d'avoir deux immeubles exactement au même endroit. Cette hétérogénéité complique singulièrement la comparaison et contraint l'expert, comme les acteurs du marché, à user de diverses astuces pour comparer les biens. On pénètre ici dans le monde enchanté de l'évaluation immobilière, car les méthodes d'estimation du prix équivalent font intervenir l'approximation, l'interprétation, la subjectivité voire l'arbitraire, et mènent par conséquent à la multiplicité des résultats.

Nous utiliserons encore les prix du marché dans le chapitre 7 pour déterminer le prix probable. Ici, il s'agit de donner forme à la comparaison que fait l'acheteur potentiel entre l'immeuble qui l'intéresse et les immeubles alternatifs qui sont également proposés sur le marché. Cette comparaison intéresse aussi le propriétaire de l'immeuble, puisqu'il pourrait vendre son bien et en acheter un autre à la place. Dans les deux cas, l'immeuble à évaluer est comparé à un ensemble d'autres immeubles proposés à l'achat dans la même période et qui entrent en ligne de compte pour le mandant. Il faudra tenir compte des différences entre les biens du point de vue de ce mandant. Au contraire, lorsqu'on utilisera les prix du marché pour déterminer le prix probable, la comparaison se fera plutôt avec des statistiques de transactions réalisées et elle utilisera des ajustements sur les différences de qualité qui sont ceux que font, en moyenne, tous les acteurs du marché.

Plusieurs astuces permettent d'utiliser d'autres offres malgré les différences de qualité

On peut se limiter à des biens suffisamment semblables pour que les différences de prix puissent être considérées comme négligeables (sect. 3.1). Les différences de qualité peuvent parfois être corrigées par des travaux, donc on peut rendre deux bâtiments comparables en tenant compte des coûts de ces travaux (sect. 3.2). On peut également procéder à des ajustements pour les différences de qualité selon les priorités du mandant, ajustements simples (§ 3.3.1) ou plus riches et systématiques en s'aidant d'une analyse multicritère (§ 3.3.2). Si l'on connaît le revenu locatif du bien qu'il s'agit d'évaluer, on peut utiliser cette information comme mesure synthétique de sa qualité et utiliser la relation observée sur le marché de référence entre le revenu locatif et le prix des biens échangés (sect. 3.4). Le choix entre ces astuces sera guidé par les données et ressources dont dispose l'expert et les hypothèses simplificatrices que l'on est prêt à faire sur la comparabilité des biens. En fait, les astuces présentées ici sont suffisamment simples pour que le client intéressé par l'achat ou la vente puisse les appliquer lui-même et il est recommandé de les cumuler.

Attention à l'identification des offres alternatives

En tout instant, une multitude d'immeubles sont proposés à l'achat. Tous n'entrent pas en ligne de compte pour le mandant de l'expertise. S'il cherche un logement principal, son rayon géographique est relativement faible autour de ses principaux lieux d'activités. La diversité typologique admissible est aussi restreinte; elle pourrait se limiter à un type de bien comme les maisons individuelles ou les appartements en propriété. En revanche, quelqu'un qui cherche une possibilité d'investissement envisage généralement une grande diversité de lieux et de types de biens. Pour une entreprise internationale, la comparaison peut porter sur des bâtiments administratifs ou industriels situés dans d'autres pays.

Dans l'analyse des offres alternatives, on fera aussi attention au fait qu'il s'agit en général de prix affichés négociables. Il est évidemment difficile d'apprécier la marge de négociation sous-jacente dans chaque offre, mais la pratique répétée du marché permet de s'en faire une idée, une idée qui dépend de la situation conjoncturelle. En définitive, c'est le prix que l'on peut s'attendre à devoir payer pour un autre bien, donc son prix probable, qui détermine le prix équivalent pour le bien à évaluer et non le prix affiché.

3.1 Choisir des biens assez semblables

Comparer avec un bien semblable et admettre que la différence de qualité est si faible qu'il n'est pas nécessaire d'ajuster le prix.

Deux villas contiguës de même typologie, construites au même moment, avec les mêmes matériaux et dans le même état d'entretien peuvent être considérées comme pratiquement identiques. Si les deux sont proposées à la vente, leurs prix devraient aussi être les mêmes. Mais il est rare que l'acheteur puisse comparer avec une offre portant sur un bien pratiquement identique, sauf dans des pays où la production en série est très répandue pour certains types de bâtiments, en particulier pour les maisons individuelles. Lorsque l'expert évalue un appartement, une entrée d'immeuble ou encore une maisonnette dans une rangée, il peut avoir la chance de devoir considérer une offre portant sur un autre item du même lot. Mais si les biens sont pratiquement identiques, l'acheteur n'a pas besoin d'expert.

Deux maisons presque identiques au niveau du bâti mais situées dans des quartiers différents peuvent aussi être considérées comme pratiquement identiques pour l'évaluation à condition que, selon les préférences du mandant, les deux quartiers soient à même distance d'un centre-ville, aient le même statut social, que les deux maisons bénéficient de la même accessibilité aux commodités, subissent les mêmes nuisances, etc. Mais plus on s'éloigne de l'identique, plus la comparaison devient approximative. Si les deux quartiers précités ne se situent pas dans la même agglomération, l'acheteur fera la différence et ne devrait pas accepter de payer pour l'une le même prix que pour l'autre. Les marchés sont localisés, donc les comparaisons limitées dans l'espace, parce que l'offre est par essence immobile et la demande sensible au lieu.

Les limites du pratiquement identique sont délicates à établir, dépendant en définitive de la marge d'approximation admise par le mandant ou de sa sensibilité par rapport aux différences entre les biens. Disons que les biens servant de référence pour la comparaison ne devraient différer de l'objet expertisé que sur un nombre restreint de caractéristiques (voir encadré), avec des différences minimes. A défaut, l'expert doit comparer avec des biens seulement semblables et jouer avec des compensations. Dans l'exemple des deux maisons contiguës, si l'une d'elles est un peu moins bien entretenue mais dispose d'un jardin un peu plus grand, le mandant peut admettre que ces différences se compensent, ce qui élargit la notion de pratiquement identique.

Grâce aux compensations, les références potentielles sont plus nombreuses qu'en exigeant une identité plus stricte, mais le caractère personnel de ces compensations impose ici également une définition plutôt restrictive. Le bien de référence ne devrait différer que par un nombre restreint de caractéristiques, les différences ne devraient pas être significatives et les avantages devraient évidemment compenser les défauts.

> LES CARACTÉRISTIQUES D'UN BIEN IMMOBILIER[1]
>
> – Taille : surface du terrain, dimensions des constructions.
> – Localisation et environnement : accessibilité, distance à divers équipements et services (commerces, écoles, travail, loisirs, etc.), nuisances sonores et pollution, vue et ensoleillement, etc.
> – Qualité du sol : pédologique pour un usage agricole, géologique pour un terrain à bâtir, pente.
> – Qualité des constructions : qualité des matériaux, vétusté.
> – Typologie : qualité architecturale, fonctionnalité, organisation des espaces.

Dans ces conditions, le bien de référence permettant de déterminer un prix équivalent sans ajustement risque d'être une perle rare. Heureusement, l'expert peut jouer avec les compensations sur plusieurs biens. Supposons qu'un acheteur potentiel s'intéresse également à deux autres biens, soit une maison quasiment identique mais moins bien entretenue et une autre maison quasiment identique mais disposant d'un jardin plus grand. Si l'acheteur accorde la même importance à ces deux différences, le prix équivalent peut être établi par la moyenne arithmétique simple des prix des deux autres maisons. C'est alors le bien virtuel représentant la qualité moyenne de l'échantillon qui doit être quasiment identique à l'objet expertisé, et c'est pourquoi les différences doivent se compenser.

Mais ces compensations sont d'autant plus aléatoires que les biens sont différents. L'acteur doit donc pouvoir comparer avec des objets les moins différents possibles, que nous qualifierons de semblables. La limite du semblable n'est pas plus aisée à poser. Disons, à l'image du pratiquement identique, que les biens de référence ne devraient différer que par un nombre restreint de caractéristiques et que les différences ne devraient pas être substantielles. Plus les biens sont standardisés et le nombre d'offres élevé, plus la marge d'approximation sera faible.

La valeur ajoutée par l'expert-conseil pour la comparaison avec des biens semblables est limitée. Il peut chercher d'autres biens offerts sur le marché, dont l'acteur n'aurait pas connaissance, et il peut rendre ce dernier attentif à des caractéristiques, légales, techniques ou architecturales, qui lui auraient échappé. Mais seul l'acteur peut dire que deux biens sont équivalents (pour lui).

---

[1] Voir également le tableau 7.1.

3.2 Imaginer des travaux éliminant les différences

Ajuster le prix d'un bien différent du montant des coûts immédiats et ultérieurs des travaux qui permettraient de le rendre assez semblable pour une comparaison immédiate.

Imaginons que l'immeuble à évaluer est neuf et qu'il y a sur le marché un immeuble similaire par les dimensions et la situation mais vétuste. La comparaison immédiate est évidemment impossible mais l'acquéreur potentiel pourrait envisager d'acheter l'immeuble vétuste et de le remettre à neuf. Le prix équivalent pour l'immeuble neuf est donc égal au prix de l'autre augmenté du coût des travaux. Pour bien faire, il faudrait encore tenir compte des délais et risques, ce qui implique éventuellement un calcul d'actualisation semblable à celui utilisé pour certaines méthodes par les revenus. Il est possible que des travaux raisonnables ne suppriment pas toutes les différences d'âge, surtout si le bâtiment vétuste est également obsolète. Il est aussi probable que les frais d'exploitation et d'entretien ultérieurs ne seront quand même pas les mêmes, malgré les travaux. Ces notions et les ajustements supplémentaires qu'elles requièrent seront détaillés dans le chapitre 5, où l'achat d'un bâtiment existant sera comparé à la construction d'un autre. Enfin, l'acquéreur potentiel peut envisager d'exploiter l'immeuble vétuste en l'état pendant un certain temps avant de procéder à une remise à neuf. L'expert n'échappe pas alors à un calcul d'actualisation, qui devra également tenir compte des différences de valeur d'usage ou de revenus durant cette période transitoire.

Et si c'est l'immeuble à évaluer qui est vétuste? Dans ce cas, on pourrait évaluer les coûts d'une cure de jouvence permettant de le comparer directement à des immeubles alternatifs plus récents et soustraire ces coûts des prix des immeubles alternatifs pour calculer le prix équivalent. Le calcul est assez artificiel, sauf si l'acquéreur potentiel envisage de procéder à de tels travaux après l'achat. S'il ne l'envisage pas sérieusement mais serait disposé à se contenter d'un immeuble portant les marques de son âge, surtout pour un prix plus faible, le calcul revient à diminuer le prix de l'immeuble neuf de comparaison d'une sorte de pénalité pour manque de vétusté ! L'expert peut également procéder par actualisation dans un tel cas.

3.3 Tenir compte des différences de qualité

3.3.1 Corrections simples

Ajuster le prix d'un bien différent en fonction de la différence de qualité portant sur une seule caractéristique.

La possibilité de déterminer un prix équivalent en estimant le coût des travaux nécessaires pour éliminer les différences de qualité est moins théorique que l'hypothèse d'avoir deux biens suffisamment semblables pour donner directement un prix équivalent. Mais de nombreuses différences de qualité ne peuvent pas être gommées par une rénovation ou une transformation. L'acteur risque donc fort de devoir procéder à d'autres types d'ajustements, selon les caractéristiques des biens.

La caractéristique la plus fréquemment mentionnée dans les annonces immobilières est la surface. Surface de terrain ou surface de plancher, cette caractéristique est déterminante pour de très nombreux acteurs. Dans un nouveau bâtiment administratif par exemple, divers locaux peuvent ne se différencier pratiquement que par leur taille. Lors de leur commercialisation, le vendeur affiche des prix en relation avec la surface utile, selon sa perception des préférences des acheteurs. Lorsque l'un de ceux-ci compare un local avec un autre plus petit, il obtient un prix équivalent plus bas que le prix affiché s'il accorde moins d'importance à la différence de taille que ne l'imaginait le vendeur, et inversement.

Tant que la différence ne porte que sur une seule caractéristique, l'expert n'est pas d'un grand secours pour l'acteur. Mais heureusement pour lui, les biens se distinguent généralement par plusieurs caractéristiques. Il peut alors aider son client en recourant à des méthodes conçues pour opérer des choix en présence de plusieurs variables discriminantes. Dans le cadre de l'évaluation d'un bien, ces méthodes permettent de pondérer les différentes caractéristiques.

3.3.2 Une analyse multicritère

Etablir les critères de comparaison avec le mandant et comparer les biens par rapport à ces critères, y compris le prix.

Les architectes connaissent l'analyse multicritère, qu'ils appliquent dans d'autres circonstances: pour comparer les projets dans un concours lorsqu'ils font partie du jury, pour comparer les offres des entreprises avant les adjudications ou encore pour vérifier la qualité de projets de logements en vue de subventions (cf. le système d'évaluation des logements SEL, OFL 2000). Dans ce dernier cas, les critères et pondérations sont donnés.

En règle générale, une analyse multicritère commence par la définition des critères d'évaluation, soit, dans le cas des immeubles, par la sélection des caractéristiques pertinentes pour le mandant. Il convient de procéder systématiquement pour ne pas en oublier. On peut procéder du général au particulier (*top-down*), donc à partir de grandes catégories comme l'intérieur du logement, le bâtiment, le quartier, la situation dans la ville, puis détailler chaque catégorie jusqu'aux caractéristiques qui seront finalement mesurées. On peut également procéder par agrégation (*bottom-up*), en commençant par identifier tout ce qui fait la qualité du bien immobilier puis en tentant de regrouper ces caractéristiques dans une hiérarchie.

La deuxième étape consiste à définir comment chaque caractéristique sera mesurée puis notée selon un barème commun. Supposons par exemple que l'on ait choisi un barème de notes allant de 1 à 5 et qu'il faille introduire dans ce barème la superficie de la parcelle. On pourrait décider de donner une note de 1 pour les parcelles de moins de 800 m^2, 2 pour les parcelles de 800 à 1200 m^2, 3 pour 1200 à 1600 m^2, 4 pour 1600 à 2000 m^2 et 5 pour plus de 2000 m^2. Pour les caractéristiques purement qualitatives comme la vue ou l'état du bâtiment, on peut directement donner une note de 1 à 5.

La troisième étape consiste à attribuer un poids à chaque caractéristique pour pouvoir calculer la note globale comme une moyenne pondérée des notes attribuées pour toutes les caractéristiques. Le poids attribué à une caractéristique doit être évidemment d'autant plus élevé que celle-ci est jugée importante par le mandant.

Lorsque la méthode est utilisée pour comparer des biens immobiliers alternatifs, le prix est forcément l'un des critères de comparaison. Lorsqu'il compare le bien à évaluer avec un bien alternatif, l'expert donne des notes à chacun selon les critères et calcule la note globale en appliquant les pondérations aux notes des caractéristiques. Il peut ensuite encourager son client à acheter le bien qui obtient la note globale la plus élevée. La même méthode permet également de déterminer le prix équivalent du bien à évaluer en comparaison avec les autres biens sur le marché. Il faut commencer par identifier le bien alternatif qui obtient la note globale la plus élevée. Ensuite, l'expert cherche le prix qui, pris en compte dans le calcul de la note globale du bien à évaluer, permet d'aboutir à une note égale à celle du meilleur bien de comparaison.

Un exemple simple permet d'illustrer le propos. Supposons que l'on ait retenu comme caractéristiques pour comparer des immeubles administratifs le prix, la surface utile et l'âge du bâtiment. Ces caractéristiques sont notées entre 0 et 1. Pour le prix, la note est égale à 1 − prix/10 millions; la note pour la surface est la surface en m^2 divisée par 2000; la note pour l'âge est 1 − 0,03 × nombre d'années. On a encore retenu comme pondérations 0,6 pour le prix, 0,3 pour la surface et 0,1 pour l'âge (la somme doit être égale à 1). Le meilleur immeuble alternatif est offert pour CHF 5 millions, a une surface utile de 1000 m^2 et compte 5 ans. Sa note globale est de 0,6×0,5 + 0,3×0,5 + 0,1×0,85 = 0,535. L'immeuble à évaluer a une surface utile de 800 m^2 et compte 15 ans. Il obtient la même note globale que l'immeuble alternatif si son prix est de CHF 4 millions. Ce dernier montant est ainsi son prix équivalent.

Dans la pratique, ce genre de technique est souvent employée pour décider de l'acquisition d'un bien plutôt que d'un autre, sur la base des prix demandés, mais pas pour estimer un prix équivalent. Pourtant, celui-ci peut relativiser le choix suggéré par la comparaison et éventuellement ouvrir la porte à une négociation portant sur les prix.

3.4 Utiliser le multiplicateur du revenu

Mesurer la qualité des biens comparables par leur revenu locatif et comparer les biens selon la relation entre le revenu locatif et le prix.

Si un bien est loué, il existe une astuce pour mesurer et comparer sa qualité de façon synthétique. La qualité d'un bien, c'est l'utilité qu'il peut procurer à son propriétaire. Cette utilité peut prendre la forme d'une satisfaction personnelle qui dépend des caractéristiques si le bien est utilisé par le propriétaire ou d'un revenu monétaire s'il est loué à un tiers. Si le loyer reflète la qualité du bien, il suffit de comparer le prix à payer dans le cas de différents biens pour obtenir la même qualité, donc le rapport entre le prix et le loyer, pour établir le prix équivalent.

Les Anglo-Saxons utilisent beaucoup ce rapport prix/revenu locatif ou **multiplicateur du revenu**. Il s'agit en quelque sorte du prix d'une unité de revenu. C'est le fameux *price/earning ratio* si répandu dans le monde boursier. La notion inverse de rapport revenu/prix, exprimé sous forme de pourcentage, est surtout utilisée dans les pays francophones et germanophones. Ce rapport ressemble quant à lui au taux de capitalisation construit à partir de la demande de rendement de l'investisseur (§ 2.3.2). La différence fondamentale réside dans le fait que, dans la détermination d'un prix équivalent par comparaison avec l'achat d'un autre bien, on construit le rapport revenu/prix à partir des observations du marché.

On utilise couramment le rapport entre le revenu locatif brut ou le revenu locatif net et le prix. Ces rapports revenu/prix sont communément appelés *taux de rendement (brut ou net)*, bien qu'ils soient très éloignés du rendement pour le propriétaire. En effet, entre le revenu locatif et la rémunération des fonds propres il y a toutes les charges (dont les intérêts à payer). De plus, il manque la prise en compte de la variation de prix pour en faire un taux de rendement brut ou net (chap. 5). Pour ces raisons, nous préférons utiliser directement l'expression **rapport revenu/prix**.

Il s'avère toutefois que cette mesure synthétique ne permet pas d'éviter tout recours à d'autres indicateurs. La relation entre revenu et prix dépend elle-même de certaines caractéristiques du bien. La taille, par exemple, n'est pas un facteur discriminant. En revanche, la relation n'est pas la même s'il s'agit d'un immeuble résidentiel ou d'un immeuble commercial, parce que ce n'est pas seulement le revenu locatif actuel qui intéresse le propriétaire mais surtout les revenus futurs, et que le risque de vacance est plus grand dans le secteur commercial. La relation dépend également du degré de vétusté du bâtiment, parce que c'est le revenu net qui intéresse en définitive le propriétaire, et qu'une plus grande vétusté implique à terme un entretien plus onéreux et donc un revenu net plus faible. En raison de ces complications, le recours à un expert peut être fort utile.

L'astuce du revenu locatif comme indicateur de la qualité permet néanmoins de réduire très nettement le nombre de caractéristiques. Le rapport revenu/prix peut être utilisé comme indicateur unique si la comparaison est effectuée avec des biens semblables du point de vue des caractéristiques qui ont une influence sur les revenus nets espérés. Cet indicateur est surtout utile pour comparer des biens semblables mais de tailles différentes. L'apport de l'expert se limite alors à une aide pour l'analyse technique des caractéristiques des biens.

3.5 En résumé

L'acheteur devrait toujours comparer le bien qui l'intéresse avec des biens alternatifs. Ceci va influencer son prix acceptable via les prix équivalents qui le rendent indifférent à ces alternatives. La comparaison est difficile du fait de l'hétérogénéité des biens immobiliers, mais on peut la mener systématiquement. La précision de la comparaison dépend surtout du temps qu'on peut y consacrer. Les techniques sont simples mais nécessitent un apport conséquent de la part du mandant. En effet, c'est lui qui devra préciser quelles caractéristiques des biens sont essentielles pour lui. Il devra aussi indiquer quels sacrifices de qualité il est disposé à consentir en échange d'un prix plus faible, respectivement quelle prime il est disposé à payer pour des caractéristiques plus favorables.

En ce sens, la détermination du prix du bien équivalent aux autres offres sur le marché est éminemment personnelle, non pas au sens de la subjectivité de l'expert mais bien de celle de son client. Le résultat dépend aussi fortement des offres alternatives que celui-ci peut trouver sur le marché au moment de l'évaluation. L'expert-conseil pourra donc bien aider son client à trouver un «juste prix» par comparaison avec le marché, mais il ne pourra pas imposer ce prix à un tiers.

Chapitre 4

ESTIMATION DU PRIX À PARTIR DES REVENUS

Il convient de rappeler d'emblée que les méthodes par les revenus visent d'abord à estimer des prix acceptables. Ce n'est qu'en raison des difficultés à estimer le prix probable par comparaison directe (chap. 7) qu'elles servent également à estimer, de façon indirecte, ce prix probable (chap. 6).

Nous avons introduit la notion d'actualisation en analysant le raisonnement d'un acheteur usager ou investisseur (chap. 2). L'usager peut fixer son prix acceptable de sorte que le coût d'usage en propriété de l'immeuble auquel il s'intéresse ne dépasse pas le coût d'usage en location d'un immeuble similaire. Quant à l'investisseur, il peut fixer son prix acceptable de sorte que le rendement qu'il devrait pouvoir tirer de l'immeuble en vente soit au moins équivalent à celui qu'il peut obtenir avec un actif de même risque. Nous avons affirmé que tous deux doivent ramener en valeur actuelle les recettes et dépenses futures pour procéder à la comparaison, mais sans justifier ni expliciter cette opération. Nous avons également affirmé que l'investisseur doit actualiser ces montants en utilisant son taux de rendement visé, mais sans définir précisément cette dernière notion.

On rappellera enfin que la technique de l'actualisation peut également être employée, selon les cas, dans le cadre des deux autres familles de méthodes d'évaluation. Les détails de cette technique présentés ci-après sont valables pour une estimation par les prix ou par les coûts.

Le présent chapitre débute par la définition du taux de rendement et des flux de liquidités, car celle-ci permet d'expliquer la notion de valeur actuelle et de justifier le calcul par actualisation (sect. 4.1). Il continue par une présentation de la capitalisation comme alternative à l'actualisation (sect. 4.2) et par une discussion de la période d'actualisation et de la valeur résiduelle (sect. 4.3). Ces principes généraux sont suivis par une analyse des moyens à disposition pour la prévision des entrées et sorties de liquidités (sect. 4.4) et la fixation du taux de rendement visé (sect. 4.5). Le chapitre se termine par une synthèse des différentes façons d'obtenir un prix équivalent par les revenus (sect. 4.6). Les formules mathématiques sont données dans l'annexe 2.

4.1 Rendement et valeur actuelle

Tout investisseur a besoin d'indicateurs pour juger de l'avantage financier qu'il retire d'un investissement ou arbitrer entre différentes opportunités de placement. Plusieurs indicateurs établis par la théorie financière sont communément employés dans la pratique. La plupart d'entre eux, comme la valeur actuelle, découlent de la notion fondamentale de **taux de rendement**.

Le taux de rendement sert à calculer *ex post* la performance d'un investissement (après la dernière entrée ou sortie de liquidités, § 4.1.1). Il dépend du montant investi au départ, par exemple le prix payé pour un actif. Dans le domaine de l'expertise, le désir de l'acheteur ou du propriétaire d'obtenir le meilleur taux de rendement sur sa fortune permet de fixer son prix équivalent pour l'investissement. Il suffit pour cela d'inverser le raisonnement: quel prix permet d'obtenir le rendement visé? Le calcul est facile lorsque l'investissement ne porte que sur une seule année, plus difficile lorsqu'il porte sur plusieurs années, ce qui est généralement le cas avec les biens immobiliers. Il est également compliqué par la difficulté de prévoir les recettes et dépenses futures.

Cette section construit le raisonnement aboutissant au calcul par actualisation et précise les concepts. Il est important de passer par là au lieu de sauter directement à la formule pour éviter les erreurs souvent commises dans son application.

4.1.1 Fonds et cash-flow libre

Un placement immobilier va non seulement générer des entrées de liquidités pour son propriétaire mais aussi des sorties de liquidités chaque année. Nous utilisons le terme de *liquidités* (les anglophones disent *cash*) pour désigner tout ce qui peut être placé et générer un intérêt. Les ajustements comptables (amortissements, provisions) en sont exclus, mais pas les flux positifs liés aux emprunts et les flux négatifs liés aux amortissements financiers.

L'excédent des entrées sur les sorties est à disposition de l'investisseur, qui peut le replacer dans d'autres actifs; il peut très bien arriver que les sorties d'une année dépassent les entrées, si bien que le propriétaire doit ajouter des liquidités en renonçant au revenu qu'elles rapporteraient dans d'autres placements. Au terme de l'***horizon d'investissement***, le propriétaire revend le bien à un prix généralement différent de celui qu'il a payé pour l'acquérir.

Pour apprécier correctement ces flux de liquidités, il est commode d'imaginer un *fonds immobilier* comprenant un *compte courant* sur lequel le propriétaire commence par verser les fonds propres qu'il a prévu d'investir dans l'immeuble (dorénavant simplement «ses fonds propres»). L'emprunt lié

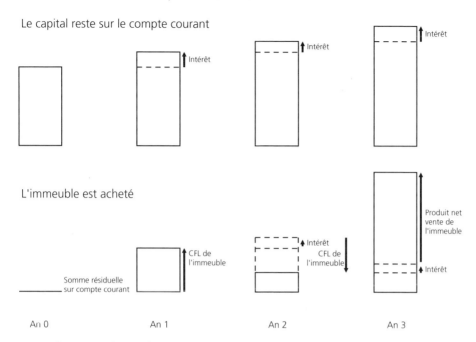

Fig. 4.1 Evolution du compte courant sur trois ans selon que l'immeuble est acheté ou non.

à l'acquisition de l'immeuble est également ajouté au fonds et le montant ainsi obtenu est versé sur le compte courant. Lorsqu'il achète un bien immobilier, le propriétaire prélève le montant correspondant de liquidités dans le compte courant (fig. 4.1). Chaque année, le bien modifie le solde du compte courant avec des entrées et des sorties de liquidités. Les liquidités qui y restent portent intérêt. Les sorties sont supérieures aux entrées au moment de l'achat du bien ainsi qu'à l'occasion d'une rénovation ou d'un agrandissement du bien. Au terme de l'horizon d'investissement, le bien immobilier est vendu et le produit net de la vente retourne dans le compte courant.

Le fonds permet d'estimer le rendement du placement immobilier

La contribution de l'immeuble à la fortune de son propriétaire est égale à chaque instant à la valeur du fonds immobilier virtuel qui le contient, soit du compte courant, de l'immeuble et de la dette. La difficulté est évidemment d'évaluer l'immeuble, mais ce n'est pas nécessaire si on se contente de mesurer le rendement sur l'ensemble de la période d'investissement. En effet, au début de cette période toute la fortune du fonds se trouve dans le compte courant et à la fin également. Calculer le rendement global (et non annuel) est alors aussi simple que pour une obligation à coupon unique versé en même temps que le remboursement.

Le montant final sur le compte courant est égal au produit net de la revente de l'immeuble augmenté du solde de tous les montants versés et prélevés en rapport avec l'immeuble tout au long de la période d'investissement. De plus, des intérêts ont été ajoutés quand le solde du compte courant était positif et retirés lorsqu'il était négatif. Pour prévoir la valeur finale du compte courant (et donc du fonds immobilier), il est dès lors nécessaire de simuler précisément les entrées et sorties de liquidités liées à l'immeubles: revenus locatifs, frais divers, dépenses pour travaux, intérêts et remboursement de la dette, etc. En revanche, il suffit de simuler les flux de liquidités; inutile de tenir compte d'opérations qui sont de pures écritures comptables comme les amortissements, provisions et comptes transitoires.

Le montant net de liquidités versé sur le compte courant au cours d'une année est appelé *cash-flow libre* (CFL), libre parce que les frais et amortissements financiers ont été déduits, donc le propriétaire pourrait en disposer librement. La dernière année de l'investissement, le CFL comprend également le produit net de la revente de l'immeuble.

Comme indiqué, calculer le taux de rendement global sur la période d'investissement est facile une fois qu'on a estimé la valeur finale du fonds immobilier qui ne comprend plus qu'un compte courant (immeuble revendu et dettes remboursées). Pour cette raison, on utilise ce modèle même lorsque le propriétaire ne constitue pas réellement un fonds avec un compte courant pour gérer son immeuble. Grâce à la prévision exclusive des flux effectifs de liquidités, on évite l'arbitraire des amortissements comptables et provisions. Le calcul des intérêts du compte courant traduit le fait qu'il vaut mieux encaisser tôt et payer tard.

4.1.2 Taux de rendement et taux d'actualisation

Le *taux de rendement* correspond à l'accroissement de valeur du fonds immobilier sur une année. Pour le calculer correctement, il faut connaître le montant de l'investissement au début de l'année, le cash-flow libre de l'année et le produit effectif ou hypothétique de la vente du bien à la fin de l'année.

Supposons qu'une personne achète un immeuble le 1.1.2012 au prix illustratif de 101, entièrement en fonds propres, encaisse des revenus et paie des frais pour un solde net de 4 et revend l'immeuble pour 100 le 31.12.2012. Le compte courant a donc une valeur de 101 au début de la période d'investissement et atteint la valeur de 104 à la fin de cette période, ce qui est aussi la valeur du fonds immobilier pour ces deux dates. La progression de 3 par rapport à 101 correspond à un taux de rendement de 2,97% sur un an.

Ce simple exemple suffit à dévoiler le secret de la technique de l'actualisation. Le lecteur peut aisément vérifier que la valeur terminale du fonds immobilier de 104 correspond à sa valeur initiale multipliée par 1,0297 (1 + 2,97%) et, à l'inverse, que la valeur initiale de 101 correspond à la valeur terminale

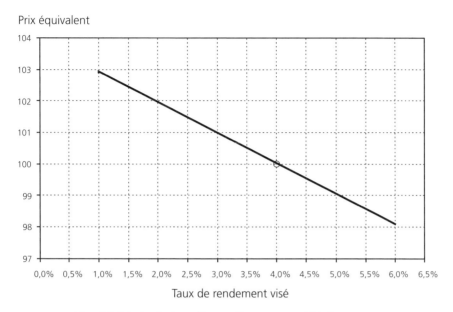

Fig. 4.2 Prix équivalent d'un actif rapportant 104 dans un an selon le taux de rendement visé.

divisée par 1,0297. C'est cette dernière opération que l'on nomme actualisation. L'actualisation permet à l'investisseur de fixer un prix équivalent. S'il demande un taux de rendement de 2,97%, il ne devrait pas accepter de payer plus que 101 pour cet immeuble. Ce chiffre s'obtient en divisant 104 par 1,0297, autrement dit en actualisant 104 au taux d'actualisation de 2,97%. Autrement dit encore, le prix équivalent de 101 correspond à la valeur actuelle d'une recette de 104 dans une année pour un taux de rendement visé de 2,97%. Si l'investisseur vise un taux de rendement plus élevé, le prix équivalent est plus faible, et inversement (fig. 4.2).

4.1.3 Actualisation des cash-flows libres

Avec un immeuble, l'horizon d'investissement est habituellement supérieur à une année. Il est donc difficile de connaître le montant de l'investissement au début d'une année si ce n'est la première et à la fin d'une année si ce n'est la dernière, car il n'y a pas de prix payé hormis au début et à la fin de l'horizon d'investissement. L'hypothèse du fonds et du compte courant va permettre de résoudre ce problème, à condition d'admettre que l'investisseur se contente d'atteindre son objectif de rendement sur l'ensemble de la période d'investissement et pas forcément chaque année.

Si l'investisseur vise un certain taux de rendement sur son horizon d'investissement, c'est qu'il peut obtenir ce taux de rendement en plaçant sa fortune dans d'autres actifs (la question du risque est traitée plus bas). On en tient compte en admettant que tout franc versé sur le compte courant peut rapporter ce taux de rendement et tout franc prélevé lui fait perdre ce taux de rendement. Le taux de rendement visé et une estimation du cash-flow libre de chaque année suffisent à faire évoluer le compte courant. Cette évolution sur l'ensemble de la période d'investissement correspond à l'évolution de la fortune du propriétaire que l'on peut attribuer à cet investissement.

Ceci peut être illustré avec l'exemple de l'immeuble acheté pour 101 et qui génère des revenus et des charges pour un solde net de 4 chaque année, mais dont l'échéance se situe cette fois dans trois ans (tab. 4.1). Le taux de rendement de ce placement sur trois ans est de 3,64%. En effet, le premier CFL de 4 est versé sur le compte courant après un an et va croître au taux de 3,64% sur 2 ans, puis le deuxième CFL de 4 est versé après deux ans et va croître au taux de 3,64% sur un an. Enfin, le dernier CFL comprenant le produit de la vente de l'immeuble est ajouté au terme de l'horizon d'investissement. A ce moment-là, le compte courant (et le fonds) vaut 112,40. Ceci correspond à un rendement de 3,64% parce que les 101 payés pour l'immeuble seraient devenus 112,40 après 3 ans en étant placés à 3,64%, c'est-à-dire en restant sur le compte courant. Si l'investisseur demande un taux de rendement de 3,64%, le montant maximal qu'il doit accepter de payer pour l'immeuble (et retirer ainsi du compte courant) est 101. S'il demande un taux de rendement de 4%, il doit payer au maximum 100 et s'il demande un taux de rendement encore plus élevé il doit payer moins de 100.

Si l'on connaît le montant final de 112,40, on trouve le montant maximal à payer de 101 en actualisant le montant final sur 3 ans, soit en le divisant trois fois par 1,0364. Dans ces 112,40, il y a le premier CFL qui a été mul-

Tableau 4.1 Evolution du compte courant et du fonds selon exemple.

	Compte courant		
	An 1	An 2	An 3
1er CFL	4	4 x 1,0364	(4 x 1,0364) x 1,0364
2e CFL		4	4 x 1,0364
3e CFL			4
avec vente			100
total			112,4

	Fonds		
An 0	An 1	An 2	An 3
101	101 x 1,0364	(101 x 1,0364) x 1,0364	((101 x 1,0364) x 1,0364) x 1,0364 = 112,4

tiplié deux fois par 1,0364 et le deuxième CFL qui a été multiplié une fois par 1,0364. On peut donc tout aussi bien calculer le montant maximal à payer en actualisant le premier CFL sur un an (divisé une fois par 1,0364) et le second sur deux ans (divisé deux fois par 1,0364) et en ajoutant encore le dernier CFL avec le produit de la vente actualisés sur trois ans (divisés 3 fois par 1,0364) (tab. 4.2).

De manière générale, on calcule le montant maximal à payer pour un immeuble en actualisant chaque cash-flow libre sur le nombre d'années qui le séparent de la date de l'investissement, le taux d'actualisation étant le taux de rendement visé (la démonstration formelle est donnée dans l'annexe 2). La formule est un peu plus lourde si l'on veut tenir compte du fait qu'au cours d'une année, il y a de nombreuses entrées et sorties de liquidités à des dates différentes. Par simplification, les praticiens supposent habituellement qu'elles interviennent toutes en fin d'année, mais il est parfaitement possible de tenir compte des échéances effectives.

Pour récapituler, la variation du compte courant sur une année est égale à la somme du cash-flow libre qui y est versé pendant l'année et de l'intérêt sur l'état du compte courant au début de l'année. Le cumul des cash-flows libres avec intérêts est égal à l'accroissement de fortune obtenu avec l'investissement immobilier. Il peut donc être utilisé pour calculer le montant maximal à payer pour le bien en fonction du taux de rendement visé. Ce montant est la somme des cash-flows libres actualisés. Pour calculer le taux de rendement sur une année individuelle, il faut estimer la contribution de sa vente hypothétique au cash-flow libre de l'année.

Tableau 4.2 Actualisation selon exemple.

	An 0	An 1	An 2	An 3
1er CFL	4/1,0364	4		
2e CFL	4/1,0364^2		4	
3e CFL	4/1,0364^3			4
avec vente	100/1,0364^3			100
total	101			

4.1.4 Prise en compte de l'incertitude

Si un immeuble et une obligation peuvent être traités avec la même formule, il existe une différence fondamentale entre ces deux actifs qui a deux implications méritant à elles seules la publication de nombreux ouvrages. Avec une obligation conservée jusqu'à l'échéance, les flux sont connus d'avance (sous réserve du risque de défaut du débiteur). Avec un immeuble en revanche, il faut les anticiper et ils sont relativement aléatoires. La conséquence en est l'absence de référence pour déterminer le taux de rendement visé.

A court terme, le revenu locatif d'un immeuble est assez prévisible. Mais à dix ou vingt ans, la marge d'erreur n'est plus négligeable. Quant au prix de revente, il est aléatoire même à court terme. Les prix équivalents peuvent alors varier sensiblement selon le degré d'optimisme des acheteurs. Ceci complique singulièrement la tâche de l'expert qui estime un prix probable.

Mais la plus grande difficulté réside dans le taux de rendement visé servant de taux d'actualisation. Personne ne sait ce que rapportera un autre actif de même risque. Les revenus immobiliers sont aléatoires et il n'y a pas d'actif à revenus connus d'avance qui présente assurément le même risque qu'un immeuble. Les acteurs du marché choisissent donc forcément leur taux d'actualisation sur la base d'une analyse teintée d'arbitraire. Quant à l'expert-conseil, il peut aiguiller son client dans la détermination du taux de rendement visé. Mais l'un comme l'autre en sont souvent réduits à des expédients plus ou moins sophistiqués pour fixer un taux d'actualisation, ce qui explique que ce dernier soit en quelque sorte le Graal de l'évaluation immobilière.

4.2 Simplifier l'actualisation des cash-flows en les capitalisant

De très nombreux acteurs et experts utilisent exclusivement une version extrêmement simplifiée de l'actualisation des cash-flows libres, souvent sans même connaître son origine ou les hypothèses requises pour la simplification. Cette version simplifiée est qualifiée de statique car elle nécessite une hypothèse très restrictive quant à l'évolution des cash-flows libres alors que leur actualisation laisse toute liberté sur ce point.

La simplification repose sur la constatation qu'un immeuble régulièrement entretenu conserve sa valeur d'usage sur la durée. Dès lors, tout le rendement se trouve dans le *revenu net* annuel, qui se distingue du cash-flow défini plus haut par le fait qu'il est stabilisé (revenus locatifs moyens moins frais moyens) et surtout qu'on en déduit un montant pour les travaux hypothétiques servant justement à maintenir la valeur d'usage du bien (attribution fictive ou réelle au fonds de rénovation). En supposant encore que ce revenu net est constant, le taux de rendement est égal au revenu net divisé par le prix payé pour l'immeuble. Ce taux de rendement est le même chaque année. Inversement, le prix équivalent qui permet d'atteindre un taux de rendement visé est égal au revenu net divisé par ce taux (voir annexe 2). On trouve ainsi une méthode simple de calcul du prix équivalent, la *méthode par capitalisation* au taux de rendement visé, à ne pas confondre avec l'opération qui consiste à diviser le revenu net ou brut par un rapport revenu/prix issu de la comparaison avec des transactions du marché, une méthode par les prix présentée dans le chapitre 3.

Il est rarement plausible de supposer que prix et revenu net sont constants, mais on peut sauver la méthode par capitalisation si l'on postule qu'ils progressent à un taux constant, typiquement le taux d'inflation moyen sur la longue durée. Dans ce cas, le rendement annuel de l'investisseur est composé du revenu net augmenté de l'augmentation du prix du bien (la *plus-value*). Le taux de rendement est donc égal au rapport du revenu net sur le prix payé plus le taux d'inflation. Par conséquent, le rapport du revenu net sur le prix payé est égal au taux de rendement moins le taux d'inflation. Pour obtenir le taux de rendement visé, il faut payer un prix égal au revenu net de la première année divisé par le taux de rendement visé moins le taux d'inflation. Par rapport à la méthode précédente sans prise en compte de l'inflation, la différence est qu'on divise le revenu net par un *taux de capitalisation* égal au taux de rendement visé diminué du taux d'inflation et non simplement par le taux de rendement visé.

Si la grande majorité des acteurs se contentent de la méthode par capitalisation, c'est parfois pour la simplicité du calcul, bien que les moyens informatiques actuels rendent caduc cet argument. Mais c'est plus souvent par ignorance ou mauvaise compréhension. Certains ne savent pas que cette méthode n'est qu'une forme simplifiée de l'actualisation des cash-flows. D'autres considèrent que l'anticipation des cash-flows futurs est vaine car ceux-ci sont incertains, mais ils ignorent ou négligent le fait que l'hypothèse nécessaire à la simplification constitue elle-même une anticipation de ces cash-flows et du prix, au moins aussi arbitraire que bien d'autres.

Nous ne pouvons donc que recommander aux acteurs, particulièrement aux investisseurs, de procéder par actualisation des cash-flows, pour la souplesse que l'outil offre au niveau des anticipations et du rendement visé, pour les possibilités de simulations ou simplement pour la clarté du raisonnement.

La capitalisation n'est pas toujours qu'une simplification arbitraire
Il existe cependant trois situations dans lesquelles la capitalisation au taux de rendement requis par l'acquéreur se justifie:
  (a) le client veut un calcul sommaire de son prix équivalent;
  (b) il s'agit de prédire un prix probable actuel mais on ne connaît pas les rapports revenu/prix du marché;
  (c) il s'agit de prédire un prix probable futur et il est plus facile de faire des prévisions sur les taux de rendement requis que sur les rapports revenu/prix pratiqués à l'avenir.

La situation (a) paraît évidente. Il existe toutefois toute une gamme de solutions intermédiaires entre un calcul par actualisation sophistiqué qui tente de prédire chaque composante des cash-flows libres pour un grand nombre d'années et un calcul par capitalisation qui divise simplement un revenu net par un taux de capitalisation. On peut par exemple capitaliser séparément les entrées et les sorties de liquidités en utilisant des taux de capitalisation différents reflétant des risques et des prévisions de croissance différents. On peut encore construire très rapidement avec un tableur des flux plausibles de cash-flows libres qui pourraient croître à des taux décroissants, être constants pendant un certain nombre d'années, etc. Actualiser ces flux est un jeu d'enfants.

La deuxième situation qui pourrait justifier un simple calcul de capitalisation est celle où il s'agit de reproduire le raisonnement des acteurs dans la fixation de leur prix acceptable pour estimer le prix probable (chap. 6). Tant qu'une majorité d'acteurs déterminent leur prix acceptable par capitalisation, c'est ce calcul que l'expert devrait appliquer pour déterminer le prix probable. Rappelons cependant qu'il est plus prudent d'observer les rapports revenu/prix du marché que de passer par des calculs de prix acceptables des acheteurs, avec toute la subjectivité que cela implique.

Pour une prévision de prix allant au-delà de quelques semaines, il est délicat d'utiliser les rapports revenu/prix observés actuellement ou dans un passé récent. Dans ce cas, un calcul de capitalisation qui tient compte de la variation prévisible des taux de rendement requis se justifie.

Des simplifications difficilement admissibles

Dans la pratique, les acteurs et les experts déduisent rarement le taux de croissance du revenu net du taux de rendement visé pour calculer le taux de capitalisation, ce qui peut être interprété de plusieurs manières. Certains ne savent pas que cela suppose un revenu et un prix constant. D'autres en sont conscients, ce qui implique qu'ils demandent implicitement un rendement plus élevé, mais sans le préciser. D'autres encore font peut-être l'hypothèse implicite que le revenu augmentera au même rythme que l'inflation et que le rendement visé est donc un rendement réel (§ 4.5.2). Quoi qu'il en soit, la capitalisation au taux de rendement visé a l'inconvénient de l'opacité et nous ne pouvons qu'encourager les experts-conseils à expliquer les détails de la méthode à leurs clients.

Une autre pratique relativement répandue consiste à capitaliser le revenu brut en ajoutant au taux de rendement visé une prime censée assurer la couverture des charges d'exploitation. Cette pratique repose sur l'hypothèse forcément erronée que les charges d'exploitation dépendent du prix équivalent et donc du rendement visé.

4.3 Période d'actualisation et horizon d'investissement

Il est très courant de limiter le calcul d'actualisation à une *période d'actualisation* typiquement de 5 ou 10 ans, parce que l'on considère que la prévision des cash-flows au-delà de cette échéance est trop incertaine. Les années ultérieures sont souvent résumées en capitalisant le cash-flow libre de la dernière année de la période d'actualisation. Le montant ainsi obtenu est couramment appelé *valeur résiduelle*. Celle-ci est actualisée à la date de calcul et ajoutée à la valeur actuelle du flux de cash-flows libres de la période d'actualisation. Cette façon de faire permet de mettre un terme à la prévision difficile des entrées et sorties annuelles de liquidités.

Avec les périodes d'actualisation usuelles de 5 ou 10 ans, la valeur résiduelle contribue encore pour plus de la moitié du prix équivalent. Il convient donc de la calculer avec le plus grand soin, sinon tous les efforts pour prédire les cash-flows de la période d'actualisation auront été vains. Une erreur souvent commise pour le calcul par capitalisation consiste à utiliser le taux de croissance moyen des cash-flows pendant la période d'actualisation comme taux de croissance des cash-flows ultérieurs. Pour comprendre, supposons qu'une partie importante des sorties de liquidités est fixe ou décroissante, par exemple les intérêts de la dette, alors que le revenu locatif croît à un taux constant. Lorsqu'on soustrait du revenu locatif un montant constant ou décroissant, le cash-flow libre croît plus rapidement que le revenu locatif. Cet effet s'estompe toutefois à mesure que la sortie fixe représente une part de plus en plus faible du revenu locatif et que le taux de croissance du cash-flow libre converge vers celui du revenu locatif. Le taux de croissance moyen des cash-flows des cinq ou dix premières années peut ainsi être sensiblement supérieur à ce taux de croissance à long terme, qui devrait pourtant être utilisé pour le calcul de la valeur résiduelle par capitalisation.

Une autre erreur parfois commise en capitalisant le dernier cash-flow libre de la période d'actualisation consiste à oublier que le maintien de la croissance régulière des cash-flows nécessite des investissements périodiques pour la remise en état du bâtiment, par exemple tous les 25 ou 30 ans. On peut en tenir compte en déduisant du cash-flow qui sera capitalisé l'équivalent d'un versement annuel dans un fonds de rénovation suffisant pour ces investissements.

On commet moins d'erreurs en prolongeant la période d'actualisation sur une centaine d'années

Pour éviter toute erreur dans ce calcul, on peut y renoncer entièrement en prolongeant la période d'actualisation à plusieurs dizaines d'années et pourquoi pas à plus de cent ans. On choisira alors une évolution régulière pour les différentes composantes du cash-flow libre et on pourra facilement inscrire les travaux de rénovation périodique. Le résultat est exactement le même que si l'on calcule correctement la valeur résiduelle tout en limitant le risque d'erreur et surtout en mettant en évidence les hypothèses sous-jacentes au calcul par capitalisation. Le calcul par actualisation composé d'une période d'actualisation et d'une valeur résiduelle calculée par capitalisation est alors remplacé par un calcul par actualisation sophistiquée pendant une première période pour laquelle des prévisions riches peuvent être faites, additionné d'un calcul par actualisation plus simple pendant une seconde période dont le poids s'estompe par le jeu des intérêts composés.

Une alternative : estimer la valeur résiduelle comme un prix de revente
Lorsque l'acquéreur prévoit d'emblée de vendre le bien au terme d'un nombre limité d'années, c'est la valeur actuelle du prix probable de la revente diminué des frais et impôts liés à cette revente qu'il faut ajouter à la valeur actuelle des cash-flows libres prévus pour cet horizon d'investissement. Le prix probable de la revente devrait être estimé par l'une des approches des chapitres 6 et 7.

Evidemment, s'il n'est pas aisé d'estimer un prix probable aujourd'hui, c'est encore plus difficile pour un prix probable dans de nombreuses années. Le plus plausible est d'estimer le prix probable actuel par la méthode la plus appropriée, puis de l'extrapoler en appliquant un indice de croissance prévisible des prix des biens immobiliers.

Ceci ne convient que si la stratégie de gestion de l'immeuble est de l'entretenir régulièrement pour le maintenir au standard du marché. Si, au contraire, la meilleure stratégie consiste à ne pas entretenir le bâtiment et à le laisser se déprécier progressivement avec le recul des revenus locatifs, alors il arrivera une date à laquelle il sera préférable de le détruire. Dans ce cas, le prix probable futur est celui du terrain diminué des frais de démolition et la période d'actualisation est donnée par l'espérance de vie économique du bâtiment.

Par ailleurs, si les prix du moment sont élevés, l'indexation risque fort de déboucher sur un prix de revente qui le sera également. Or, faire l'hypothèse que les prix seront élevés dans 10, 20 ou 50 ans est plutôt risqué. Le prix probable actuel devrait donc être corrigé selon l'état du marché.

4.4 Comment prévoir les cash-flows ?

Les méthodes par les revenus impliquent la prévision. C'est l'une des deux difficultés de ces méthodes, l'autre étant la fixation du taux d'actualisation. Un investissement immobilier génère toutes sortes d'entrées et de sorties de liquidités. Il s'agit d'anticiper l'ensemble de ces cash-flows dans un avenir incertain. L'exercice se révèle d'autant plus ardu que l'identification des cash-flows n'est pas toujours triviale et que les entrées et sorties de liquidités sont souvent liées.

4.4.1 Cash-flows de l'investisseur

Pour un investisseur, les entrées de liquidités peuvent provenir de la *location* et/ou de la *revente* de l'immeuble, autrement dit de la mise à disposition, temporaire ou définitive, de l'immeuble à un tiers. Quant aux sorties de liquidités, ponctuelles ou récurrentes, elles sont très variables selon les cas. Elles peuvent être regroupées dans différentes catégories, mais la classification est une affaire de convention comptable car différents systèmes sont défendables. Le principal critère adopté ici est l'entité qui établit les factures: Etat, entreprises de construction, assureur, gérance, concierge ou fournisseur de services comme l'énergie.

Pour devenir propriétaire, il faut s'acquitter de différents *frais d'acquisition*. Ensuite, s'il s'agit d'un terrain que l'acquéreur compte remettre à bail, les dépenses récurrentes se limitent en principe aux *impôts*. Si l'acquéreur est un promoteur, il devra payer tous les frais liés à la *construction*, voire à la *transformation* ou à la *rénovation* d'un éventuel bâtiment existant, ainsi qu'à la *commercialisation* de l'immeuble ou des lots. Et si l'acquéreur compte mettre l'immeuble en location, il devra assumer les dépenses incombant à un bailleur, celles-ci variant sensiblement selon les cas.

L'*entretien* des constructions et des aménagements est généralement à la charge du bailleur. En Suisse, ce principe est inscrit dans le Code des obligations. L'entretien implique des dépenses récurrentes et prévisibles, comme le contrôle et le réglage des installations techniques, qui font souvent l'objet de contrats d'entretien, et d'autres plus ponctuelles et aléatoires, d'importance très variable, comme la réparation d'une boîte aux lettres ou le changement de la chaudière. Souvent, le propriétaire encourt aussi des dépenses de précaution pour le bâtiment, sous forme de primes d'*assurance*, en particulier d'assurance incendie.

Les autres dépenses du bailleur dépendent du nombre de ses locataires, des espaces communs mis à leur disposition et des prestations offertes. Le bailleur a des frais de *gérance* et d'*administration*, surtout s'il a plusieurs locataires. Dans ce dernier cas, il existe souvent des espaces communs, allée, cage d'escalier, etc., qui engendrent des frais de *conciergerie* et nécessitent la fourniture de *services* comme l'éclairage. Dans un centre commercial, les prestations offertes aux locataires peuvent être relativement nombreuses; dans un hôtel également, alors que dans un immeuble à plusieurs logements, elles se limitent habituellement à la fourniture d'eau.

Certaines dépenses sont facturées séparément du loyer, notamment les frais de chauffage. La législation suisse les qualifie de frais accessoires et contraint le bailleur à les facturer à prix coûtant.

4.4.2 Cash-flows de l'usager

Pour un usager, l'identification des cash-flows est moins évidente. Elle peut même s'avérer nettement plus périlleuse si l'acquéreur prévoit d'exploiter l'immeuble dans le cadre d'une activité professionnelle, cas qui n'a pas été abordé jusqu'à présent.

Dans la présentation des méthodes (chap. 2), la notion d'actualisation a été introduite avec l'exemple d'un acquéreur projetant de jouir lui-même du bien et procédant par arbitrage avec la location d'un autre bien comparable. Le bien qu'il achète ne lui rapporte aucun cash-flow. Il peut espérer le revendre un jour s'il n'en a plus l'usage, mais dans l'intervalle il ne perçoit aucun loyer. Il consent néanmoins à payer pour ce bien parce qu'il sait qu'il économie le loyer d'un bien semblable, une économie que l'arbitrage le conduit à considérer de la même façon qu'une recette. Pour procéder à cet arbitrage, il doit prendre en considération les dépenses qu'il n'aurait pas à assumer dans l'alternative de la location. Ces dépenses sont identiques à celles du bailleur, à l'exception des frais de gérance et d'administration.

L'acquéreur peut aussi être un futur usager exploitant qui prévoit d'utiliser l'immeuble pour produire des biens ou des services et en tirer un revenu monétaire autre que des recettes locatives. Cela ne l'empêche pas de faire l'arbitrage avec la location, comme les autres usagers, mais il peut aussi raisonner comme un investisseur et comparer avec un autre placement. La formule est alors différente et le calcul comporte une part d'arbitraire, parfois rédhibitoire, car il faut distinguer la part du revenu de l'entreprise attribuable à l'immeuble de celle dévolue à la rémunération du travail de l'exploitant et des autres capitaux investis dans l'entreprise. La méthode est praticable pour un terrain agricole par exemple. Elle fait même l'objet d'une norme fédérale très détaillée qui fixe des taux de rémunération pour le travail et les autres capitaux investis dans la production. Elle est également pratiquée couramment lors de l'acquisition d'un local commercial, mais rarement par l'acquéreur d'un immeuble administratif car il est plus simple dans ce cas d'estimer les loyers que cet usager aurait à payer pour louer le même immeuble.

4.4.3 Les sorties de liquidités en détail

Avant d'entrer dans le détail des catégories d'entrées et de sorties de liquidités, notons que leur niveau et leur évolution ne sont pas fixés une fois pour toutes et qu'il ne suffit pas de les prévoir, ce qui est déjà assez difficile. Au contraire, l'acquéreur peut influencer ces flux par sa stratégie de financement, d'investissement, d'entretien, de commercialisation, etc. Le prix équivalent de l'acquéreur est la valeur actuelle d'un flux de cash-flows faisable la plus élevée. Les principales catégories d'entrées et de sorties de liquidité, dont le solde constitue le cash-flow libre, sont réunies dans le tableau 4.3.

Frais d'acquisition

Les frais de transaction sont les premières dépenses auxquelles l'acquéreur d'un bien immobilier doit faire face. Le vendeur peut avoir des frais de courtage s'il mandate un tiers pour vendre son bien, mais les frais incontournables lors d'une transaction sont habituellement à la charge de l'acheteur.

Une transaction donne généralement lieu à un impôt, souvent qualifié de droit de mutation. Il s'agit d'un impôt dans le sens où il ne constitue pas la contrepartie d'une prestation particulière de l'Etat. En Suisse, cet impôt est cantonal et il peut s'élever jusqu'à 3% du prix d'achat.

L'inscription du nouveau propriétaire au registre officiel implique également une taxe d'enregistrement, souvent qualifiée d'émolument du Registre

Tableau 4.3 Principales catégories d'entrées et de sorties de liquidités.

	Entrées	
Initiales	En cours	Finales
Emprunt*	Etat locatif – pertes de loyers Subventions	Produit de la vente

	Sorties	
Initiales	En cours	Finales
Frais d'acquisition Coûts de construction/ transformation/rénovation Impôts et taxes	Charges d'exploitation Frais d'entretien Travaux à plus-value Impôts et taxes Amortissement financier* Intérêts*	Frais de commercialisation Impôts et taxes Remboursement solde emprunt*

* Si l'on actualise les cash-flows libres au taux de rendement visé par le propriétaire et qu'on ajoute l'emprunt initial au résultat pour déterminer le prix équivalent.

foncier. Il s'agit d'une taxe dans le sens où la recette correspondante est affectée à une tâche particulière, l'enregistrement, dont seul l'acquéreur bénéficie.

Pour être enregistrée, une transaction doit préalablement faire l'objet d'un acte dit authentique, autrement dit d'un acte notarié. Le notaire perçoit des honoraires pour l'élaboration de ce document qui constitue un contrat, habituellement selon un tarif dégressif en fonction du montant de la transaction.

Enfin, une transaction engendre quelques menus frais (publication, etc.), dont l'acquéreur doit s'acquitter.

A tort, les frais de transaction sont très rarement pris en compte explicitement par les experts. Pour obtenir le prix équivalent de l'acquéreur, il faut soit tenir compte de ces frais dans les cash-flows qui sont actualisés, soit les porter en déduction de la valeur actuelle des cash-flows.

Coûts de construction, transformation ou rénovation

Le propriétaire d'un immeuble peut avoir des sorties de liquidités liées à la construction, la transformation ou la rénovation de constructions ou d'aménagements. Ces sorties peuvent être plus élevées que le prix d'acquisition de l'immeuble, surtout s'il s'agit d'un terrain sur lequel le propriétaire va ériger une nouvelle construction ou s'il s'agit d'un bâtiment en très mauvais état.

L'estimation précise du coût d'une construction, d'une transformation ou d'une rénovation nécessite un travail considérable. Elle peut être basée sur des devis d'entreprises, sur des prix payés pour des travaux similaires, souvent transformés en valeurs de référence, ou sur des prix indicatifs fournis par les associations professionnelles. Même si le calcul est très détaillé, il reste une marge d'erreur non négligeable car personne ne peut deviner les prix qui seront demandés par les entreprises lorsqu'elles seront mises en concurrence.

Les méthodes d'estimation des coûts de construction et de rénovation sont exposées au chapitre 5, qui traite des méthodes par les coûts. Ces méthodes visent à approcher le coût probable au moment de l'expertise. Si l'intervention n'est pas prévue à court terme, le coût estimé doit être indexé à l'évolution prévisible des prix de la construction.

Frais de commercialisation
Le vendeur d'un bien immobilier recherche l'acquéreur potentiel au prix acceptable le plus élevé. Cette recherche peut impliquer des frais. Selon le type de biens, le vendeur peut s'en occuper lui-même, mais cela nécessite un certain travail (dépense en nature), voire des frais de publication. Si le vendeur mandate un tiers pour dénicher le meilleur client, il doit s'acquitter de frais de courtage, typiquement 2% ou 3% du prix de vente.

Ces frais doivent être pris en considération par un acquéreur potentiel s'il projette de revendre l'immeuble au terme d'un certain horizon-temps. Plus cet horizon est éloigné, moins les frais de commercialisation ont d'incidence sur la valeur actuelle de l'investissement. Ils peuvent donc être ignorés dans un calcul à long terme, d'autant que la marge d'erreur sur le prix de revente peut représenter un montant nettement supérieur. En revanche, le promoteur qui compte commercialiser rapidement un lotissement de maisons individuelles, des appartements ou des locaux commerciaux devrait en tenir compte.

Charges d'exploitation
Les charges d'exploitation sont des dépenses récurrentes liées à l'utilisation d'un immeuble. Elles comprennent les primes d'assurance et le coût de l'approvisionnement en eau, les frais de gérance, d'administration et de conciergerie ainsi que le coût de l'énergie pour certains services comme l'éclairage des parties communes. Les frais d'entretien et les impôts qui ne dépendent pas de la situation financière du propriétaire sont souvent compris dans les charges d'exploitation. En raison de leurs particularités, ces dépenses seront traitées séparément ci-dessous.

Le propriétaire d'un bâtiment est souvent contraint de l'assurer contre le risque d'incendie. C'est le cas dans la grande majorité des cantons suisses. D'ordinaire, la prime d'assurance est fixée en appliquant un certain taux au coût de reconstruction, qualifié de valeur d'assurance et estimé avec la méthode par les coûts, vétusté non déduite.

Selon les cantons, la fourniture d'eau peut être à la charge du bailleur. Au prix actuel du m^3, ces frais sont marginaux dans le calcul d'actualisation, mais cela pourrait changer à l'avenir.

Lorsqu'un immeuble est occupé par plusieurs locataires ou copropriétaires, il comprend souvent des espaces communs tels que cage d'escalier ou aménagements extérieurs. Le nettoyage de ces espaces communs est traditionnellement l'apanage du concierge, mais cette figure tend à être remplacée par des entreprises spécialisées. Le concierge s'occupe également de la surveillance des parties communes et de l'acheminement des ordures ménagères. Il fait aussi le lien entre les locataires ou les copropriétaires et l'organisme qui gère l'immeuble.

Un immeuble peut également comprendre des équipements communs tels que l'éclairage des espaces non privatifs, un ascenseur ou un interphone. Le fonctionnement de ces équipements nécessite l'apport d'énergie électrique. Cette dépense peut faire l'objet d'un poste spécifique dans le compte d'exploitation de l'immeuble.

La mise en location à des tiers implique une activité dite de gérance. Elle consiste à trouver des locataires (publication d'annonces, réception des demandes, visite des locaux), s'assurer de leur solvabilité, dresser les états des lieux, conclure, modifier ou résilier les contrats de bail, puis assurer le recouvrement des loyers (et les éventuelles procédures y afférentes) et répondre aux doléances des locataires. Ces prestations sont souvent fournies par une régie. Si l'immeuble est occupé par plusieurs copropriétaires, l'activité de gérance se limite à l'encaissement des quotes-parts aux frais communs. En Suisse, la régie s'occupe également de l'administration de l'immeuble. Elle assure le paiement des factures afférentes aux différentes charges, établit le compte d'exploitation de l'immeuble et le décompte des frais de chauffage et représente le propriétaire vis-à-vis de tiers (autorités, entreprises pour les contrats d'assurance ou d'entretien, concierge).

Enfin, la régie contribue à la maintenance des constructions et des aménagements par le biais d'inspections, de contrôles techniques et d'inventaires de travaux à effectuer. Cette activité fait habituellement partie des prestations ordinaires d'une régie. La gestion des travaux d'entretien (analyse des devis, propositions d'adjudication, contrôle des travaux, paiement des factures) fait en revanche l'objet d'une facturation séparée, sous forme d'une commission proportionnelle au coût des travaux. Ces dépenses sont habituellement comptabilisées dans le poste des frais d'entretien.

Des valeurs de référence pour les charges d'exploitation sont données en annexe 1. Il convient de préciser qu'en Suisse, le droit du bail autorise la facturation séparée de certains frais accessoires. Il s'agit typiquement des frais de chauffage, mais dans certains cantons, d'autres charges comme la conciergerie font également l'objet d'un décompte séparé. Le principe des frais accessoires veut que les recettes couvrent strictement les coûts, sur la base d'un décompte annuel. Il est donc inutile de les prendre en considération dans un calcul d'actualisation. L'expert doit être attentif aux pratiques locales, d'autant plus que l'ampleur des frais accessoires devrait avoir une influence sur les loyers.

Frais d'entretien et travaux à plus-value
La frontière entre les notions d'entretien et de rénovation est passablement arbitraire. C'est souvent l'importance des travaux qui distingue l'une de l'autre, mais la limite est floue et une rénovation peut n'être qu'un cumul de travaux d'entretien.

La classification de ces sorties de liquidités n'a d'importance que si elle a une incidence sur les cash-flows eux-mêmes. C'est le cas en Suisse, où seuls les travaux dits «à plus-value» peuvent légalement être répercutés sur les loyers. Lors d'une rénovation, entre 50% et 70% du montant des travaux peuvent être classés dans cette catégorie. Par contre, les travaux à plus-value ne peuvent pas être déduits du revenu imposable, contrairement aux frais d'entretien à proprement parler. Pour ces derniers, il s'agit soit des montants effectifs documentés, soit d'un forfait.

Ces considérations légales et fiscales sont de nature à influencer la stratégie d'entretien du propriétaire, qui est incité à n'effectuer que les travaux indispensables et à déduire le forfait de son revenu imposable, puis à procéder ponctuellement à une rénovation d'importance qui peut être répercutée sur les loyers. Cette stratégie a toutefois l'inconvénient de laisser les éléments peu ou mal entretenus se dégrader plus rapidement, ce qui renchérit leur remise en état. La minimisation des dépenses d'entretien se justifie si le propriétaire envisage, à terme, de transformer ou de reconstruire le bâtiment. Sinon, il doit trouver le bon compromis entre la lutte contre la dégradation des éléments et la maximisation de l'état locatif par rénovation ponctuelle, en tenant compte des incidences fiscales.

Le choix d'une stratégie d'entretien est d'autant plus compliqué qu'elle n'a pas seulement une incidence sur le potentiel de hausse des loyers lors d'une rénovation, mais également sur l'évolution courante de ces loyers. Si les constructions et les aménagements sont mieux entretenus, le bailleur peut espérer obtenir un loyer plus élevé lors des changements de locataires. Il compense ainsi, du moins en partie, des hausses de loyers plus faibles après rénovation. Le résultat net n'est pas évident à prédire.

Les dépenses liées aux contrats d'entretien (ascenseur, chaufferie, canalisations…) sont relativement faciles à anticiper, surtout pour des constructions en exploitation. Les autres sorties de liquidités pour l'entretien et la rénovation sont beaucoup plus incertaines. On peut prévoir un montant annuel moyen pour l'entretien courant et, selon l'horizon-temps, des sorties ponctuelles pour rénovation. On peut aussi prévoir un montant annuel suffisant pour couvrir également des sorties ponctuelles plus substantielles (voir ci-dessous «Provisions et amortissements»). Quelle que soit la technique de prévision, il ne faut pas perdre de vue que la stratégie d'entretien a également une incidence sur le prix de revente.

Impôts

Quand faut-il en tenir compte?

L'investisseur ou l'usager qui procède à un arbitrage par les revenus devrait tenir compte des conséquences fiscales de son choix. Pour ce faire, il doit actualiser des cash-flows après impôts avec un taux de rendement visé après impôts. La fiscalité comprend les impôts sur le revenu et sur la fortune, respectivement le bénéfice et le capital pour une société, et souvent un impôt foncier ou immobilier ainsi que des droits de mutation et un impôt sur une éventuelle plus-value en cas de revente.

Pour un acteur donné, si les deux termes d'une alternative impliquent la même ponction fiscale, celle-ci n'a pas d'influence sur la valeur actuelle des cash-flows et peut donc être ignorée. Ce peut être le cas pour un investisseur qui fait l'arbitrage avec un autre placement immobilier. Si les deux biens se situent dans le même canton en Suisse (ou dans la même commune en France), ils sont soumis aux mêmes impôts et ceux-ci peuvent par conséquent être écartés du calcul. Mais lorsque les assiettes fiscales ou les taux d'imposition diffèrent, les impôts doivent être pris en considération car ils ont une incidence sur le prix équivalent obtenu par les revenus.

Les taux des droits de mutation sont souvent différents, surtout si le placement alternatif est mobilier. En revanche, le taux de l'impôt ordinaire sur le revenu ne dépend pas du type d'actif qui a généré ce revenu. Toutefois, cet impôt ne peut pas toujours être écarté du calcul. L'usager qui fait l'arbitrage avec la location doit en tenir compte si le revenu en nature fiscalement imputé à un propriétaire-occupant est différent du loyer du marché pour un bien semblable. En outre, quel que soit l'acteur, si la part de la plus-value dans le revenu global du placement alternatif est différente et si cette plus-value n'est pas soumise à l'impôt ordinaire mais fait l'objet d'une imposition spéciale à un taux différent, les deux impôts doivent être pris en considération. L'impôt ordinaire sur la fortune ne dépend pas du type d'actif et peut donc être ignoré, mais les biens immobiliers font souvent l'objet d'un impôt spécial (dit foncier ou immobilier) qui doit toujours être pris en compte lorsque le placement alternatif est mobilier.

L'intégration des aspects fiscaux ne pose pas de problème particulier si le taux d'actualisation employé est le résultat d'un calcul de rendement sur les revenus espérés après impôts d'un placement alternatif. Mais le taux d'actualisation est souvent basé sur des taux de référence comme les taux d'intérêt du marché, qui sont des taux de rendement avant impôts et qui doivent donc être corrigés.

Une difficulté particulière avec les impôts progressifs

Pour l'expert, les impôts ordinaires sur le revenu et la fortune posent un problème particulier parce que les taux d'imposition sont progressifs. Si les deux termes d'une alternative sont traités différemment sur le plan fiscal, le prix équivalent obtenu par les revenus dépend de ces taux d'imposition et donc de la situation financière de celui qui procède à l'arbitrage.

Il en va ainsi de l'alternative entre l'acquisition d'un bien pour usage propre et la prise en location d'un bien semblable si le revenu en nature procuré par un immeuble à son propriétaire est peu ou pas taxé. En raison de la progressivité du taux d'imposition sur le revenu, l'avantage fiscal prévisible est d'autant plus grand que les autres revenus de l'acquéreur sont importants.

Comme il devrait tenir compte de cet avantage fiscal pour fixer son prix équivalent, ce dernier dépend de son revenu imposable.

Il en va de même de l'alternative entre l'acquisition d'un immeuble locatif et le placement dans un autre type d'actif lorsque les plus-values sont taxées différemment des revenus courants car la part de la plus-value dans le revenu global d'un placement dépend du type d'actif. A l'extrême, si le placement alternatif ne donne droit qu'à une éventuelle plus-value non imposable, le taux de rendement visé après impôt ne dépend pas des autres revenus de l'investisseur. Par contre, le revenu locatif après impôt, et par conséquent le prix équivalent pour l'immeuble, dépend du taux d'imposition et donc du revenu imposable.

Provisions et amortissements
L'approche par les revenus n'est pas une approche comptable. Un compte d'exploitation peut enregistrer des provisions pour dépenses futures d'entretien ou de rénovation ainsi que des amortissements pour pertes de valeur sur un immeuble, mais seuls des flux de liquidités – soit des entrées et des sorties effectives – doivent figurer dans un calcul d'actualisation.

Les sorties de liquidités pour l'entretien et la rénovation doivent être prises en compte aux périodes où elles sont prévues et non par anticipation. Quant à l'éventuelle plus- ou moins-value, c'est un résultat et non une donnée puisque l'actualisation a justement pour objectif de fixer un prix équivalent. Elle est intégrée automatiquement dans le calcul par la prise en compte d'une valeur résiduelle ou d'un prix de revente au terme de la période d'actualisation, ou alors par la progression des cash-flows lorsque l'actualisation porte sur un horizon infini.

Certains ouvrages (Pedrazzini et Micheli, 2007, par exemple) et certains experts font parfois figurer des provisions dans leurs tableaux de flux de liquidités. Il est certes plus rapide de prévoir un montant annuel moyen que d'anticiper des sorties ponctuelles de liquidités pour l'entretien et la rénovation. Cette pratique n'est toutefois défendable qu'à la condition que la valeur actuelle des provisions soit égale à la valeur actuelle des sorties de liquidités correspondantes prévisibles sur l'horizon-temps du calcul. Si l'on tient quand même à inscrire des provisions pour travaux, on peut le faire en ajoutant au modèle du fonds immobilier un compte pour rénovations. Les provisions sont alors simplement des transferts du compte courant à ce compte pour rénovations. Les travaux de rénovation eux-mêmes sont financés par prélèvement dans ce dernier compte. On n'oubliera pas de compter les intérêts sur ce compte, au même taux que le compte courant, et d'ajouter son solde à celui du compte courant pour calculer la valeur finale du fonds et le taux de rendement réalisé. Mais on voit bien que ces écritures ne changent rien aux résultats obtenus sans provisions pour travaux.

L'inscription d'une provision pour travaux est par contre nécessaire lorsqu'on abrège le calcul d'actualisation en capitalisant le cash-flow libre de

> LES AMORTISSEMENTS
>
> Il faut se garder de confondre les amortissements financier, comptable et économique:
>
> *Amortissement financier*: remboursement progressif de la dette. Il ne constitue pas une charge pour le débiteur puisqu'en contrepartie de l'argent versé en amortissement, son endettement s'est réduit. L'amortissement financier peut être porté en déduction du cash-flow libre dans un calcul d'actualisation à condition d'avoir ajouté l'apport de fonds par le créancier au cash-flow libre de l'année correspondante. Si l'on adopte l'approche du coût moyen du capital, l'amortissement financier n'est pas plus déduit des cash-flows que les intérêts (voir ci-dessous). Par contre, cet amortissement devrait modifier les pondérations du coût moyen du capital pour chaque année.
>
> *Amortissement comptable*: charges non monétaires déduites du revenu opérationnel et du bénéfice imposable, généralement selon des normes comptables ou des directives des autorités fiscales. Lorsqu'on calcule le prix équivalent pour une société soumise à l'impôt sur le bénéfice, cet amortissement est utilisé pour calculer l'impôt dû. Il n'a pas d'autre incidence sur le calcul par les revenus puisqu'il ne s'agit justement pas d'une sortie de liquidités.
>
> *Amortissement économique*: dépréciation réelle d'un actif correspondant à la variation de son prix probable. N'intervient pas dans un calcul par actualisation des cash-flows puisqu'il ne s'agit pas d'une sortie de liquidités. Il y figure implicitement à travers la baisse des revenus locatifs, la hausse des frais d'entretien ou une valeur résiduelle plus faible. On peut mesurer la dépréciation économique en calculant la valeur actuelle des cash-flows à des dates successives.

la dernière année de la période d'actualisation (sect. 4.3). Cette provision doit être déduite du cash-flow qui est capitalisé, puisqu'on n'aura plus l'occasion de tenir compte explicitement des frais de rénovation.

Intérêts et remboursement de la dette

Un acteur peut prévoir de recourir à l'emprunt pour financer une acquisition ou pour éviter de devoir vendre un bien. Le paiement des intérêts, l'amortissement financier et le remboursement de la dette résiduelle au terme de l'horizon-temps sont des sorties de liquidités et peuvent donc figurer dans le calcul d'actualisation, à condition de tenir compte également de l'apport initial de l'emprunt. On le fera soit en ajoutant cette entrée de liquidités au cash-flow à l'année où il est contracté, soit en l'ajoutant à la valeur actuelle des cash-flows s'il s'agit d'une dette préexistante.

Si l'acteur projette de contracter un emprunt à taux fixe couvrant tout l'horizon-temps du calcul, il connaît d'avance les charges financières. Sinon, il doit anticiper l'évolution des taux d'intérêt.

La valeur actuelle des entrées et sorties de liquidités liées à l'emprunt s'annule si elles sont actualisées au taux d'intérêt de l'emprunt. Elle est positive si les cash-flows libres sont actualisés à un taux dépassant celui de l'emprunt, ce qui est généralement le cas. Ainsi, les flux de liquidités liés à l'emprunt augmentent la valeur actuelle des cash-flows libres. En revanche, un taux d'endettement plus élevé représente aussi un risque plus élevé pour le créancier et le débiteur, ce qui devrait se traduire par un taux d'intérêt sur la dette et un taux d'actualisation plus élevés pour l'ensemble des cash-flows. L'effet net de l'endettement pour la valeur actuelle des cash-flows, et donc le prix équivalent, peut ainsi être positif ou négatif.

Les experts intègrent rarement des sorties de liquidités pour les intérêts et le remboursement lorsqu'ils appliquent la méthode DCF, probablement parce que cela alourdit le calcul et qu'il est plus difficile de fixer un taux d'actualisation en présence de fonds étrangers car la plupart des références disponibles en la matière sont des taux de rendement dans une hypothèse 100% fonds propres et surtout parce que cela ne change pas forcément le résultat.

Approche du coût moyen du capital

Certains experts intègrent l'hypothèse de l'emprunt d'une autre façon dans le calcul, en actualisant les cash-flows sans déduction des intérêts et amortissements au coût moyen pondéré des fonds étrangers et des fonds propres. Généralement sans le savoir, ils ont considéré que le (nouveau) propriétaire et le créancier se sont implicitement associés pour acheter ensemble le bien immobilier. Dans ce cas, les cash-flows avant déduction des intérêts et amortissements financiers sont effectivement partagés entre les deux partenaires, la part du créancier étant déterminée par les conditions de l'emprunt. Le taux d'actualisation en tient compte en étant la moyenne pondérée du taux de rendement requis par l'investisseur et du taux d'intérêt du créancier, les pondérations reflétant en principe l'évolution de la part des fonds que chacun a apportée. Si ce coût moyen du capital est gardé constant pour toute la période de calcul, cela revient à supposer que le créancier accepte de laisser croître la dette au même rythme que les cash-flows (voir «Le coût du capital» à la page 75).

4.4.4 Les entrées de liquidités en détail

Loyers

Lorsqu'un immeuble est occupé par des locataires, l'état locatif du jour est une référence sûre pour anticiper les loyers à court terme. Si ces derniers sont notablement différents des loyers du marché, il est raisonnable de prévoir un ajustement progressif sur ceux-ci (à la hausse ou à la baisse), au gré des renouvellements de baux et des changements de locataires. Mais le processus peut durer plusieurs années et il convient d'être prudent dans la prévision si les loyers du marché sont particulièrement élevés pour cause de pénurie car celle-ci peut se résorber dans l'intervalle (raisons pour lesquelles la capitalisation d'un revenu comprenant une réserve locative peut être dangereuse ou fallacieuse).

Outre l'adaptation aux conditions du marché, les loyers suivent une évolution courante plus ou moins régulière résultant des clauses contractuelles et/ou des dispositions légales. Dans de nombreux pays, les loyers sont indexés à l'indice des prix à la consommation ou à l'indice des prix de la construction. En Suisse, l'indexation est pratique courante pour les locaux commerciaux mais plutôt rare dans le secteur résidentiel vu qu'un loyer ne peut pas être indexé si la durée du bail est inférieure à cinq ans. En l'absence d'indexation, le Code des obligations permet d'ajuster les loyers en fonction de l'évolution des taux hypothécaires et des charges d'exploitation, ainsi que pour maintenir le pouvoir d'achat du capital exposé au risque (les fonds propres).

Il est vain d'espérer prévoir les fluctuations futures des taux d'intérêt. Tout au plus peut-on anticiper un ajustement graduel sur un taux moyen de long terme, et il n'est même pas certain que cet ajustement puisse se reporter sur les loyers. Si une hausse des taux est anticipée, elle ne pourra être répercutée qu'à partir du moment où le taux prévu dépasse les taux de référence des loyers lors de la conclusion des baux. Et encore faut-il que les loyers adaptés ne dépassent pas trop ceux du marché, ce qui risquerait de faire fuir les locataires. A l'inverse, une baisse des taux ne devrait pas diminuer notablement l'état locatif car la plupart des locataires ne revendiquent pas l'application des normes légales en la matière.

A contrario, les loyers devraient mieux s'adapter à l'évolution des charges d'exploitation, surtout que celles-ci sont rarement à la baisse. En supposant qu'elles suivent le niveau général des prix à long terme, les loyers peuvent être augmentés dans une proportion égale à la part de l'état locatif couvrant les charges multipliée par le taux d'inflation. Quant au principe du maintien du pouvoir d'achat du capital exposé au risque, il permet d'adapter les loyers à 40% de l'inflation, cette proportion correspondant à la part théorique de fonds propres admise par la loi.

Le Code des obligations permet encore au bailleur de répercuter sur les loyers le coût de travaux à plus-value. Lors d'une rénovation importante, la loi stipule que 50% à 70% du coût peuvent être rentabilisés au titre de travaux à plus-value. Dans les cantons de Genève, Vaud et Neuchâtel, ces dispositions sont complétées par des lois cantonales parfois très contraignantes. A Genève, les loyers ne peuvent pas être augmentés au-delà de CHF 3405 la pièce par an après rénovation (la cuisine comptant pour une pièce) et ils ne peuvent pas être augmentés du tout s'ils sont déjà supérieurs à ce plafond avant rénovation.

La loi décrit assez précisément le calcul de l'augmentation des loyers autorisée suite aux travaux à plus-value. Elle comprend des frais d'entretien et un revenu des fonds propres additionnels, mais aussi un amortissement du coût des travaux sur la durée de vie présumée des éléments ajoutés. En principe, les loyers devraient redescendre lorsque cet amortissement prend fin, mais cela ne se fait évidemment jamais dans la pratique. Les travaux à plus-value créent donc un effet de cliquet pour les loyers, ce qui leur confère une rentabilité bien supérieure à celle qui était visée par le législateur.

S'il s'agit d'un immeuble vacant ou d'un terrain avec un bâtiment en projet ou en construction, le revenu locatif est plus difficile à prévoir à court terme. Bien que les informations disponibles sur le marché locatif soient nettement plus abondantes qu'en matière de prix immobiliers, il est difficile d'estimer précisément les loyers qui pourront être obtenus lors de la mise en location.

Pertes de loyers
Que l'immeuble soit ou non déjà loué, ce sont les recettes locatives effectives et non théoriques qui sont déterminantes. La différence peut provenir de locaux vacants ou de loyers non payés. La difficulté réside dans le fait que les facteurs de pertes de loyer peuvent varier dans le temps. La recette locative effective de la dernière année pour laquelle des chiffres existent peut être un mauvais indicateur des recettes futures. On pourrait utiliser la recette moyenne sur plusieurs années passées, mais ce calcul est «contaminé» par la croissance des loyers. Il vaut mieux partir de la recette locative théorique, qui devrait évoluer comme le niveau général des loyers, et la corriger avec une proportion de pertes pour logements vacants et une proportion de pertes pour ducroire. Ces proportions peuvent être tirées des comptes antérieurs, mais il serait encore plus juste de tenter de prévoir ces pertes futures, soit en un taux moyen pour l'avenir (pour la formule simple de la capitalisation), soit comme une dynamique des recettes locatives effectives (avec, par exemple, des pertes plus importantes en cas de travaux de rénovation et une dégradation en cas d'entretien insuffisant).

Le montant des pertes de loyers prévu dans le calcul d'actualisation ou de capitalisation doit être un montant moyen prévisible. En termes statistiques, il doit correspondre à l'espérance de perte. Le risque d'une perte supérieure à ce montant raisonnablement prévisible doit être pris en considération dans le taux d'actualisation ou de capitalisation, ou par la technique des équivalents certains (§ 4.5.3 et 4.5.4).

4.5 Le mystère du taux d'actualisation

Le taux d'actualisation reflète la préférence de l'investisseur pour l'argent immédiatement disponible. Ainsi, un taux d'actualisation de 5% signifie que toucher 105 dans un an équivaut pour lui à disposer de 100 immédiatement. En d'autres termes, il est prêt à sacrifier 5 de la somme qu'il touchera dans un an pour disposer de 100 immédiatement. Pour une somme à percevoir dans deux ans, on suppose qu'il est déjà prêt à sacrifier 5% pour la toucher un an plus tôt, puis encore 5% pour la toucher immédiatement. On aboutit ainsi au calcul simple des intérêts composés[1].

Si l'investisseur préfère disposer de 100 aujourd'hui plutôt que demain, c'est par hypothèse parce qu'il pourrait les placer et toucher un rendement. On appelle arbitrage cette comparaison des rendements. Le taux d'actualisation va donc étroitement dépendre du taux de rendement que l'investisseur pense pouvoir obtenir avec le meilleur placement alternatif. La préférence pour le présent est également liée aux risques: mieux vaut 100 «tiens» que 105 «tu l'auras». Le taux d'actualisation à utiliser pour évaluer un placement immobilier va donc également dépendre du risque de ce placement, comparé à celui du meilleur placement alternatif.

La présente section traite des taux d'intérêt et de leurs liens avec les taux de rendement (§ 4.5.1), de la distinction entre taux nominal et réel (§ 4.5.2) ainsi que de la notion de risque et de son articulation avec le taux de rendement (§ 4.5.3). Ces éléments sont un préalable nécessaire pour discuter de la fixation du taux d'actualisation (§ 4.5.4) ou du taux de capitalisation (§ 4.5.5).

4.5.1 Taux d'intérêt et taux de rendement

Les taux d'intérêt servent fréquemment de référence pour la fixation du taux d'actualisation. L'intérêt est le montant versé en échange de la mise à disposition temporaire d'une somme d'argent. Cette somme constitue une dette résultant d'un emprunt pour celui qui l'a à disposition (le débiteur ou emprunteur). Elle constitue une créance, résultant d'un prêt, pour celui qui l'a mise à disposition (le créancier ou prêteur). Le taux d'intérêt représente le rapport entre l'intérêt et le capital (dette ou créance). Comme pour le taux de rendement, la période de référence est conventionnellement l'année.

Les actifs portant intérêts sont nombreux et variés. Ils vont des comptes bancaires aux obligations, en passant par les créances hypothécaires notamment. Pour ces actifs, le taux de rendement est égal au taux d'intérêt fixé au départ si la somme rendue est égale à la somme prêtée, autrement dit si le prêt est remboursé à sa valeur nominale. Cette prévisibilité du taux de rendement donne un avantage certain aux actifs à revenus fixes en tant que placements alternatifs pour la fixation du taux d'actualisation.

Lorsque l'investisseur ne récupère pas exactement le montant qu'il a investi, le rendement de son placement se compose d'un intérêt et d'une plus- ou moins-value. Le taux de rendement représente le rapport entre la somme de l'intérêt et de la plus-value et le montant investi. Lorsque l'actif n'est pas

---

[1] Cette hypothèse, qui ne s'impose pas forcément sur la base des comportements observés, possède l'avantage de garantir la cohérence temporelle des choix: un choix aujourd'hui entre deux placements de long terme ne sera pas révisé dans un an si rien d'autre n'a changé.

remboursé ou vendu au terme de l'année de calcul, la plus-value est estimée pour le calcul du taux de rendement.

Le taux de rendement est la référence plus générale pour la détermination du taux d'actualisation, puisqu'il mesure véritablement le revenu alternatif de l'investisseur. Le taux d'intérêt est un cas particulier du taux de rendement, mais qui conduit parfois à des confusions. Ainsi, celui qui achète aujourd'hui pour 103 une obligation dont la valeur nominale est de 100, remboursable dans une année avec un dernier coupon de 7% (donc 7) bénéficie d'un taux de rendement incontestable de 3,88% (soit (107−103)/103). Le taux d'intérêt, par contre, est à choix de 7% sur la valeur faciale de l'obligation ou de 6,8% sur le montant investi.

Les taux d'intérêt et de rendement se forment sur le marché de l'argent, par confrontation entre l'offre et la demande de crédit. Conformément à la logique d'arbitrage, les taux de rendement visés par les détenteurs de capitaux dépendent de leur perception des risques encourus. Ceux-ci dépendent essentiellement de la qualité du débiteur et des garanties qu'il peut éventuellement fournir. Ainsi par exemple, une entreprise privée doit généralement offrir un taux d'intérêt plus élevé qu'une collectivité publique lorsqu'elle émet un emprunt obligataire.

Les taux d'intérêt et de rendement dépendent également de la durée contractuelle du prêt. Habituellement, le taux est d'autant plus élevé que la durée est longue. Mais cette structure des taux peut s'inverser dans certaines circonstances, en particulier lorsqu'ils sont particulièrement élevés et que les investisseurs s'attendent par conséquent à une baisse.

4.5.2 Taux nominal et taux réel

Les taux de rendement et les taux d'intérêt sont habituellement calculés à partir de flux en francs courants (les francs «de tous les jours») et donc exprimés en termes nominaux. Mais les taux nominaux ne sont que des illusions d'optique! Celui qui obtient un taux de rendement nominal de 5% parce qu'il a revendu pour 105 un actif acheté un an auparavant pour 100 n'a en définitive rien gagné en termes de pouvoir d'achat, autrement dit en termes réels, si l'inflation est de 5%. Le taux de rendement réel, en termes de pouvoir d'achat, est approximativement équivalent à la différence entre le taux nominal et le taux d'inflation (pour la formule exacte, voir en annexe 2).

On voit donc que l'investisseur a une raison supplémentaire de préférer l'argent immédiatement disponible et de demander un supplément pour des revenus qu'il reçoit plus tard. L'argent immédiatement disponible peut être utilisé pour acheter des biens qui coûteront plus cher dans une année. Si l'on doit construire un taux d'actualisation à partir de rien, on peut partir d'un taux de rendement réel observé par le passé et ajouter le taux d'inflation prévu. Mais on peut évidemment aussi utiliser le taux de rendement offert sur un autre placement monétaire en admettant qu'il intègre une bonne prévision du taux d'inflation.

Si le taux de rendement de référence pour le taux d'actualisation est une donnée historique nominale, il faut en soustraire le taux d'inflation de la période correspondante et y ajouter le taux d'inflation prévu pour l'avenir. Par exemple, si la référence est un taux de rendement de 7%, obtenu sur une période au cours de laquelle le taux d'inflation moyen était de 3%, le taux de rendement réel visé est implicitement de 4%. Dans ce cas, si la prévision des flux de liquidités repose sur une hypothèse d'inflation à 2%, le taux d'actualisation doit être fixé à 6% et non à 7%.

Dans ces calculs, il est important d'être cohérent par rapport au taux d'inflation anticipé. En effet, le taux d'actualisation incorpore une prévision de l'inflation alors que la croissance anticipée des entrées et sorties de liquidités en incorpore peut-être une autre. Ces taux n'ont pas besoin d'être identiques mais ils ne devraient pas être indépendants non plus.

Si la référence est un taux de rendement prévisible sur un actif à revenu fixe, l'inflation prévue doit être cohérente avec ce taux, ou alors ce dernier doit être adapté au taux d'inflation prévu. Par exemple, si le taux d'actualisation est fixé par référence à un taux d'intérêt nominal de 3% auquel est ajoutée une prime de 2%, et si, par ailleurs, le taux d'inflation admis pour la prévision des flux est de 5%, le taux de rendement réel visé est nul, ce qui est peu crédible (et peut aboutir à une valeur actuelle infinie!).

L'expert peut aussi faire tous ses calculs d'actualisation en termes réels. Il ne tient pas compte alors de la croissance des entrées et sorties de liquidités due uniquement à l'inflation, ni à l'appréciation qui en résulte, mais il doit alors actualiser tout ceci à un taux d'intérêt réel.

4.5.3 La relation entre risque et rendement

Aversion au risque

Le risque encouru par un propriétaire immobilier, qu'il soit bailleur ou usager, est que le taux de rendement effectivement obtenu *ex post* soit différent du taux de rendement visé *ex ante*. Ce risque provient de l'incertitude sur les flux futurs de liquidités. Il peut être positif ou négatif, dans le sens où les cash-flows peuvent être plus ou moins importants que prévu.

La plupart des acteurs n'aiment pas le risque. En termes simples, le commun des mortels préfère gagner 100 avec certitude plutôt que de jouer à un jeu dans lequel il a une chance sur deux de gagner 200 et une chance sur deux de ne rien gagner. L'interprétation intuitive est qu'il accorde plus d'importance à l'inconvénient de perdre 100 par rapport à l'option sans risque qu'à l'avantage de gagner 100 de plus que dans cette option sans risque. Il accepte donc de miser plus pour toucher 100 avec certitude que pour participer au jeu. Pourtant, l'espérance mathématique du gain est identique[2].

Celui qui demande un taux de rendement de 5% pour un placement sans risque acceptera de miser 95,24 (=100/1,05) aujourd'hui pour obtenir 100 avec certitude dans un an. La mise maximale acceptable est la valeur actuelle du revenu futur. Par analogie, la mise maximale pour participer au jeu est la valeur actuelle du revenu futur, mais ce dernier est aléatoire. Si l'acteur place l'espérance mathématique du gain au numérateur de la formule d'actualisation et s'il n'aime pas le risque, il doit appliquer un taux d'actualisation supérieur à 5% pour obtenir une mise maximale plus faible que dans l'option sans risque. Autrement dit, il demande un taux de rendement plus élevé en présence de risque. La mise maximale est celle pour laquelle il lui est indifférent d'investir sans risque ou de participer au jeu[3].

Le taux de rendement visé dépend du degré de l'aversion de l'acteur face au risque. Ceci est évidemment très personnel et subjectif. Pour l'expert-conseil, un grand défi des méthodes par les revenus réside dans la nécessité de connaître ou de deviner le taux de rendement visé par son mandant. La logique et la doctrine suggèrent que le taux de rendement visé est égal au taux de rendement qu'il peut espérer obtenir en investissant dans un autre actif présentant le même degré de risque. Mais pour appliquer cette «formule magique», il faut pouvoir mesurer les risques encourus et estimer les taux de rendement que l'on peut obtenir sur d'autres actifs, tout sauf une sinécure.

Comment mesurer le risque?

En théorie financière, le risque est mesuré par la variabilité potentielle du taux de rendement annuel. Faute de boule de cristal, c'est la variation dans le temps des taux de rendement passés qui sert d'indicateur pour la variabilité potentielle, ou la variabilité des rendements contemporains obtenus avec différents immeubles. Si la variabilité des rendements est assez bien connue pour les actifs financiers cotés en bourse, il est beaucoup plus difficile de l'évaluer de la même manière pour les investissements directs dans l'immobilier. En raison de leur hétérogénéité, les actifs immobiliers ne sont pas cotés[4]. Les taux de rendement annuels doivent donc être estimés sur la base d'évaluations ou

---

[2] L'espérance mathématique est le montant vers lequel tend le gain moyen lorsque le jeu est répété un très grand nombre de fois. Elle est égale à la somme des produits des probabilités et des gains. En l'occurrence, $0,5 \times 200 + 0,5 \times 0 = 100$.

[3] Nous verrons plus loin (p. 77 «L'approche par les équivalents certains») qu'il est possible de fixer un prix équivalent en ajustant les revenus nets plutôt que le taux d'actualisation.

[4] Il y a bien des sociétés immobilières cotées, mais l'histoire montre que leur prix n'évolue pas toujours de concert avec ceux des immeubles qu'elles possèdent et donc que la volatilité des taux de rendement est différente.

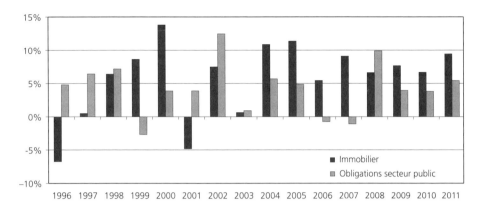

Fig. 4.3 Taux de rendement annuel (intérêt+plus-value) pour l'immobilier et les obligations du secteur public[5].

d'indices de prix, mais ces données sont rarement disponibles. Les instituts immobiliers commencent à en calculer sur la base d'échantillons de transactions (fig. 4.3), mais ce ne seront jamais les rendements historiques pour un immeuble spécifique et encore moins les rendements possibles pour l'avenir. Les acteurs et les experts en sont donc réduits à choisir un placement alternatif de risque comparable sans disposer d'une bonne mesure du risque que représente l'immeuble évalué.

Au risque lié au taux de rendement s'ajoute pour l'immobilier un risque supplémentaire, celui de devoir revendre à des conditions défavorables en cas de besoin urgent de liquidités. Ce risque concerne tous les marchés peu transparents et efficients, donc en général des actifs très hétérogènes. De ce point de vue, les biens immobiliers ressemblent davantage à des petites sociétés qu'à des actifs financiers. Ce *risque dit d'illiquidité* de l'immobilier concerne surtout les propriétaires qui ont une forte probabilité d'avoir un subit besoin de liquidités, donc les propriétaires qui ont placé une grande partie de leurs fonds dans l'immobilier plutôt que les propriétaires aux portefeuilles très diversifiés.

La diversification de portefeuille est un élément supplémentaire à prendre en compte, si possible, dans la détermination du prix équivalent. Considérons par exemple un investisseur qui possède un portefeuille dont les risques sont inverses de ceux de l'immeuble pour lequel on cherche son prix équivalent. Cela signifie que son portefeuille se comportera justement mal quand l'immeuble se comportera bien, et inversement. Pour cet investisseur,

---

[5] Nos propres calculs à partir du SWX IAZI Investment Real Estate Performance Index et du SWX Swiss Bond Index Domestic Government Total Return. Pour 2011 données du 3e trimestre.

ajouter l'immeuble à son portefeuille en réduit le risque global. Par conséquent, l'opération est intéressante même si le taux de rendement espéré de l'immeuble est inférieur au taux de rendement hors risque. En d'autres termes, il faut calculer le prix équivalent pour cet investisseur en actualisant les cash-flows du bien à un taux inférieur au taux hors risque!

Estimer le risque par scénarios ou simulations

On peut évaluer le risque d'un investissement immobilier en élaborant des scénarios de ce qui peut survenir, en calculant la valeur actuelle des cash-flows pour chaque scénario et en leur attribuant une probabilité de survenance. La valeur actuelle la plus probable est alors donnée par la moyenne des résultats obtenus, pondérée par leurs probabilités respectives. Une technique encore plus sophistiquée est d'attribuer des distributions de probabilités aux différents postes d'entrées et sorties de liquidités et de faire des simulations. C'est la technique dite de Monte-Carlo (voir par exemple Bender, Hoesli et Jani, 2006). Avec de nombreuses simulations, on peut générer une distribution aléatoire de la valeur actuelle des cash-flows, dont on calculera la variabilité pour estimer le risque de cet investissement. On peut également utiliser la distribution pour calculer une moyenne ou une médiane du prix équivalent ou encore pour estimer la probabilité que ce prix dépasse un certain seuil ou pour estimer le prix seuil pour une probabilité désirée.

Comparaison avec des placements de même risque

En raisonnant hors portefeuille, il faut trouver un placement alternatif de même risque, dont le taux de rendement pourra être utilisé pour fonder le taux d'actualisation. Attention cependant à ne pas confondre taux de rendement promis, taux de rendement moyen espéré et taux de rendement effectif. Un débiteur considéré comme peu fiable (mauvais *rating*) emprunte à un taux d'intérêt élevé (le taux de rendement promis) parce que les investisseurs calculent qu'au vu du risque qu'il n'honore que partiellement ou pas du tout ses engagements, le taux de rendement moyen en espérance ne sera que peu supérieur à celui d'un placement sans risque[6]. A l'échéance de l'emprunt, on pourra calculer le taux de rendement effectif pour les investisseurs. Il sera égal au taux promis si tous les paiements ont été faits à temps, plus faible sinon, éventuellement même inférieur au taux hors risque.

A défaut de trouver un tel actif ou d'être capable d'en calculer le taux de rendement moyen, on peut aussi construire un taux de rendement de risque équivalent en majorant le taux de rendement d'un placement sans risque individuel (les obligations de la Confédération, par exemple) d'une prime de risque. Ces notions et pistes sont développées ci-dessous.

---

[6] C'est la différence entre ce taux de rendement moyen en espérance et le taux d'intérêt sans risque qui correspond véritablement à la prime de risque.

Il sera manifestement difficile d'être rigoureux et objectif en déterminant le taux d'actualisation. Pour le calcul d'un prix équivalent, il faudra même tenir compte de la subjectivité du client. Selon sa perception du risque, ses références en matière de rendement et son aversion au risque, le taux de rendement visé et donc le prix équivalent peuvent varier fortement. Ajoutés à l'incertitude entourant les flux futurs de liquidités, ces divers éléments contribuent largement à expliquer la volatilité des prix sur le marché. Par exemple, on peut expliquer l'existence de flambées de prix par la présence d'acheteurs très optimistes quant à l'évolution des prix (on peut alors parler de bulle spéculative) ou amoureux du risque.

4.5.4 La fixation du taux d'actualisation

Le lecteur a pu constater que le taux d'actualisation est une variable subjective, voire arbitraire. Tout acheteur peut dire: «Je veux 10% sinon je dépense mon argent autrement», sans que le taux de rendement visé ait un fondement quelconque. Néanmoins, les acteurs et surtout les experts s'appuient très souvent sur des valeurs de référence en matière de taux de rendement. Ce sont parfois les taux de rendement obtenus par le passé dans le secteur immobilier (voir page suivante «Les taux de rendement historiques») et parfois les taux de rendement prévisibles sur certains actifs à revenu fixe, additionnés d'une prime de risque (voir p. 74 «La prime de risque»).

La problématique des taux de rendement de référence est différente si l'acteur prévoit un emprunt. Les intérêts doivent être payés quel que soit le revenu locatif. L'immeuble est généralement mis en gage pour garantir l'emprunt. Le créancier peut alors exiger la réalisation du gage si le débiteur ne remplit pas ses engagements et il est prioritaire pour récupérer ses fonds. Le taux d'actualisation doit donc être adapté pour tenir compte du fait que les fonds propres investis sont soumis à un risque accru.

L'effet de levier
Le risque accru sur les fonds propres se traduit par l'*effet de levier*. Supposons qu'un propriétaire ait emprunté 80% du prix de l'immeuble à un taux d'intérêt débiteur de 5%. Si le taux de rendement global effectif de l'immeuble est de 6% (hypothèse 100% fonds propres), le taux de rendement sur les 20% de fonds propres se monte à 10%. Mais si le taux de rendement global n'est que de 4%, le propriétaire n'a plus du tout de rendement sur les fonds investis. Le taux de rendement sur fonds propres est ainsi plus volatil que le taux de rendement global. L'effet de levier provient du fait que le créancier a droit aux intérêts et au capital quel que soit le résultat de l'exploitation ou de la vente de l'immeuble, le propriétaire devant se contenter du solde. Compte tenu du risque accru, le taux de rendement visé devrait être d'autant plus élevé que l'endettement est important. Les références en matière de taux de rendement doivent donc être ajustées en fonction du taux d'endettement.

Il existe une technique un peu particulière qui combine les deux hypothèses, avec et sans emprunt. Certains acteurs et experts ne font pas figurer dans le calcul les flux de liquidités résultant d'un emprunt mais fixent le taux d'actualisation sur la base d'un emprunt théorique, en prenant la moyenne pondérée entre le coût de fonds étrangers virtuels et le taux de rendement visé sur des fonds propres virtuellement réduits. Sous certaines conditions, le résultat est équivalent à celui obtenu en intégrant les flux de l'emprunt dans le calcul (voir «Le coût du capital» p. 75).

Reste une technique qui consiste à prendre le risque en compte au niveau du numérateur et non pas du dénominateur, autrement dit au niveau des flux et non pas au niveau du taux de rendement visé. Il s'agit de prédire des flux hors risque considérés par le propriétaire comme équivalents aux flux risqués (le montant qu'il pourrait assurer moins la prime d'assurance) et de les actualiser au taux de rendement hors risque. C'est la technique des équivalents certains (voir p. 77 «L'approche par les équivalents certains»).

Les taux de rendement historiques
Le taux de rendement futur d'un actif risqué n'est pas facile à déterminer. Admettons par exemple qu'on ait estimé pour un investissement immobilier un risque égal à la volatilité passée de l'action d'une société immobilière cotée en bourse. On connaît le cours actuel de cette action, qui reflète la demande de rendement du marché face au risque que représente cette action, mais ce taux de rendement n'est pas observable car on ne connaît pas les revenus que les investisseurs espèrent en retirer. On pourra calculer le taux de rendement obtenu dans une année, quand le dividende et la plus-value seront connus, mais ce sera trop tard pour les besoins de l'expertise.

Une autre piste consiste à prendre comme référence des actifs à revenu fixe, leur taux de rendement étant beaucoup plus aisément prévisible. Ces actifs portent un risque général de marché lié au fait qu'ils offrent un revenu fixe alors que les taux d'intérêt et le taux d'inflation peuvent changer. Ils portent également un risque individuel parce que le débiteur peut faire défaut. Il est donc possible de trouver des actifs à revenu fixe de risque égal à celui d'un placement immobilier. Le problème dans ce cas est que le taux de rendement anticipé par le marché n'est pas égal au taux d'intérêt facile à observer (§ 4.5.1). La seule manière d'estimer le taux de rendement implicite dans le prix de marché d'un actif à revenu fixe est de calculer le rendement moyen qu'il implique jusqu'à son échéance. C'est ce qui est fait couramment pour les obligations de la Confédération, la principale référence des taux de rendement pratiqués sur le marché du crédit.

A défaut de trouver des actifs de risque semblable à celui des placements immobiliers dont on puisse facilement calculer le rendement futur, on a tendance à se tourner vers le passé. On observe ainsi qu'en moyenne, et à long terme, les actifs immobiliers ont procuré des taux de rendement plus faibles que les actions. Ce constat conforte la théorie puisque la volatilité des taux de rendement immobiliers est inférieure à celle des taux de rendement sur actions, et que les prix immobiliers suivent approximativement l'inflation. Les acteurs et les experts ont donc tendance à se référer aux taux de rendement obtenus par le passé dans l'immobilier.

Mais une fois encore, les données sont plutôt rares. Le lecteur peut se reporter à quelques exemples ayant fait l'objet de publication (par exemple, Bender, Hoesli et Favarger, 1994), mais les (ex-)propriétaires ne calculent pas souvent les taux de rendement obtenus (en tenant compte des variations de prix), et ils en publient encore moins souvent les résultats. Le lecteur peut aussi se référer à la performance des fonds de placement immobiliers et des sociétés immobilières cotées, mais la référence n'est bonne qu'à long terme car, sur des périodes relativement courtes, l'évolution des prix de leurs titres peut être très différente de l'évolution des prix de leurs immeubles. Les observateurs professionnels du marché calculent des indices de performance sur la base de leurs portefeuilles immobiliers de propriétaires institutionnels sous gestion, par exemple l'indice SWX IAZI (fig. 4.3) ou IPD/Wüest & Partner. Le lecteur peut également calculer lui-même des taux de rendement sur la base d'éléments comptables (et d'indices de prix), encore faut-il pouvoir disposer pour cela de comptes d'immeubles. Sur ce point, la publicité des comptes des sociétés immobilières cotées, imposée depuis peu, devrait assurer une meilleure transparence du marché à l'avenir.

Le manque de données est d'autant plus dérangeant que tous les types d'immeubles ne procurent pas le même taux de rendement. Un immeuble administratif rapporte vraisemblablement plus qu'un immeuble résidentiel parce que le risque est plus grand (le marché locatif est plus volatil dans l'administratif que dans le résidentiel). Ce sont donc des immeubles du même type (affectation et localisation) qui devraient servir de référence, et la quête de données en est d'autant plus ardue. Quelques références sont données en annexe 1.

Même lorsque les données sont disponibles, il faut encore se méfier du calcul rétrospectif des taux de rendement. Supposons qu'un placement de 100 dans un fonds de placement immobilier qui ne distribue pas de dividende puisse valoir 112 ou 98 avec la même probabilité après une année. Un an plus tard on calculera un rendement soit de 12% soit de –2% selon la tournure effective des événements. Il faut donc un nombre élevé d'observations pour que les taux de rendement calculés après coup correspondent en moyenne aux taux de rendement espérés au moment où les placements ont été effectués. De plus, les acteurs ne connaissant pas avec certitude les probabilités de survenance des divers scénarios, rien n'assure que les taux de rendement moyens observés *ex post* soient égaux aux taux de rendement visés *ex ante*.

La prime de risque

En raison de la prévisibilité des rendements, les obligations des gouvernements servent souvent de référence pour la fixation du taux d'actualisation. En Suisse, ce sont les créances hypothécaires qui ont traditionnellement joué ce rôle, probablement parce que les propriétaires immobiliers y sont assez fortement endettés, que les taux hypothécaires ont été pendant longtemps très homogènes et que, jusqu'à la crise immobilière des années 1990, les créances hypothécaires étaient des placements très peu risqués.

Nous avons vu que les taux d'intérêt varient selon la durée du prêt. En bonne logique, la durée de l'obligation ou du prêt de référence pour la fixation du taux d'actualisation devrait correspondre à l'horizon-temps du calcul. Mais la référence peut être difficile à trouver si la période de calcul est très longue. Jusqu'à récemment, la Confédération n'émettait pas d'obligation à très long terme et, jusqu'au début des années 1990, les prêts hypothécaires étaient à taux variables en Suisse. Aujourd'hui, la Confédération emprunte aussi sur vingt ans, voire trente ans[7], et on peut trouver des taux hypothécaires fixes sur dix ans, voire vingt ans. Pour bien faire, il faudrait utiliser un taux d'intérêt différent pour actualiser les cash-flows à différentes échéances. En septembre 2011, les taux de rendement des obligations de la Confédération étaient de 0,12% à 12 mois, de 0,33% à 5 ans et de 0,96% à 10 ans (fig. 4.4). Cela signifie qu'il faudrait actualiser le cash-flow de la première année en le divisant par 1,0012, celui de la 5e année en le divisant par $(1,0033)^5$ et celui de la 10e année en le divisant par $(1,0096)^{10}$ (voir annexe 2).

Le problème avec ces références est qu'elles correspondent à des risques plus faibles que celui pris en effectuant un placement immobilier. Il faut donc ajouter une prime de risque pour déterminer le taux de rendement visé. Et c'est ici que le bât blesse. Quelle prime de risque faut-il utiliser ? A nouveau, c'est le passé ou l'arbitraire qui règnent.

La quotité de la prime dépend du risque encouru sur le placement alternatif. En Suisse, les maigres informations historiques disponibles indiquent que la prime de rendement de l'immobilier est de l'ordre de 3 points de pour-cent par rapport aux obligations de la Confédération (actif hors risque) et de l'ordre de 2 points de pour-cent par rapport aux créances hypothécaires de premier rang. Divers auteurs suggèrent par ailleurs des primes de risque, mais sans jamais justifier véritablement les chiffres. La prime moyenne préconisée est de l'ordre de 2 points de pour-cent par rapport aux obligations de la Confédération (voir annexe 1).

La prime devrait également être adaptée au type d'immeuble expertisé, mais les données sont quasiment inexistantes. Par ailleurs, un promoteur prend

---

[7] Le Bulletin mensuel de statistiques économiques de la Banque nationale suisse contient ainsi les taux de rendement à l'échéance des obligations de la Confédération à 20 ans depuis 1988 et ceux des obligations à 30 ans depuis 1998.

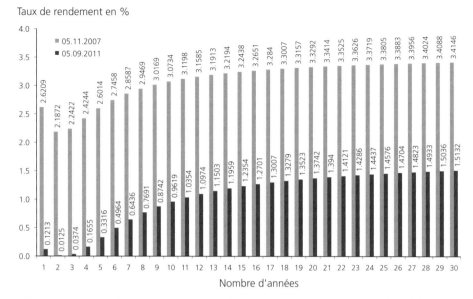

Fig. 4.4 Structure des taux au comptant dérivés des taux de rendement des obligations de la Confédération, 5 novembre 2007 et 5 septembre 2011 (source: BNS)

plus de risques que celui qui achète un immeuble loué. Il devrait donc viser une prime de risque plus élevée. Mais les promoteurs font rarement des calculs d'actualisation puisque la durée de leurs investissements est relativement courte. Ils leur permettraient pourtant de mieux mesurer les conséquences financières de tel ou tel événement, comme un retard dans la commercialisation.

Dans la pratique, on peut voir des choses assez ésotériques, avec des primes qui parfois s'additionnent, une pour le type d'immeubles, une pour la localisation, une pour l'âge des constructions, une pour l'âge du capitaine, nous en passons et des meilleures. L'ampleur de ces primes n'est jamais justifiée par ceux qui les appliquent; elles sont arbitraires.

En cas d'endettement, la technique de la prime de risque est rarement employée. Le taux de rendement visé sur les fonds propres est fixé directement, sans véritable référence.

Le coût du capital

Très souvent, l'acquéreur d'un bien immobilier fait appel à un cofinancement hypothécaire. Cela se répercute en de moindres besoins de fonds propres, mais implique par contre des intérêts à verser et une dette à rembourser. Ces flux de fonds peuvent être intégrés facilement dans le calcul d'actualisation. Le plus prudent est d'actualiser ces flux à un taux correspondant spécifiquement à leurs risques, différent en général du taux auquel on actualise les revenus et charges de l'immeuble. Si le financement a été obtenu aux conditions du marché, il convient d'actualiser ses flux de fonds au taux d'intérêt de l'emprunt, ce qui a pour effet que les entrées et sorties de fonds liées à l'emprunt s'annulent en valeur actuelle. Il revient alors au même d'évaluer l'immeuble en supposant qu'il est entièrement financé en fonds propres. En revanche, lorsque l'achat d'un immeuble permet d'accéder à un financement particulièrement avantageux, la valeur actuelle des flux financiers de l'emprunt est positive et s'ajoute comme une *soulte* au prix équivalent de l'immeuble.

Cette façon de faire, qui est commune dans l'évaluation des entreprises qui utilisent une multitude de sources de financement extérieures, est encore relativement peu commune pour l'évaluation immobilière. La tradition veut plutôt que l'on calcule le flux de cash-flows avant paiement au créancier et qu'on l'actualise à un taux reposant sur le *coût moyen pondéré du capital* (CMPC, en anglais WACC, pour *weighted average cost of capital*). Le CMPC est la moyenne pondérée du coût des fonds étrangers et du taux de rendement visé sur les fonds propres, les coefficients de pondération correspondant aux parts respectives des fonds étrangers et des fonds propres (voir annexe 2).

Pour les fonds étrangers, la référence est évidemment le marché hypothécaire. La technique paraît judicieuse car elle utilise les informations disponibles sur les taux d'intérêt. Ici aussi, le taux d'intérêt de référence devrait être celui d'un emprunt de même durée que le calcul d'actualisation. Avec cette technique, nul besoin d'ajouter une prime au taux d'intérêt. Reste la difficulté de déterminer le taux de rendement requis sur les fonds propres; cependant les conséquences de ce choix semblent diluées par le fait que le coût des fonds propres ne représente qu'une partie du CMPC, donc du taux d'actualisation.

Notons que l'approche du CMPC est théoriquement incohérente. En effet, pour calculer le CMPC il faut connaître la part de chaque source de financement au prix payé, alors qu'on utilise justement le CMPC pour déterminer le prix. Dans la pratique, on fixe généralement le taux d'endettement, par exemple à 60%, puis on calcule le CMPC en additionnant 60% du taux d'intérêt hypothécaire à 40% du taux de rendement requis sur les fonds propres. Enfin on utilise le taux d'actualisation qui en résulte pour calculer la valeur actuelle des cash-flows (avant intérêts et amortissements). Cela suppose que le créancier est prêt à contribuer pour 60% du prix quel que soit le résultat de ce calcul. Cela suppose surtout que le créancier acceptera de moduler la dette tout au long de la durée d'investissement pour qu'elle représente toujours 60% de la valeur du bien. Ainsi par exemple, lorsque les cash-flows croissent à un taux constant de 1%, la valeur actuelle des cash-flows futurs croît de 1% par année, donc la dette doit être augmentée de 1% chaque année. Si ce n'est pas le cas et surtout si l'investisseur amortit la dette, la part des fonds propres croît et le CMPC change chaque année!

L'approche par les équivalents certains

Les primes de risque sont des primes d'assurance excessives

Face au désordre des primes de risque et du coût moyen du capital, une solution intéressante mais trop peu utilisée consiste à traiter les risques à la source, donc au niveau des entrées et sorties de liquidités. Commençons par un exemple. Considérons un placement immobilier dont le cash-flow libre, disons 300, croît au taux constant de 0,5% par an. L'actualisation sur un horizon infini correspond donc à un calcul de capitalisation. Admettons encore que l'on utilise comme taux de capitalisation le taux de rendement des obligations de la Confédération (disons 1,5%), majoré de la prime de risque conventionnelle de 2%. La valeur actuelle des revenus nets est alors égale à 300/(1,5%+2%−0,5%) = 10 000. On obtient la même valeur actuelle si l'on capitalise un cash-flow de 100 non soumis au risque: 100/(1,5%−0,5%) = 10 000. Cela signifie que l'investisseur qui utilise aujourd'hui une prime de risque de 2% pour un placement immobilier est indifférent entre un flux permanent de cash-flows risqués et un flux garanti mais réduit de deux tiers par rapport à la moyenne du flux risqué. En d'autres termes, il devrait accepter une police d'assurance qui lui garantit le cash-flow moyen en échange d'une prime d'assurance de 67%!

Cet exemple montre comment on peut perdre le sens des proportions lorsqu'on traite le risque à travers des primes ajoutées au taux d'actualisation. L'effet de ces primes est particulièrement drastique lorsque le taux d'intérêt sans risque est faible et l'horizon de calcul long. L'exemple montre également que l'investisseur prend un risque lorsqu'il suppose que le taux hors risque sera éternellement bas.

L'actualisation avec primes de risque corrige les cash-flows négatifs dans la fausse direction

Dans le flux de revenus d'un immeuble, il y a régulièrement des années où le cash-flow libre est négatif, typiquement à l'occasion d'investissements de rénovation ou de transformation. Ces cash-flows négatifs sont actualisés comme les autres à un taux d'actualisation d'autant plus important que la prime de risque est grande. Ceci revient à rapprocher tous les cash-flows de zéro, qu'ils soient positifs ou négatifs. Ce qui correspond à de la prudence pour les cash-flows positifs devient de l'imprudence pour les cash-flows négatifs. Ainsi par exemple, il est équivalent en termes de valeur actuelle d'actualiser des travaux de 1000 prévus dans 10 ans au taux risqué de 5% et des travaux de 825 au taux sans risque de 3%. Plus le taux d'actualisation est élevé et moins ces travaux, pour lesquels on craint généralement plutôt un dépassement, ne réduisent la valeur actuelle!

Il vaut mieux évaluer directement la prime d'assurance équivalente

Ces exemples suggèrent une piste pour traiter le risque avec davantage de discernement. On pourrait évaluer la prime d'assurance qu'un investisseur accepterait de payer en échange de la suppression du risque. Les propriétaires le font depuis longtemps avec l'assurance contre les incendies et dangers naturels. On peut aussi s'assurer contre le risque de dépassement dans le coût de travaux à travers des garanties qui ont évidemment leur prix. Enfin, il existe depuis peu la possibilité d'assurer son revenu locatif contre une prime annuelle comprise dans une fourchette de 0,8% à 1,6% de la masse locative. Le propriétaire d'un immeuble résidentiel de qualité moyenne peut donc convertir un revenu locatif incertain en un revenu locatif certain égal à quelque 98,8% du maximum. Ces 98,8% ne correspondent pas à l'espérance mathématique du revenu locatif mais à un peu moins puisque l'assurance touche un profit que le propriétaire accepte de lui céder en échange de la suppression du risque. On qualifie ces 98,8% d'*équivalent certain* du revenu locatif.

Une analyse des risques même sommaire permet de remplacer chaque entrée ou sortie de liquidités prévue dans le calcul d'actualisation par son équivalent certain. Toutes les entrées seront donc réduites par rapport à leur valeur moyenne et toutes les sorties seront majorées. En contrepartie, le flux de cash-flows libres résultant pourra être actualisé au taux de rendement hors risque.

Cette technique permet de mieux apprécier et donc de mieux différencier les risques. Lorsqu'un expert dit: «au vu des risques, je considère qu'il est équivalent de recevoir le revenu brut aléatoire et de recevoir un revenu brut garanti correspondant à 80% de l'état locatif», son propos est beaucoup plus clair et donc plus facilement appréciable que s'il dit: «au vu des risques, j'actualise le revenu brut espéré à 6% plutôt qu'à 5%, le taux hors risque» (voir le cas pratique en annexe 3). Dans le deuxième cas, l'expert ne crée que l'illusion de la science. Dans le premier cas, il peut même justifier raisonnablement une différenciation du risque dans le temps et dire par exemple que le revenu sûr équivalent au revenu risqué est de 90% de l'état locatif la première année, mais seulement de 70% la vingtième année. Essayez d'en faire de même avec des primes de risque!

4.5.5 Le taux de capitalisation

En cas d'application de la méthode par capitalisation, une hypothèse doit forcément être faite quant à l'évolution des cash-flows libres, ne serait-ce qu'implicitement. Si l'on peut supposer qu'ils évoluent à un taux constant, le taux de capitalisation correct est égal à la différence entre le taux de rendement visé et le taux de croissance anticipé des cash-flows.

Le taux de rendement visé est le même que le taux appliqué pour l'actualisation, sauf évidemment si ce dernier varie d'une année à l'autre. Dans ce dernier cas, il faut utiliser un taux moyen sur le très long terme. Heureusement, la courbe des taux d'intérêt selon l'échéance s'aplatit après une vingtaine d'années. Ainsi, le taux d'intérêt spot sur les obligations de la Confédération était, en septembre 2011, de 1,37% à 20 ans et de 1,51% à 30 ans (fig. 4.4).

Quant au taux de croissance anticipé des cash-flows, il devrait correspondre au taux de croissance moyen qui résulterait de la méthode par les revenus. Mais cela ne dit pas comment le déterminer. Compte tenu de la dégradation des constructions et, en Suisse, du système de protection des locataires, on peut supposer que les cash-flows augmentent un peu moins vite que l'indice des loyers.

Si les charges d'exploitation représentent 25% du revenu brut et suivent l'inflation, le Code des obligations (CO) permet d'augmenter régulièrement les loyers de 65% de l'inflation (25% pour l'augmentation des charges et 40% pour le maintien du pouvoir d'achat du capital exposé au risque). Le CO permet également d'augmenter les loyers en cas de travaux importants (dits «à plus-value»). Les revenus locatifs peuvent ainsi rejoindre périodiquement l'indice des loyers.

Dans la pratique, rares sont les propriétaires qui évoquent le CO chaque année pour augmenter les loyers. Ils profitent plutôt des changements de locataires et des travaux. Le résultat est assez semblable. La tendance de la hausse est plus plate que l'indice des loyers mais il y a des phénomènes ponctuels de rattrapage (voir fig. 4.5). A l'infini, il n'est pas crédible de prévoir un taux de croissance des revenus locatifs inférieur à l'indice des loyers car l'écart se creuserait de façon exponentielle. Pour tenir compte du fait que l'on est souvent en dessous de l'indice, il est préférable de prévoir une décote sur le revenu locatif initial, tout en indexant à l'évolution prévisible des loyers.

Comme pour l'actualisation, le taux de rendement visé et le taux de croissance anticipé des entrées et sorties de liquidités doivent être cohérents dans le calcul de capitalisation. On ne peut pas viser un rendement (nominal) de 4% et anticiper une croissance des cash-flows de 4%. D'ailleurs, dans ce cas, leur valeur actuelle est infinie.

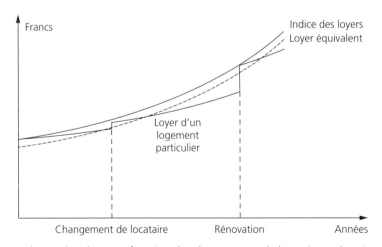

Fig. 4.5 Evolution d'un loyer en fonction des changements de locataire et des rénovations.

Dans la pratique, le taux de capitalisation est presque toujours présenté comme étant le taux de rendement visé. Ceci suggère que le revenu net anticipé est en moyenne constant, ce qui est peu réaliste, ou alors que le taux de rendement visé (et donc la prime de risque) est implicitement plus élevé, d'un montant équivalent au taux de croissance implicite du revenu net.

4.6 Et si la croissance était linéaire?

La capitalisation des cash-flows libres suppose généralement qu'ils croissent à un taux constant. En réalité, cette hypothèse est irréaliste et inutile. Elle est irréaliste parce que l'économie ne croît pas à un taux constant. Les indicateurs pertinents pour l'immobilier comme les revenus et les prix évoluent tous autour d'une ligne droite, ce qui implique un taux de croissance de plus en plus faible, plutôt qu'une tendance exponentielle qui correspondrait à un taux de croissance constant (fig. 4.6). La différence n'est pas si importante sur un horizon court, mais la capitalisation revient justement à adopter un horizon très long (infini), et sur un tel horizon, la différence des prévisions entre la tendance linéaire et la tendance exponentielle est très significative (fig. 4.7).

Pour illustrer, comparons ce qui se passe si l'on suppose que les cash-flows croissent à un taux constant égal au taux de croissance moyen du revenu par tête depuis 1948, soit 2,68%, ou si l'on retient plutôt la tendance linéaire,

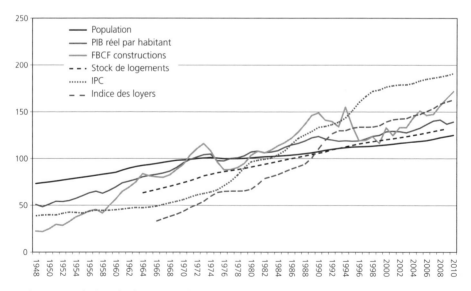

Fig. 4.6 Evolution de diverses séries macroéconomiques pertinentes pour l'immobilier (valeur moyenne = 100).

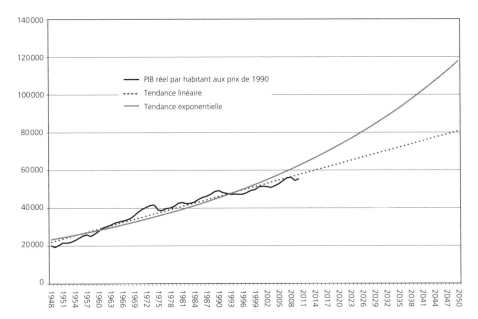

Fig. 4.7 Evolution du revenu par habitant et tendances exponentielle et linéaire.

qui n'implique plus qu'une croissance de 1,65% en 2008 puis de moins en moins (fig. 4.7). Utilisons un taux d'actualisation de 5%. Dans le cas de la croissance exponentielle, la valeur capitalisée des cash-flows en 2009 est égale à 43 fois le cash-flow de 2009. Les cash-flows de 2019 et années suivantes contribuent pour 80% de cette valeur capitalisée et il faut attendre jusqu'à 2040 pour avoir encaissé les cash-flows qui justifient la moitié du prix. Dans le cas de la croissance linéaire, la valeur capitalisée des cash-flows en 2009 est égale à 27 fois le cash-flow de 2009. Les cash-flows de 2019 et années suivantes contribuent pour 69% de cette valeur capitalisée et il suffit d'attendre 2027 pour avoir encaissé les cash-flows qui justifient la moitié du prix.

Clairement, la capitalisation reposant sur l'hypothèse d'une croissance linéaire est beaucoup plus prudente que l'approche usuelle qui suppose une croissance exponentielle. Cette dernière a d'ailleurs des traits spéculatifs, puisque le rendement direct (cash-flow rapporté au prix) ne représente que 2,32% en 2009 contre 2,68% de plus-value pour arriver aux 5% visés. Au contraire, le rendement direct représente 3,76% dans l'hypothèse de la croissance linéaire, complétés par 1,24% de plus-value.

En introduction, nous avons écrit que l'hypothèse de la croissance exponentielle n'était pas seulement irréaliste mais aussi inutile. En effet, il est presque aussi simple de calculer une valeur capitalisée des cash-flows sous l'hypothèse d'une croissance linéaire. La formule se trouve dans l'annexe 2.

4.7 En résumé

Le prix d'un immeuble équivalent à un autre placement correspond à la valeur actuelle la plus élevée des cash-flows futurs. Mais cette valeur peut varier substantiellement selon les hypothèses faites quant aux cash-flows et en matière de rendement visé. Le fait que de nombreuses hypothèses sont possibles ne signifie pas que les méthodes par les revenus sont arbitraires mais qu'il existe effectivement beaucoup de façons d'exploiter un immeuble et beaucoup de placements alternatifs. Le fait qu'elles permettent de comparer ces alternatives fait d'ailleurs tout l'intérêt de cette famille de méthodes, clairement la plus puissante pour guider la gestion immobilière.

L'aide de l'expert peut être fort utile pour déterminer un prix équivalent par les revenus. Il peut fournir des méthodes, suggérer ou affiner des scénarios, servir de guide pour la prévision des flux et la fixation du taux d'actualisation ou de capitalisation, estimer au besoin des coûts de rénovation ou de transformation et assurer la cohérence de l'ensemble des calculs. Tout ce dont le client a besoin pour prendre la décision la plus en adéquation avec ses préférences, besoins, envies, contraintes et exigences personnelles.

Le prix équivalent obtenu par les revenus devient un prix acceptable si l'acteur n'envisage pas d'acheter ou de construire un autre immeuble ou si l'alternative qui sous-tend le calcul par les revenus est la plus attractive.

Chapitre 5

LE COÛT DE PRODUCTION D'UN IMMEUBLE SEMBLABLE

Supposons que vous découvrez chez un antiquaire de belles chaises en bois pour un prix qui vous paraît élevé. Vous faites des photos et vous vous rendez chez un ébéniste pour lui demander le coût du bois et des autres matériaux, celui du travail et de la location des machines nécessaires pour fabriquer les mêmes chaises. Si la somme de ces coûts est inférieure au prix demandé par l'antiquaire, vous faites fabriquer les chaises par l'ébéniste en lui payant tous ses coûts. Ce dernier va-t-il accepter? Peut-être mais ce n'est pas sûr. Il acceptera s'il n'a pas d'autre choix ou s'il n'a pas du tout la fibre de l'entrepreneur, sinon il préférera fabriquer des chaises pour son magasin et en fixer librement le prix. En effet, ce que vous aurez oublié en faisant ce calcul, c'est que le prix d'un bien n'est pas la même chose que son coût de fabrication. La différence entre les deux, c'est la marge de l'entrepreneur, que le client accepte de payer pour bénéficier immédiatement d'un produit fini. Vous aurez aussi oublié qu'une chaise neuve n'est pas la même chose qu'une chaise ancienne.

Si cette histoire de chaises paraît un peu absurde, un tel calcul sert pourtant couramment de référence pour l'estimation de biens immobiliers. C'est une **méthode par les coûts** (*cost-based approach* ou *depreciated cost method* pour les anglophones), que l'on appelle souvent *valeur intrinsèque* ou *valeur réelle*.

De quoi se compose le coût?
Dans le domaine de l'immobilier, l'entrepreneur est le promoteur qui achète un terrain, y réalise un ouvrage et revend l'ensemble. Le prix de vente est fait de trois éléments: le prix du terrain, le prix de revient de construction de l'ouvrage et la marge du promoteur. L'ouvrage est habituellement un bâtiment, souvent complété par des aménagements extérieurs. Le prix de revient de construction de l'ouvrage comprend tous les coûts couverts par le promoteur à part l'acquisition du terrain. Nous l'appellerons dorénavant simplement

prix de l'ouvrage. Lorsqu'un investisseur ou un usager organise directement la construction sans passer par un promoteur, l'équivalent de la marge du promoteur, c'est le temps et le travail consacrés au projet par cet investisseur ou usager additionnés des risques qu'il a assumés. Pour désigner ces deux cas de figures, nous parlerons dorénavant de *marge de promotion*.

L'expert peut assez facilement estimer le prix de l'ouvrage. Il existe des bases de données pour le prix de construction d'un bâtiment et ce prix est relativement stable et uniforme pour un type de bâtiment à une date donnée, la concurrence fonctionnant assez bien sur le marché de la construction. L'expert a beaucoup plus de peine à estimer le prix du terrain puisque chaque parcelle est un marché particulier. Quant à la marge de promotion, il l'ignore généralement, attribuant toute la différence entre le prix d'un l'immeuble et le prix de l'ouvrage au terrain. C'est aussi pourquoi l'estimation du prix du terrain est si délicate.

Il est exact que le propriétaire foncier et le promoteur se partagent, selon leur habileté et les rapports de force, la différence entre le prix de l'immeuble et le prix de l'ouvrage. Cette différence est d'autant plus importante que le marché immobilier est demandeur de surfaces, que l'offre de services de construction est abondante et que l'immeuble est bien situé. En général elle n'est pas entièrement accaparée par le propriétaire foncier, donc si on ignore la marge de promotion, on risque de sous-estimer le prix immobilier de 10 à 20% environ.

Face à la difficulté de passer du coût de l'ouvrage au prix de l'immeuble, pourquoi emprunter ce chemin? Peut-être parce qu'acheter un terrain nu et faire construire est une alternative réelle à l'acquisition d'un immeuble déjà bâti, beaucoup plus que pour d'autres biens comme les chaises antiques. Face à cette alternative réelle, le prix équivalent pour le terrain bâti (immeuble) est le prix probable d'un terrain semblable mais nu additionné du prix d'un ouvrage identique et de la marge de promotion.

L'arbitrage

En réalité, la détermination économiquement correcte du prix équivalent est rarement aussi simple parce que l'achat d'un immeuble et la construction d'un autre ne s'inscrivent pas sur la même échelle de temps et parce que les immeubles ainsi obtenus ne sont pas identiques. Un usager, par exemple, devrait comparer la valeur d'usage et le coût des deux immeubles sur toute la durée d'usage prévisible et pas seulement les prix de revient (voir fig. 5.1, la valeur d'usage étant comptée comme un revenu implicite égal au loyer qu'il faudrait payer pour un immeuble comparable). S'il achète l'immeuble existant, il devra en payer le prix (c'est l'inconnue de l'équation) puis assumer les charges, en particulier d'entretien, sous déduction du prix de revente prévisible. En contrepartie, il bénéficie de la valeur d'usage dès l'entrée en jouissance contractuelle. S'il achète un terrain pour construire un ouvrage semblable, le coût est constitué des prix du terrain et de l'ouvrage ainsi que

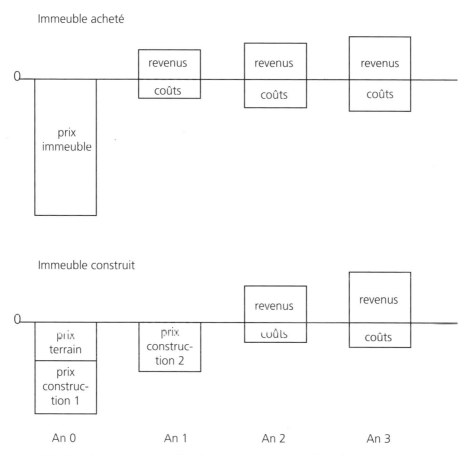

Fig. 5.1 Comparaison des flux financiers pour immeuble acheté et construit.

des charges, sous déduction du prix de revente prévisible. Dans ce deuxième terme de l'alternative, l'usager devra attendre la fin de la construction pour jouir du bien. Dans l'intervalle, il devra assumer le coût d'un autre immeuble pour satisfaire ses besoins, respectivement il ne bénéficiera pas encore de la valeur d'usage ou des revenus locatifs.

La bonne technique pour procéder à l'arbitrage est d'actualiser l'ensemble des valeurs d'usage ou revenus et des coûts puis de les comparer. C'est la même formule que pour la méthode DCF, sauf que les investissements initiaux en travaux sont plus importants que d'ordinaire dans la variante construction.

Il faut ici également poser des hypothèses passablement restrictives pour pouvoir simplifier le calcul, en l'occurrence pour que la comparaison à long terme des valeurs d'usage et des coûts se réduise à une simple comparaison des prix de revient. L'hypothèse qui permet cette simplification est que l'immeuble alternatif obtenu par la construction représente les mêmes valeurs d'usage, les mêmes coûts et le même potentiel de revente que l'immeuble existant. Dans l'exemple de la figure 5.1, cela signifie que les revenus et les coûts sont identiques dès l'an 2. Pour que cette hypothèse soit réaliste, il faut non seulement que l'immeuble dont on estime le prix de construction soit identique à l'immeuble à évaluer, mais en plus que ce dernier soit remis entièrement à neuf.

Simplification supplémentaire, les experts supposent habituellement – et toujours implicitement – que le terrain et la construction sont payés simultanément et au même moment que l'achat de l'immeuble à évaluer. En réalité, les travaux sont payés au fur et à mesure de leur réception, donc il faudrait utiliser la valeur actuelle des factures ramenées à la date de l'achat de l'immeuble à évaluer, faute de quoi on surévalue le coût de l'option construction. Pire encore lorsqu'on ajoute les intérêts intercalaires, à savoir le coût du capital investi dans le terrain et la construction, jusqu'à l'entrée en jouissance (techniquement, cela revient à capitaliser les frais jusqu'à la date de disponibilité de l'immeuble construit).

En résumé, le calcul classique du prix équivalent par les coûts repose sur des hypothèses très fortes, principalement que l'immeuble ainsi construit implique des revenus et des coûts identiques à ceux de l'immeuble à évaluer sur toute la durée de leur vie commune, et que l'avantage de pouvoir payer une partie du prix de revient plus tard dans le cas de la construction est exactement compensé par la nécessité de louer d'autres surfaces ou de renoncer à des revenus locatifs dans l'intervalle.

Les difficultés à surmonter

Interviennent encore d'autres difficultés, plutôt pratiques : le terrain alternatif n'est pas forcément semblable et l'acquéreur envisage rarement de construire exactement le même ouvrage. Il n'a pas forcément besoin d'acheter un terrain de même taille ou avec les mêmes droits à bâtir pour retirer la même satisfaction ou le même revenu que pourrait lui procurer l'immeuble en vente. Si celui-ci comprend un bâtiment de quatre étages alors que le règlement d'urbanisme autorise des bâtiments à six étages, le terrain alternatif est un terrain sur lequel il est possible d'édifier un bâtiment de quatre étages et non pas de six, sauf si le premier terme de l'alternative est d'acheter l'immeuble et de le surélever. Il faut donc être attentif aux caractéristiques du terrain qui sert de référence (sect. 5.1).

Si l'hypothèse d'un terrain semblable n'est pas toujours pertinente, l'hypothèse d'une construction à l'identique l'est rarement. Elle peut être faite si l'ouvrage est neuf, à condition évidemment que ses caractéristiques répondent aux exigences de l'acquéreur. Il suffit dans ce cas d'estimer ce qu'il en coûterait de construire le même ouvrage (§ 5.2.1) après avoir acheté le terrain adéquat.

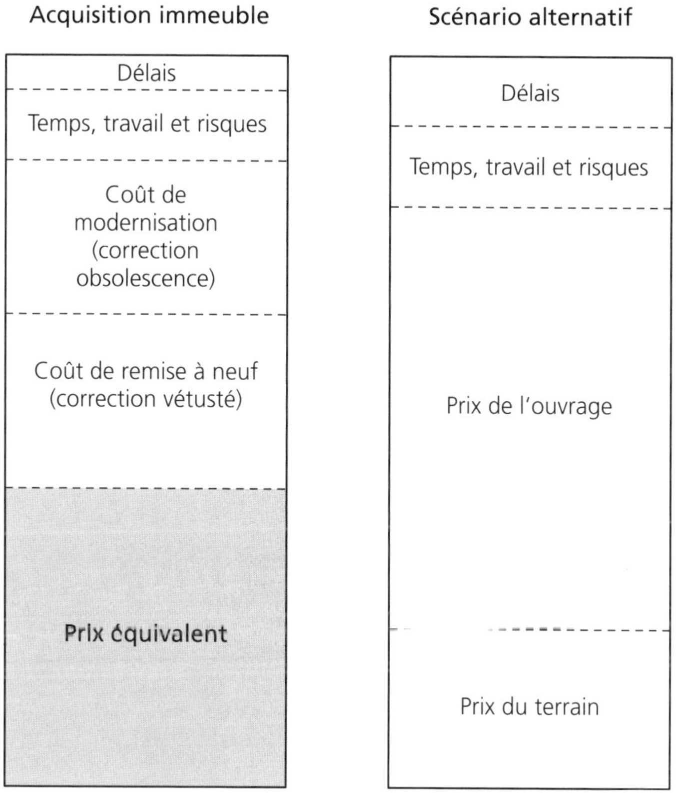

Fig. 5.2 Estimation du prix par les coûts.

L'arbitrage est plus compliqué si l'ouvrage n'est pas neuf. Dans ce cas, le prix de construction doit être ajusté pour tenir compte de la **vétusté** (voir fig. 5.2). Pour que les deux termes de l'alternative soient équivalents, l'acquéreur doit comparer l'acquisition de l'immeuble et la remise à neuf de l'ouvrage, d'une part, avec la construction d'un ouvrage semblable, d'autre part. Il ne serait pas acceptable pour lui de payer plus que la somme du prix probable d'un terrain comparable et du prix d'un ouvrage semblable, diminuée du coût de remise à neuf de l'immeuble en vente. Cet ajustement est d'ailleurs une manière d'évaluer la vétusté (§ 5.2.2).

Par ailleurs, il est fréquent que certaines caractéristiques de l'immeuble en vente ne correspondent pas exactement aux besoins ou aux envies de l'acquéreur. Celui-ci demandera dans ce cas un rabais pour l'ouvrage existant par rapport au prix de l'ouvrage qui serait idéal pour lui. Ce rabais est à calculer par rapport aux besoins particuliers de l'acquéreur (§ 5.2.3).

L'arbitrage doit enfin intégrer le délai et le travail nécessaires pour faire construire ainsi que l'incertitude entourant le processus (appels d'offres notamment) et les procédures (plan d'affectation, permis de construire). L'acheteur est prêt à payer une prime pour l'ouvrage existant – que nous avons appelée la marge de promotion – pour ne pas avoir à assumer le travail et l'incertitude du projet et de la construction. Il est également prêt à payer une prime – correspondant à des revenus explicites ou implicites moins les charges – pour ne pas avoir à attendre la fin des travaux avant de pouvoir jouir de l'ouvrage (ceci est résumé par «délais» dans la fig. 5.2). La fixation du prix équivalent doit donc intégrer ces primes (sect. 5.3).

La méthode en pratique
En Suisse, les experts utilisent habituellement – encore que de façon simplifiée – le Code des frais de la construction (CFC, voir tab. 5.1) pour établir le prix équivalent. Cette grille de lecture du prix de revient d'un immeuble a été élaborée par le Centre suisse pour la rationalisation du bâtiment (CRB) dans les années 1960. Destinée à l'élaboration des appels d'offres aux entreprises, elle est aussi employée pour établir des devis.

Tableau 5.1 Le Code des frais de la construction.

CFC 0	Terrain
CFC 1	Travaux préparatoires
CFC 2	Bâtiment
CFC 3	Equipements d'exploitation
CFC 4	Aménagements extérieurs
CFC 5	Frais secondaires

Le prix du terrain figure au CFC 0, qui comprend également les frais d'acquisition (droits de mutation, honoraires du notaire). Ce que nous avons appelé le prix de l'ouvrage recouvre une partie du CFC 0 (raccordements aux réseaux hors parcelle par exemple) et les CFC 1 à 4, ainsi que le CFC 5 à l'exclusion des intérêts et des prestations du maître d'ouvrage. Il ne faudrait pas compter les intérêts figurant habituellement dans le CFC 0 (intérêts avant le début des travaux) et le CFC 5 (intérêts à partir du début des travaux) mais au contraire actualiser les paiements pour travaux à la date d'achat du bien déjà construit. En revanche, il faudrait ajouter aux coûts des travaux le manque à gagner ou le loyer de remplacement lié au délai d'achèvement. Quant à la marge de promotion, on n'en trouve qu'une partie dans le CFC. La prime pour le travail du promoteur figure sous CFC 5 (prestations du maître d'ouvrage) mais la prime de risque n'y figure pas. Il convient donc de ne pas l'oublier. Cette démarche permet de tenir compte correctement de la temporalité des frais pour les deux variantes. La méthode simplifiée par les coûts additionne simplement tous les CFC et le prix du terrain pour estimer le prix de revient de la reconstruction du même immeuble.

Des méthodes utiles malgré leurs défauts

On voit qu'il n'existe pas qu'une seule méthode d'estimation du prix équivalent par les coûts mais au contraire toute une gamme de méthodes selon le temps et les efforts que l'on peut investir dans l'évaluation. La méthode la plus simple estime ce qu'il coûterait de reconstruire l'immeuble à l'identique, en tenant vaguement compte de sa vétusté. La plus sophistiquée compare les deux alternatives sur la très longue durée en tenant soigneusement compte des différents cash-flows associés à chacune. La plus simple ne se préoccupe pas de vérifier que l'acheteur potentiel a véritablement la possibilité de trouver un terrain comparable et d'y ériger rapidement un immeuble semblable. La plus sophistiquée cherche ce terrain et tient compte de son prix et de sa disponibilité réelle. La plus simple convient pour l'expert-conseil qui doit produire une estimation rapide et à peu de frais du prix équivalent, ainsi qu'à l'expert-évaluateur qui a besoin d'une estimation par les coûts dans le cadre d'une estimation indirecte du prix probable. La plus sophistiquée sera adoptée par l'expert-conseil qui doit réellement aider son mandant à faire le meilleur choix.

En Suisse et jusqu'à récemment, la méthode simplifiée par les coûts était systématiquement employée par les experts même pour estimer directement le prix probable. En tant qu'architectes, ils valorisaient ainsi leurs compétences en matière de coûts de construction. Les défenseurs de cette méthode avancent son caractère plus stable et objectif, surtout en comparaison avec les méthodes par les revenus. Mais la stabilité est toute relative puisque les prix de construction et les prix fonciers varient sensiblement avec la conjoncture. Quant à l'objectivité, elle est sérieusement remise en cause lorsqu'il s'agit d'estimer la vétusté et surtout l'obsolescence.

Aujourd'hui, certains experts ignorent les méthodes par les coûts ou en écartent le résultat lorsqu'ils évaluent un immeuble locatif. Malgré les critiques qui peuvent être adressées à ces méthodes, nous ne saurions les suivre jusqu'à cette extrémité. Compte tenu des imprécisions des autres méthodes, les méthodes par les coûts ne peuvent pas être ignorées, surtout lorsque la construction représente une véritable alternative pour l'acheteur potentiel. L'erreur n'est pas d'employer de telles méthodes, mais de calculer ensuite la moyenne pondérée des prix obtenus par les revenus et par les coûts (chap. 9). Une méthode par les coûts est parfois la seule possible. C'est le cas lorsque l'on ne dispose pas de données permettant d'appliquer les méthodes par les prix ou par les revenus, spécialement pour les immeubles très particuliers et ceux qui ne procurent pas de rendement sous forme monétaire (French and Byrne, 1996).

5.1 Le prix probable du terrain

5.1.1 Le prix du terrain selon les données du marché

Si l'alternative est d'acheter un terrain nu et de construire, la première étape consiste logiquement à estimer le prix probable de ce terrain alternatif. Idéalement, il faudrait chercher sur le marché un terrain de qualités comparables que l'acheteur potentiel pourrait réellement acheter. Il suffit alors de retenir le prix affiché de ce terrain moins une décote possible suite aux négociations. Si on ne trouve pas ce terrain, il faudrait en chercher un dont les qualités sont les plus proches possibles et procéder aux ajustements nécessaires, sur le modèle de ceux qui ont été décrits dans le chapitre 3. A défaut de procéder ainsi, la méthode par les coûts ne se justifie pas car cela reviendrait à admettre que la construction n'est pas une alternative effective pour l'acheteur potentiel.

Dans la pratique, le client ne donne pas toujours les moyens ou le mandat à l'expert-conseil de chercher un autre terrain parce qu'il se contente de l'hypothèse abstraite qu'il pourrait construire au lieu d'acheter. A fortiori dans le cadre d'une estimation indirecte du prix probable, cette alternative est forcément assez générique, il suffit donc de vérifier qu'il existe sur le marché des terrains à bâtir. Dans tous ces cas où une méthode simplifiée est adéquate, on recherche le prix probable du terrain supportant l'immeuble à estimer, sous l'hypothèse que l'acheteur pourrait acheter un terrain comparable à ce prix.

Lorsque les données sont disponibles, les méthodes par les prix sont les plus adéquates. Comme les parcelles sont de tailles très variables, c'est souvent le prix au m^2 qui sert de référence (chap. 7). Le prix probable est ce prix de référence multiplié par la surface du terrain évalué. Mais certaines précautions doivent être prises dans le choix des terrains comparables dont les prix au m^2 servent de référence pour la comparaison.

La satisfaction ou le revenu que peut procurer un terrain bâti dépend évidemment des caractéristiques des constructions et des aménagements, en particulier de leur taille et de leur qualité. Mais si le bâtiment n'occupe pas toute la parcelle, le terrain résiduel peut aussi avoir une certaine utilité en soi, voire une utilité certaine dans le cas par exemple d'une maison individuelle. Un terrain comparable est donc un terrain sur lequel on peut édifier les mêmes constructions, tout en pouvant éventuellement conserver un terrain résiduel de même qualité.

Attention aux règles d'urbanisme!
La possibilité d'édifier les mêmes constructions dépend des règles d'urbanisme. Celles-ci fixent habituellement, par zones, la taille et parfois l'affectation des constructions. La taille admissible est généralement exprimée en termes de densité. Le critère le plus répandu est le coefficient ou indice d'utilisation du sol, soit le rapport entre la surface de plancher constructible

et la surface du terrain. Cela peut aussi être le gabarit (à Genève) ou le nombre d'étages (à Bâle).

Prenons d'abord le cas le plus simple où les constructions couvrent la totalité du terrain. Si les valeurs de référence pour ce dernier sont des prix au m^2, les terrains alternatifs devraient avoir le même potentiel constructible en terme de densité car ce sont les m^2 de plancher qui intéressent les acteurs. Mais cette règle n'est pas toujours valable lorsque les constructions n'épuisent pas le potentiel constructible. Songez à un immeuble urbain de quatre étages que le règlement d'urbanisme autorise à surélever de deux étages. Si l'acquéreur prévoit de procéder à cette surélévation, l'alternative est d'acquérir un terrain ayant une densité maximale de six. Les prix de référence au m^2 doivent donc être tirés de transactions portant sur des terrains ayant une densité potentielle de six et non de quatre. Si l'acquéreur n'envisage pas de surélever le bâtiment, il peut considérer des terrains alternatifs ayant une densité de quatre. Mais les deux termes de l'alternative ne sont plus tout à fait équivalents car, à moyen ou long terme, le bâtiment existant peut être démoli et remplacé par un bâtiment plus grand, ce qui n'est pas le cas pour les terrains alternatifs. La simple comparaison des prix de revient atteint ici ses limites, l'actualisation étant plus adéquate pour prendre le futur en considération.

Comment estimer un terrain résiduel?

Prenons ensuite le cas où les constructions existantes épuisent le potentiel constructible de la parcelle mais où il reste un terrain résiduel utile. Supposez que notre bâtiment urbain de quatre étages ne couvre que la moitié du terrain, qu'il ne peut pas être agrandi et que le solde du terrain est utilisé comme parking. Les terrains alternatifs ont alors une densité maximale de deux, mais ils doivent permettre de conserver le même terrain résiduel utile (puisque celui-ci est rentabilisé). Difficile dans ces conditions de trouver des prix de référence. L'obstacle peut toutefois être contourné en évaluant séparément l'assiette du bâtiment et le terrain résiduel. Pour l'assiette du bâtiment, les terrains de référence ont une densité potentielle de quatre. Pour le solde, le prix au m^2 est celui payé pour des terrains urbains ne pouvant pas être mieux exploités que par la location de places de parking.

La problématique peut encore se corser lorsqu'il reste simultanément un certain potentiel constructible et un terrain résiduel utile. Reprenons le dernier exemple en supposant cette fois que la densité maximale de l'immeuble évalué est de quatre. Si l'acquéreur envisage d'agrandir le bâtiment sur le terrain résiduel pour atteindre la densité maximale, les terrains de référence ont une densité potentielle de quatre sans possibilité de conserver un terrain résiduel. Mais s'il envisage d'atteindre le potentiel par surélévation du bâtiment, la densité potentielle des terrains de référence doit pouvoir être atteinte tout en laissant le même terrain résiduel. Par combinaison des divers facteurs, la palette des configurations possibles est infinie.

L'expert-conseil doit également être attentif aux objectifs de l'acquéreur qu'il conseille. Songez par exemple à une maison individuelle située dans une zone où peuvent être édifiés des bâtiments à plusieurs logements, cas relativement fréquent. L'acheteur typique s'intéresse à la maison existante. Son terrain alternatif est situé dans une zone destinée aux maisons individuelles. Mais un acheteur pourrait aussi envisager de détruire la maison afin d'utiliser pleinement le potentiel constructible. Son terrain alternatif dispose alors des mêmes droits à bâtir que l'immeuble en vente (on s'approche ici de l'évaluation d'un terrain nu). Quant à l'expert-évaluateur qui cherche à estimer indirectement le prix probable, il doit faire les deux hypothèses car les deux types d'acheteurs sont en concurrence et retenir celle qui donne le prix équivalent le plus élevé pour l'immeuble évalué.

5.1.2 Le prix du terrain par déduction

La difficulté à obtenir des prix de référence pertinents pour le terrain a incité les experts à chercher d'autres méthodes. Une alternative fréquemment employée en Suisse repose sur le lien existant entre le prix d'un terrain et la qualité de sa localisation, d'où le terme de *classe de centralité* utilisé pour la désigner (Naegeli et Wenger, 1997).

Cette méthode est un drôle de mélange entre une valeur de rendement estimée sur la base des rapports revenu/prix observés sur le marché (donc une méthode par les prix) et une valeur intrinsèque (donc une méthode par les coûts). Le manque de rigueur scientifique du raisonnement devrait nous inciter à l'ignorer. Elle permet toutefois d'estimer sommairement et approximativement le prix probable d'un terrain équivalent en l'absence de données du marché, ou d'affiner l'estimation si ces données ne donnent qu'un intervalle relativement large pour le prix probable. Surtout, elle ne peut pas être ignorée par l'expert qui estime le prix probable en reproduisant le raisonnement des acteurs, puisque de nombreux acteurs s'y réfèrent. Elle sera donc présentée en détail au chapitre 8.

Dans l'immédiat, il suffit de savoir que le rapport entre la valeur du terrain et la valeur du bâtiment dépend de la qualité de la localisation, de mesurer celle-ci avec les critères fournis par Naegeli et d'estimer la valeur intrinsèque du bâtiment pour en déduire la valeur du terrain. Par exemple, si la localisation est moyenne (note 4), la valeur du terrain correspond au tiers de la valeur du bâtiment.

Il faut aussi savoir que la formule ne fonctionne pas pour certains types de biens, notamment les maisons individuelles, et qu'elle conduit dans certains cas à sous-estimer le prix probable d'un terrain semblable, notamment lorsque le bâtiment est vétuste.

Une autre alternative est d'estimer un prix équivalent avec la méthode dite de la «charge foncière», une méthode par les revenus bien connue des promoteurs. Si je peux vendre un m² de bureau pour 10 000, si sa construction coûte 6 000 et si je vise une marge de promotion de 25%, alors je peux consacrer 2 000 à l'achat du terrain. Le prix acceptable par m² de terrain est donc égal à cette charge foncière acceptable de 2 000 multipliée par la densité. La méthode peut s'appliquer à tout type de biens et elle est souvent moins approximative que la recette de Naegeli.

5.2 Le prix de l'ouvrage
5.2.1 Le prix de revient de construction

Il existe diverses méthodes pour estimer le prix de revient de construction d'un ouvrage. Là encore, le choix est tributaire des moyens mis à disposition par le mandant. Une estimation détaillée du prix de revient est longue et donc onéreuse. Les acteurs et les experts privilégient par conséquent des méthodes simplifiées.

Avant de présenter ces méthodes, il sied de délimiter ce qui doit être estimé et donc de tracer une séparation entre terrain et constructions. La question n'est pas triviale et la réponse doit être cohérente avec le choix des terrains «nus» qui servent de référence pour le prix probable du terrain alternatif. Qu'est-ce qu'un terrain nu? Dans le cadre d'un arbitrage entre achat et construction, il semble logique que le terrain alternatif soit équipé (viabilisé), c'est-à-dire que les réseaux (route, eau et égouts, électricité, voire gaz et téléphone) arrivent en limite de parcelle. Si ce n'est pas le cas, les coûts correspondants doivent être devisés (CFC 0, voir tab. 5.1). Il reste ensuite à estimer tous les travaux qui doivent être réalisés à l'intérieur de la parcelle. Dans la méthode plus sophistiquée où l'on recherche réellement des terrains alternatifs, on tient évidemment compte de l'état effectif de ces terrains.

Les travaux préparatoires (CFC 1) recouvrent d'éventuels défrichements ou démolitions, adaptations du terrain ou fondations spéciales. La nécessité de prendre ce poste en considération dans le prix de l'ouvrage dépend encore des terrains servant de référence pour les prix au m². Pour les méthodes simples, on suppose que le terrain alternatif est prêt à bâtir, sans travaux préparatoires.

Avant de continuer, il convient encore de préciser que, si l'ouvrage a un certain âge, l'alternative n'est pas de construire exactement avec les mêmes matériaux et les mêmes techniques. L'essentiel est que l'ouvrage virtuel dont on estime le prix réponde aux mêmes besoins en termes d'usage.

Le CFC 2 englobe tous les coûts de construction du bâtiment. Les experts l'estiment presque toujours de façon globale, sur la base du volume du bâtiment calculé avec la norme SIA 116 (SIA = Société suisse des ingénieurs et architectes). Il ne s'agit pas du volume réel, mais d'un volume théorique tenant compte de certaines caractéristiques et particularités du bâtiment, de sorte que le prix par m³ soit identique pour des bâtiments différents et qu'il soit ainsi plus facile d'obtenir des valeurs de référence. Par exemple, le volume d'un bâtiment à toiture plate est délimité un mètre au-dessus du toit. Sinon, son prix au m^3 serait plus élevé que celui d'un bâtiment avec une toiture traditionnelle à deux pans et ne pourrait donc pas lui servir de référence. La norme ne tient pas compte de toutes les caractéristiques, mais elle permet d'avoir des prix de référence par catégories de bâtiments, par exemple les bâtiments à plusieurs logements, les bâtiments administratifs ou les maisons individuelles.

La norme SIA 116, remplacée par la norme SIA 416, a été supprimée le 1er octobre 2003, vraisemblablement dans le but de privilégier les estimations par unité de surface, comme cela se pratique dans plusieurs autres pays. On peut regretter que la norme disparaisse avant que des bases de données de référence pour les prix au m^2 ne soient établies et publiées, mais c'était peut-être le prix à payer pour que le changement se fasse rapidement.

Comment estimer plus précisément le prix du bâtiment?
Le CFC est peu adéquat pour établir une estimation moins sommaire que le prix au m^3 ou au m^2. Il est désagrégé d'abord par corps de métier puis par types de travaux (dans l'optique des appels d'offres) et il n'est pas conçu pour fonctionner avec des unités de mesure standardisées à un niveau relativement agrégé (CFC à deux ou trois chiffres). Difficile dans ces conditions d'avoir des prix de référence sans un descriptif relativement détaillé des travaux, surtout pour ceux de l'entreprise de maçonnerie (gros œuvre).

Celui qui cherche un degré de précision intermédiaire entre une estimation globale au m^3 ou au m^2 et un devis détaillé peut recourir au Code des frais par éléments (CFE, voir tab. 5.2). Datant des années 1990, celui-ci est conçu dans l'optique d'un devis, avec des unités de mesure standard à tous les niveaux de désagrégation. Les différentes rubriques de la grille de lecture se réfèrent à des éléments du bâtiment. On peut ainsi avoir des prix de référence pour des mètres linéaires de pilier ou des m^2 de façade par exemple.

Tableau 5.2 Le Code des frais par éléments (extrait).

E	**Gros œuvre**
E0	Dalles, escaliers, balcons
E1	Toitures
E2	Piliers
E3	Parois extérieures des sous-sols
E4	Parois extérieures hors-sol
E5	Fenêtres et portes extérieures
E5	Parois intérieures

Les maîtres d'ouvrage n'ont jamais vraiment réussi à imposer le CFE aux architectes, le CRB (voir p. 88) n'a produit qu'une base de données embryonnaire, qui n'est plus alimentée depuis longtemps, et les mandataires qui travaillent avec le CFE n'ont évidemment aucun intérêt à publier gracieusement la leur. La difficulté pour l'expert lambda consiste dès lors à dénicher des prix de référence. Le mandant doit généralement recourir à un spécialiste s'il désire une estimation du bâtiment plus précise qu'un prix au m^3.

Les autres composantes du prix de l'ouvrage
Les équipements d'exploitation (CFC 3) ne concernent pas tous les bâtiments. Il s'agit d'équipements spéciaux comme on peut en trouver dans une usine ou dans un hôpital. Ils sont généralement absents dans les bâtiments résidentiels.

Le CFC 4 comprend tous les aménagements à l'extérieur du ou des bâtiments: chemins, murs, piscine, plantations, etc. Ils sont souvent estimés grossièrement en francs par m^2.

Les frais secondaires (CFC 5) sont hétéroclites. Ils comprennent de véritables coûts, comme les frais de reproduction liés au travail des mandataires, mais également des frais que nous traitons séparément dans le cadre de la marge du promotion (sect. 5.3 ci-dessous), à savoir les honoraires pour les prestations du maître d'ouvrage (ou du promoteur) ainsi qu'une partie des intérêts intercalaires.

Les intérêts intercalaires comprennent les intérêts sur les fonds propres investis par le maître d'ouvrage (ou le promoteur) et les intérêts versés à la banque si ce dernier contracte un crédit de construction. Calculés habituellement à un taux supérieur au taux hors risque, les intérêts sur fonds propres comprennent une prime de risque que nous traitons au paragraphe 5.3.1.

Les frais secondaires sont trop souvent omis dans les expertises. Pourtant, ils atteignent facilement 10% à 15% du montant du CFC 2. Les prix au m^3 du CFC 2 sont parfois ajustés pour en tenir compte, mais rarement de façon explicite.

Récemment, le CRB a élaboré un nouveau Code des coûts de construction, le eCCC, sorte de synthèse entre le CFC et le CFE, qu'il est censé remplacer. A un niveau agrégé, le eCCC est orienté éléments et donc devis. A un niveau plus fin de désagrégation, il fait le lien avec le CFC, puis avec le catalogue des articles normalisés (CAN), permettant de «transformer» le devis en appels d'offres destinés aux entreprises. Il est également orienté Europe puisqu'il fait aussi le lien avec le Code de planification financière de la construction du Comité européen des économistes de la construction. Reste aux acteurs et aux experts à établir des bases de données, afin que ce nouvel outil ne disparaisse pas, comme le CFE, sans avoir réussi à s'imposer.

5.2.2 La vétusté

Dans une optique d'arbitrage, la façon la moins arbitraire de fixer un prix équivalent est de comparer deux options équivalentes. Si l'ouvrage n'est pas neuf, les deux options équivalentes sont d'acheter l'immeuble en vente et de remettre à neuf l'ouvrage, d'une part, et d'acheter un terrain puis de construire, d'autre part. Le prix équivalent pour l'immeuble en vente est égal à la somme des prix probables d'un terrain et d'un ouvrage comparables, diminuée du prix probable de remise à neuf de l'ouvrage en vente. Le résultat correspond à la traditionnelle valeur intrinsèque si la déduction pour vétusté est définie comme étant le prix de remise à neuf.

Comment estimer le prix de remise à neuf?
A l'instar du prix de l'ouvrage, le prix de remise à neuf peut être estimé par différentes méthodes. Toutes nécessitent un diagnostic préalable de l'état des constructions, puis l'établissement d'un descriptif des remèdes – les travaux de remise à neuf – pour enfin pouvoir estimer leur prix. Cela paraît évident, mais le diagnostic est souvent très superficiel dans la pratique – un peu comme si un médecin prescrivait une ordonnance sans un diagnostic sérieux de l'état du patient – et le descriptif des travaux est lui-même souvent très succinct voire inexistant.

Certains architectes chevronnés se risquent à donner directement un prix au m^3 pour la remise à neuf, après une analyse sommaire de l'état des constructions. L'exercice est plus difficile que pour le prix de revient des bâtiments car les valeurs de référence tirées de l'observation des rénovations réalisées sur d'autres immeubles doivent être ajustées pour tenir compte des différences de vétusté par rapport à l'immeuble en vente. A notre connaissance, aucune méthode permettant d'attribuer directement un degré (synthétique) de vétusté à un bâtiment et de lui associer un prix de remise à neuf au m^3 n'a été développée jusqu'à présent. Les professionnels qui procèdent de la sorte effectuent les ajustements «au pif», comme on dit dans le jargon professionnel, c'est-à-dire sans appliquer de formule mathématique. Ils doivent être très expérimentés pour pouvoir le faire avec une marge d'erreur raisonnable.

On peut utiliser le CFC pour estimer le prix de remise à neuf, mais il faut alors établir un descriptif détaillé des travaux, comme pour une nouvelle construction. Plusieurs méthodes basées sur le raisonnement par éléments ont alors été développées, principalement pour les bâtiments à plusieurs logements. Toutes suivent la même logique, qui consiste à attribuer un degré de dégradation (les échelles comptent quatre ou cinq degrés) à chaque élément (le découpage varie quelque peu selon les méthodes), qui se transforme automatiquement en descriptif de travaux, puis en une estimation de leur prix grâce à des valeurs de référence. En Suisse, on peut citer la méthode BKKS (*Baukostenkennzahlensystem*), élaborée à l'Ecole polytechnique fédérale de Zurich (Meyer-Meierling, 2003), la méthode MER (Méthode d'évaluation rapide des coûts de remise en état), développée avec le soutien de l'Office fédéral du logement (Marco et Haas, 1997), la méthode EPIQR (*Energy Performance Indoor Environment Quality Retrofit*), développée initialement dans le cadre d'un programme d'impulsion de l'Office fédéral des questions conjoncturelles (www.epiqr.ch), ainsi que la méthode DUEGA, basée sur le CFE (www.crb.ch).

A ce stade, deux mises en garde s'avèrent nécessaires au vu des pratiques des experts. L'estimation du prix de remise à neuf doit également comprendre les frais secondaires, qui sont aussi souvent omis que dans l'estimation du prix de construction. Pour les immeubles loués, les options achat + rénovation et construction ne sont équivalentes que si les loyers des locaux rénovés peuvent atteindre les loyers du marché pour une construction neuve, ce qui disqualifie cette méthode lorsque les loyers après rénovation sont fortement limités par la loi (Genève en particulier) et nous renvoie aux méthodes par les revenus.

Et si l'hypothèse d'une remise à neuf n'était pas réaliste?
Plus gênant, l'hypothèse d'une remise à neuf n'est très souvent que virtuelle. Elle l'est d'autant plus que l'ouvrage est peu vétuste car l'acquéreur ne procédera vraisemblablement pas à une remise à neuf à court terme. L'arbitrage n'est alors qu'approximatif. L'acquéreur déduit un certain montant au titre de la vétusté, mais de façon passablement arbitraire. La technique des courbes de vétusté est la plus couramment utilisée par les experts pour fixer ce montant.

Cette technique suppose que le prix probable d'un bâtiment diminue selon une courbe qui peut être décrite par une fonction mathématique. Elle est souvent appliquée de façon globale, mais elle peut également être affinée en découpant le bâtiment par éléments et en appliquant une courbe de vétusté propre à chaque élément. Le choix de la forme de ces courbes préoccupe les experts et occupe les auteurs depuis fort longtemps. Les fonctions suggérées par ces derniers sont très variées (voir par exemple Naegeli et Wenger, 1997, p. 20). La forme la plus simple est une fonction linéaire. Ainsi, les experts considèrent typiquement qu'un bâtiment résidentiel ou administratif en Suisse a une espérance de vie moyenne de l'ordre de 100 ans et appliquent donc un coefficient de vétusté de un point de pour-cent par année. Deux arguments peuvent être avancés pour remettre en cause cette pratique.

Les différents éléments d'une construction n'ont pas la même espérance de vie. En cumulant des courbes de vétusté linéaires, on obtient une courbe de vétusté globale qui est convexe (voir fig. 5.3). Autre argument contre une courbe globale linéaire, applicable par analogie: on dit qu'une voiture ou un appareil électroménager perd 1/3 de sa valeur le lendemain de son achat. Pourquoi n'en serait-il pas de même pour un bâtiment? Pour répondre, il faut comprendre ce phénomène. Il vient simplement du fait que le prix acceptable pour un acheteur est plus faible pour un objet vendu par un autre consommateur que pour un objet vendu par un producteur ou commerçant. Pourquoi? Parce que le fait que le consommateur souhaite le revendre est un indice de mauvaise qualité. D'ailleurs, les vendeurs de seconde main ne

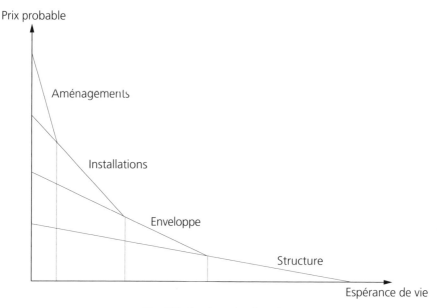

Fig. 5.3 Courbes de vétusté.

manquent jamais de préciser qu'ils vendent par force majeure, pour cause de double emploi, déménagement, etc., dans l'espoir de lever le soupçon de la mauvaise qualité. L'acheteur pourrait (devrait?) aussi se méfier d'un immeuble qui lui est proposé à la vente par un autre usager ou investisseur. Un bâtiment et même un terrain peuvent encore plus receler des défauts non immédiatement visibles qu'une voiture ou un appareil électroménager.

Ici comme ailleurs, l'expert qui estime le prix probable devrait connaître le raisonnement des acheteurs potentiels pour pouvoir deviner leur prix équivalent. L'idéal pour lui serait évidemment que tous les acteurs appliquent les mêmes courbes de vétusté.

Quant à l'expert qui assiste son client pour déterminer un prix équivalent, il devrait délaisser les courbes de vétusté au profit d'un calcul par actualisation. C'est une bien meilleure technique pour comparer des charges d'entretien futures qui auront des profils différents, par exemple une rénovation dans dix ans pour l'immeuble à vendre et dans trente ans pour l'ouvrage à construire. Evidemment, c'est plus compliqué et donc plus cher…

5.2.3 L'obsolescence

L'obsolescence est un autre des mystères de l'évaluation immobilière. La littérature précise souvent qu'il faut en tenir compte, mais n'indique pas réellement de quelle façon.

On parle habituellement d'obsolescence lorsque certaines caractéristiques d'un ouvrage ne répondent plus à la demande du marché. L'absence de réseau câblé dans un bâtiment administratif ou des surfaces de pièces très inférieures à la moyenne dans un bâtiment résidentiel sont deux exemples fréquemment cités. Ces exemples permettent d'esquisser certaines limites de la notion d'obsolescence. Celles-ci se situent au niveau de l'appréciation de la demande sur le marché, mais également dans les possibilités de transformation de l'ouvrage existant pour répondre à cette demande.

L'obsolescence – encore une notion très subjective ! – dépend des besoins des usagers, qui ne sont pas uniformes. Certains acquéreurs potentiels n'exigent pas de réseau câblé ou se contentent de petites pièces. Lorsqu'il estime le prix équivalent pour un acheteur particulier, l'expert doit partir du prix de revient du bâtiment neuf idéal que se ferait construire son client s'il n'achetait par l'immeuble en question (colonne de droite dans la fig. 5.2). En revanche, lorsqu'il estime indirectement le prix probable, la référence est un bâtiment neuf moderne remplissant les fonctions recherchées par la plupart des usagers (chap. 8).

Conformément à la logique d'arbitrage qui sous-tend l'estimation par les coûts, le montant de la déduction pour obsolescence est le coût des travaux de transformation permettant d'offrir les fonctionnalités exigées par son client. Cette déduction dépend donc aussi des possibilités d'adaptation de l'ouvrage. S'il peut être transformé facilement, la déduction sera faible. S'il ne peut pas être transformé, il ne vaut rien pour un client qui ne peut pas l'utiliser en l'état !

L'installation d'un réseau câblé nécessite certaines adaptations de l'ouvrage existant (percements, création de gaines, etc.). Le coût de ces adaptations est vraisemblablement plus élevé que le supplément de coût d'un ouvrage neuf conçu pour accueillir un réseau câblé par rapport à un ouvrage neuf qui ne l'est pas. Par conséquent, le montant à retenir pour le bâtiment dans l'estimation d'un prix équivalent tenant compte de l'obsolescence est plus bas que le prix (vétusté déduite) d'un ouvrage non conçu pour accueillir un tel réseau. Mais si le client n'en a pas besoin, c'est ce dernier prix qui doit être retenu par l'expert pour estimer son prix équivalent.

Un raisonnement similaire peut être tenu pour la taille des pièces d'un logement. Si la typologie du logement permet d'envisager une transformation augmentant la surface des pièces en réduisant leur nombre, il intéresse aussi un acheteur qui demande de grandes pièces. Pour un tel client, l'expert peut estimer le prix équivalent en déduisant les frais de transformation du prix de revient à neuf d'un logement doté de grandes pièces. Mais si le client se contente de petites pièces, simplement parce qu'il n'a pas les moyens financiers de vivre plus à l'aise, son prix équivalent doit être estimé à partir du prix de revient d'un logement avec de petites pièces, sans déduction pour obsolescence mais seulement pour la vétusté. Son prix équivalent sera plus élevé car il coûte plus cher de démolir des cloisons que de ne pas en construire.

L'état de vétusté de l'ouvrage conduit également à relativiser la notion d'obsolescence. Si un élément existant est vétuste et doit être remplacé, son éventuelle obsolescence peut ne pas avoir d'incidence sur le prix équivalent. Songez à des fenêtres qui doivent être remplacées car vétustes et qui ont un coefficient thermique inférieur au standard actuel. La prise en compte de cette obsolescence ne modifie par le prix équivalent si le supplément de coût sur la construction d'un ouvrage semblable mais avec des fenêtres plus performantes correspond au supplément de coût pour le remplacement des fenêtres existantes (voir fig. 8.1). En revanche, si les fenêtres sont obsolètes car trop petites, le surcoût de transformation sera certainement plus important que le surcoût de construction et le prix équivalent est par conséquent plus bas qu'en l'absence d'obsolescence.

On peut pratiquement toujours justifier la prise en compte d'une obsolescence lorsqu'on estime le prix équivalent pour un acheteur particulier parce que l'immeuble ne correspond jamais exactement à son idéal. En revanche, il faudra montrer beaucoup plus de retenue dans le cas de l'estimation du prix probable.

5.3 Autres éléments à prendre en compte

Nous l'avons vu en introduction de ce chapitre, la marge du promoteur n'est pratiquement jamais prise en compte dans l'approche par les coûts. Pourtant, nombre d'acheteurs immobiliers acceptent cette marge pour être déchargés des tâches et risques de l'organisation d'une construction, par exemple pour profiter des compétences d'un spécialiste et de sa capacité à coordonner les intérêts des usagers (pensons à la construction de logements en PPE). D'autres acheteurs immobiliers tiennent cependant à réaliser la construction eux-mêmes afin de disposer de la plus grande liberté d'aménagement. Ils ne sont pas prêts à payer la même marge à un promoteur qui les en priverait. En revanche, de nombreux acteurs sont disposés à payer une prime pour acquérir un bien, en principe immédiatement disponible, plutôt que de supporter le délai de réalisation d'un ouvrage semblable. Enfin, certains acceptent de payer encore une prime pour un ouvrage particulier qui ne pourrait pas être reconstruit aujourd'hui. La présente section reprend ces points.

5.3.1 La disponibilité immédiate

La construction implique un délai non négligeable avant que l'immeuble puisse être mis en exploitation alors qu'une acquisition implique habituellement une disponibilité immédiate. Ce délai est de nature à engendrer des inconvénients pour l'acquéreur potentiel, surtout s'il s'agit d'un usager, et doit donc être pris en compte dans l'arbitrage.

L'acquisition pour usage propre vise à répondre à un besoin ou à une envie. Si l'usager choisit l'option de construire lui-même plutôt que d'acheter l'immeuble à évaluer, deux cas de figure peuvent se présenter durant le délai de réalisation. Il peut louer provisoirement un immeuble comparable, mais cela implique un double déménagement. Celui-ci engendre des coûts monétaires, mais également des coûts immatériels s'il s'agit d'un immeuble résidentiel. L'usager peut également rester insatisfait dans son immeuble actuel pendant le délai de réalisation, mais cela engendre également un coût, sous forme de perte de satisfaction. Dans les deux cas, l'usager devrait accepter d'acheter l'immeuble en vente à un prix supérieur au coût de la construction d'un autre immeuble pour éviter les inconvénients résultant du délai de réalisation. Les coûts monétaires de l'attente peuvent être estimés de façon objective, mais il est forcément beaucoup plus difficile d'évaluer les coûts immatériels, ce qui explique que les experts les négligent.

5.3.2 Les coûts de gestion et les risques

Le rôle de maître d'ouvrage n'est pas une sinécure. Il s'agit notamment de contracter puis de diriger les mandataires dans la conception du projet, d'opérer les nombreux choix qui s'offrent durant cette phase, de vérifier les appels d'offres et de choisir les entreprises de construction, de contracter une assurance responsabilité civile, de suivre le déroulement du chantier et de prendre les décisions nécessaires en cas de problème, d'assurer les paiements à l'ensemble des intervenants et aux pouvoirs publics (taxes, etc.) et enfin de réceptionner l'ouvrage. Le maître d'ouvrage peut déléguer tout ou partie de ces tâches, mais il devra évidemment en payer le prix et il y perdra une certaine liberté dans la conception et l'adaptation progressive du projet. S'il passe par une entreprise générale, il n'a pas à s'occuper des contrats et des paiements à la vingtaine ou trentaine d'entreprises qui sont amenées à œuvrer sur un chantier d'une certaine envergure. S'il passe par une entreprise intégrale, il n'a pas non plus à traiter avec les spécialistes (ingénieur civil, chauffagiste, électricien, etc.) qui sont toujours plus nombreux en raison de la complexité croissante de l'acte de construire. Enfin, s'il signe un contrat d'entreprise totale, il évite encore un mandat direct à l'architecte pour n'avoir plus qu'un seul partenaire.

Les coûts de gestion sont souvent assumés par un promoteur. Pour en estimer l'ampleur, on peut se référer aux tarifs des associations professionnelles. Pour un projet de taille et de complexité moyennes, les honoraires du promoteur se situent entre 2% et 3% du prix de l'ouvrage.

Le rôle de maître d'ouvrage comporte également des risques: permis de construire refusé, prix d'offres des entreprises plus élevés que prévus dans le devis de l'architecte, composition du sol moins favorable que prévu, faillite d'une entreprise, etc. Seule une partie de ces risques peut être reportée sur les entreprises, voire sur les mandataires.

Les risques reportés donnent évidemment lieu à une prime, par exemple sur le prix demandé par une entreprise générale qui assume le risque de défaut des sous-traitants. Malheureusement, l'ampleur de ces primes fait en général partie des «secrets de fabrication» de celui qui assume les risques correspondants. Pour les autres risques, il n'est pas possible de se référer à des tarifs car il n'existe pas d'assurance les couvrant. La marge habituellement recherchée par les promoteurs ne peut pas servir de référence parce qu'elle comprend un risque de commercialisation, qui n'existe pas pour celui qui construit pour lui-même.

Tout ou partie des risques fait habituellement l'objet d'un poste «divers et imprévus», qui peut atteindre facilement 10% dans la phase préliminaire d'un projet car l'estimation du coût de construction est à ce stade très sommaire, comme celle du prix de revient de construction dans une expertise.

5.3.3 La liberté de conception

Une enquête menée auprès de la population suisse sur les raisons principales qui la poussent à accéder à la propriété a montré que la principale motivation est le désir de pouvoir aménager librement son logement (Thalmann et Favarger, 2002, p. 35). La possibilité de concevoir et d'aménager son cadre de vie intéresse aussi beaucoup d'entreprises. Acheter un immeuble plutôt que de le construire soi-même revient à renoncer à une grande partie de cette liberté (il reste la possibilité de transformer le bâtiment acquis). Ceci réduit donc le prix équivalent des acheteurs.

Cette décote est difficile à évaluer. Ce que l'on sait, c'est qu'elle est plus importante pour les maisons individuelles que pour les immeubles résidentiels, pour les bâtiments de typologie très particulière que pour les bâtiments plus conventionnels et pour les bâtiments difficiles à transformer que pour les bâtiments flexibles.

Ce phénomène est à rapprocher de l'obsolescence fonctionnelle dans le sens où la décote provient d'une demande réduite par manque d'adéquation entre les désirs des acquéreurs potentiels et les caractéristiques de l'objet en vente.

5.3.4 Un ouvrage qui ne peut plus être reconstruit

Un ouvrage plus ancien est souvent un ouvrage moins cher (sous réserve des rénovations qu'il a pu subir). On en tient compte, nous l'avons vu ci-dessus (§ 5.2.2) en réduisant le prix de revient à neuf d'une estimation de la vétusté.

A l'inverse, l'expert peut être amené à ajouter une prime par rapport au coût de reconstitution d'un ouvrage qui ne peut pas être reconstruit tel quel aujourd'hui et dont la spécificité est appréciée par les acheteurs. Il s'agira typiquement de bâtiments qui ont été signés par un architecte de renom, ceux qui ont mobilisé un talent artisanal disparu ou devenu hors de prix, ceux encore qui ne répondent plus à des normes d'urbanisme actuelles ou qui ont été construits en des endroits où l'on ne peut plus construire (dans un village viticole par exemple).

5.4 Le prix équivalent

La comparaison de l'achat d'un bien immobilier avec l'option de construire un bien équivalent pour l'usager ou l'investisseur a conduit à tenir compte de tous les coûts qui distinguent ces deux alternatives, mais aussi d'éléments non monétaires qu'il faut également tenter de prendre en compte. Ainsi, le prix équivalent pour l'investisseur ou l'usager est obtenu en additionnant le prix d'achat d'un terrain comparable, le prix de revient de construction d'un ouvrage comparable, une décote pour la vétusté de l'ouvrage existant, une autre pour son obsolescence, une prime pour sa disponibilité immédiate et l'absence des risques de la construction, une décote pour la perte de liberté de conception et une prime pour certaines caractéristiques non reproductibles de l'ouvrage existant.

En principe, l'estimation du coût d'achat d'un terrain et de construction d'un ouvrage comparables comprend les frais d'acquisition du terrain. Tous les frais de transaction doivent être pris en compte pour l'arbitrage, comme pour les méthodes par les revenus et contrairement aux méthodes par les prix. L'acheteur doit déduire les frais qu'engendrerait l'acquisition du bien en vente pour déterminer son prix équivalent. Quant au vendeur, il doit ajouter les frais de vente pour obtenir le sien.

Rappelons que l'approche décrite dans ce chapitre ne vaut que pour un ouvrage que l'acquéreur entend utiliser ou mettre en location. Si le meilleur usage possible de l'immeuble consiste à démolir le bâtiment pour récupérer le terrain, alors le prix équivalent pour l'acheteur est son prix équivalent pour le terrain nu moins les frais de démolition. Le prix équivalent du terrain peut être estimé par comparaison directe avec des terrains comparables ou par actualisation des cash flows réalisables sur ce terrain.

Au terme de l'estimation par les coûts, l'expert peut passer à la synthèse des prix équivalents obtenus avec les différentes méthodes d'évaluation pour en tirer le prix acceptable.

5.5 En résumé

Les méthodes par les coûts contribuent à la détermination du prix payé, et donc du prix probable, si certains acteurs ont pour alternative à l'achat la construction d'un bâtiment semblable sur un autre terrain. Ces acteurs calculent un prix équivalent en additionnant le prix d'un terrain semblable et le prix de construction d'un ouvrage semblable, puis en opérant des déductions pour la vétusté de l'ouvrage et son obsolescence et en ajoutant une prime pour sa disponibilité immédiate.

Idéalement, on devrait utiliser les prix de terrains semblables réellement disponibles pour estimer un prix équivalent par les coûts et porter une attention particulière aux règles d'urbanisme et à l'éventuelle existence d'une surface résiduelle utile. Si les moyens manquent pour la recherche de tel terrains, le prix d'un terrain semblable hypothétique peut être estimé en supposant qu'il est nu et en appliquant une méthode par les prix (chap. 3) ou par déduction.

Le prix de construction de l'ouvrage est souvent plus facile à estimer que le prix du terrain, mais l'évaluation de sa vétusté et de son obsolescence pose des problèmes épineux aux experts. Si l'ouvrage est ancien et nécessite une remise à neuf, la vétusté peut être estimée par le coût de remise à neuf. Pour les bâtiments plus récents, l'hypothèse d'une remise à neuf est peu réaliste et la simple comparaison des prix de revient atteint ici ses limites. Quant à l'obsolescence, elle peut être estimée par le coût de transformation par un acquéreur qui envisage de remettre l'ouvrage au standard du jour.

La comparaison avec la construction d'un ouvrage semblable doit encore tenir compte d'autres éléments tels que le coût de gestion et les risques ou encore la liberté de conception, qui militent en faveur tantôt de l'achat de l'immeuble expertisé tantôt de la construction d'un ouvrage semblable.

＃ Chapitre 6

LA FORMATION DU PRIX PAYÉ ET SA PRÉVISION

Les chapitres précédents ont montré plusieurs façons de déterminer un prix équivalent, soit le prix qu'un acheteur devrait accepter de payer par rapport à une alternative qui s'offre à lui, soit l'achat, la location ou la construction d'un autre bien, ou encore le placement de ses capitaux dans un autre actif. Les mêmes méthodes permettent de déterminer les prix équivalents pour le vendeur, sachant que lui aussi devra replacer ses capitaux dans d'autres actifs ou acquérir un bien de remplacement.

Ce chapitre rappelle brièvement comment on passe des prix équivalents aux prix acceptables pour les acheteurs potentiels et le vendeur (sect. 6.1), avant de développer une analyse déjà entamée dans la section 2.1, celle qui montre comment se forme le prix payé à partir des prix acceptables. Les intermédiaires sont les prix affichés et proposés et les prix d'exercice, soit les prix auxquels les parties consentent réellement à conclure (sect. 6.2). Ces prix dépendent de l'analyse stratégique de la transaction par les parties. Pour bien comprendre leur formation, il faudrait analyser à fond le fonctionnement du marché immobilier, les modalités courantes du négoce, le rôle des intermédiaires, le cadre légal, etc. Ces aspects ne pourront être qu'esquissés dans ce manuel, suffisamment pour rappeler à l'expert qu'il devrait en tenir compte lorsqu'il estime un prix probable.

La dernière section du chapitre montre l'articulation entre la formation du prix payé et les notions de valeur vénale et de prix probable. Elle présente également les approches possibles du prix probable qui seront développées dans les chapitres suivants.

6.1 Des prix équivalents au prix acceptable

Pour simplifier, nous ne parlerons que du prix équivalent pour l'acheteur potentiel, mais le même raisonnement s'applique *mutatis mutandis* au propriétaire (sous réserve des frais de transaction dans certains cas, cf. sect. 5.4). Toutes les alternatives envisagées par l'acheteur potentiel devraient être prises en compte pour déterminer des prix équivalents, mais seulement celles qui sont réellement faisables. Chaque alternative pourrait donner lieu à différentes variantes, par exemple lorsque l'acquéreur a le choix entre plusieurs bâtiments alternatifs, mais c'est seulement la variante qui répond le mieux et aux moindres coûts à ses besoins qui détermine le prix équivalent à l'achat de l'immeuble à évaluer. S'il faut tenir compte de la vétusté et de l'obsolescence de ce dernier, on le fera en supposant qu'on peut les corriger au moindre coût. De même, lorsque l'investisseur recherche plutôt le rendement, on suppose qu'il fera fructifier au mieux l'immeuble en question mais aussi qu'il choisira le meilleur placement alternatif. L'optimisation du côté de l'immeuble à acheter fait monter le prix équivalent alors que l'optimisation du côté de l'alternative le fait baisser. Lorsqu'on choisit finalement la meilleure alternative possible, celle qui donne le prix équivalent le plus bas, on aura déterminé le prix acceptable (cf. fig. 1.1).

Le fait qu'il n'y ait qu'un seul prix acceptable ne dispense pas d'appliquer toutes les méthodes correspondant à toutes les alternatives faisables envisagées par l'acheteur. Il est même intéressant de présenter les résultats des différentes méthodes dans un rapport d'expertise, surtout lorsque le prix équivalent le plus bas, retenu comme prix acceptable, est sensiblement plus bas que les autres. En effet, cela signifie que l'acheteur ou le vendeur compte sur une alternative particulièrement avantageuse dont il faut alors vérifier deux fois la faisabilité. En revanche, il n'y a pas de justification pour la pratique qui consiste à calculer la moyenne entre prix équivalents obtenus par les différentes méthodes; nous reviendrons sur ce point dans le chapitre 9.

6.2 Le processus d'échange qui conduit au prix payé

Nous savons maintenant calculer les prix acceptables pour le vendeur et chacun des acheteurs. Il n'y aura échange que si le prix acceptable pour le vendeur, ou prix minimal, est inférieur au prix acceptable le plus élevé parmi ceux des acheteurs présents sur le marché, soit le prix maximal (cf. fig. 1.1 et 2.1). Ces prix encadrent donc le prix qui sera finalement payé. Réaliser la transaction à son prix acceptable n'apporte aucun gain, puisqu'on obtient juste autant qu'avec la meilleure alternative envisagée. Le vendeur essaiera donc de vendre plus cher et les acquéreurs d'acheter moins cher que leur prix acceptable.

6.2.1 Du prix acceptable au prix d'exercice

Par le biais des prix d'exercice, en premier lieu des prix affichés et proposés, la négociation peut permettre aux acteurs d'atteindre un prix conforme à leur prix acceptable et d'aboutir à une transaction. Elle peut aussi servir à répartir entre vendeur et acheteur la marge entre les prix acceptables. Et dans ce monde relativement flou où règne l'approximation, elle peut même amener certains à réviser leur prix acceptable. La négociation, c'est l'art du mensonge (Pedrazzini et Micheli, 2007). Les tactiques sont variées, mais tous les arguments sont bons. Chacun essaie de mettre en avant les calculs qui lui sont favorables et se garde bien de dévoiler ceux qui fondent véritablement son prix acceptable.

Le point de vue du vendeur
Le processus d'échange peut emprunter divers chemins. Certains vendeurs affichent d'emblée leur prix minimal. Avec cette tactique, ils ne profiteront peut-être pas de l'éventualité où un ou plusieurs acquéreurs potentiels accepteraient de payer plus, mais ils pourront probablement conclure la vente plus rapidement. Pour le vendeur, l'idéal serait d'identifier l'acquéreur potentiel dont le prix acceptable est le plus élevé, mais le jeu ne se fait pas à découvert. Si le vendeur affiche généralement un prix, c'est probablement pour donner une indication aux acquéreurs potentiels et pour éviter de devoir discuter avec ceux qui ont des prix acceptables très bas ou de devoir commencer la négociation sur la base de prix proposés nettement inférieurs à son propre prix minimal.

Le prix affiché par le vendeur, qui est son prix d'exercice, est généralement supérieur à son prix minimal, le but du jeu étant de viser le plus élevé des prix acceptables des acheteurs. Vu la difficulté de l'exercice, le prix affiché risque d'être élevé et il faudra alors attendre ou négocier. La durée du processus d'échange peut jouer un rôle déterminant. Si le vendeur attend, il trouvera peut-être un acquéreur qui accepte le prix affiché. S'il ne le trouve pas, il peut afficher un nouveau prix, plus bas, ou demander aux personnes intéressées de proposer un prix. Mais il aura peut-être perdu entre-temps

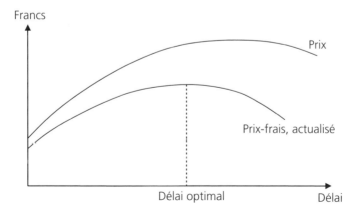

Fig. 6.1 Attendre, mais pas trop, permet d'obtenir un prix plus élevé.

quelques acquéreurs potentiels, qui auront trouvé leur bonheur ailleurs. Le fait qu'un bien reste longtemps sur le marché pourrait même être interprété par les acheteurs potentiels comme un signe de défaut et les amener à réviser leur prix acceptable à la baisse, comme illustré par la figure 6.1. Cette figure ne tient pas compte du fait que le prix peut aussi évoluer à la hausse ou à la baisse en fonction de l'évolution du marché. Par contre, elle montre avec la courbe du prix diminué de frais et actualisé que retarder la vente peut en réduire le produit effectif.

Le point de vue des acheteurs
Considérons ensuite le point de vue des acheteurs. Il est concevable que chacun d'entre eux détermine un prix d'exercice en même temps qu'il calcule son prix acceptable. Si un acheteur veut maximiser ses chances de conclure la transaction, ses prix d'exercice et acceptable se confondent. S'il est plus joueur, son prix d'exercice est inférieur à son prix acceptable. La différence dépend de sa perception du marché et du risque de se faire devancer par un autre acheteur.

Si le prix affiché est d'emblée inférieur ou égal à son prix d'exercice, l'acheteur n'hésite pas (fig. 6.2). A l'autre extrême, si le prix affiché dépasse son prix acceptable, l'acheteur peut attendre et espérer que le vendeur révise son prix à la baisse, mais il peut aussi proposer un prix. Enfin, si le prix affiché

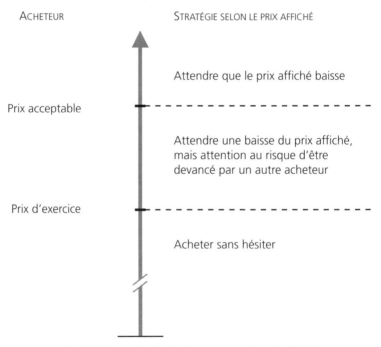

Fig. 6.2 Stratégie de l'acheteur selon le prix affiché.

se situe entre ses prix d'exercice et acceptable, l'acheteur peut également attendre qu'il baisse, mais le risque de se faire devancer par un autre acheteur va l'inciter à réviser son prix d'exercice sans trop attendre et accepter le prix affiché ou à proposer lui-même un prix.

Confrontation du vendeur et des acheteurs
Revenons maintenant au vendeur, en commençant par le cas où il n'a pas affiché son prix d'exercice. Le raisonnement de l'acheteur décrit ci-dessus est applicable par analogie, dans le sens inverse évidemment. Si le prix proposé le plus élevé est d'emblée supérieur ou égal au prix d'exercice du vendeur, il l'accepte immédiatement (fig. 6.3). Dans le cas contraire, il peut attendre de meilleures offres, avec le risque que cela comporte, ou afficher son prix d'exercice (après l'avoir éventuellement révisé en fonction des prix proposés).

Prenons enfin le cas où le vendeur a affiché un prix et où on lui propose des prix plus bas. Si le prix proposé le plus élevé dépasse son prix minimal, le vendeur peut réviser son prix d'exercice et accepter cette meilleure offre. Dans tous les cas, il peut réduire son prix affiché et attendre de nouvelles propositions. Si les acheteurs ont proposé des prix inférieurs à leurs prix acceptables ou si de nouveaux acheteurs se présentent, le vendeur peut espérer se voir proposer un meilleur prix. Le jeu est alors reparti pour un tour.

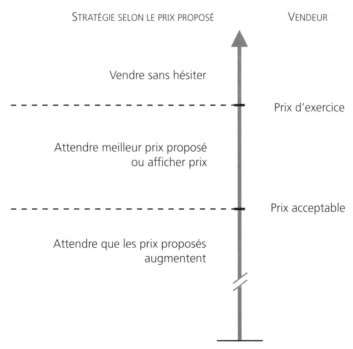

Fig. 6.3 Stratégie du vendeur selon le prix proposé.

6.2.2 Des prix d'exercice au prix payé

On voit que les prix d'exercice sont des concepts importants pour prévoir le prix payé. Les concepts décisifs dépendent du mode de mise en vente. En cas de vente aux enchères au plus offrant sur la base d'offres sous pli, le prix payé est égal au prix d'exercice acheteur le plus élevé. On obtient le même résultat avec une vente aux enchères descendante à la criée. Avec une vente aux enchères montante, le prix dépassera d'une unité le prix d'exercice acheteur le deuxième plus élevé. Si l'immeuble est mis en vente par un vendeur qui affiche un prix à prendre ou à laisser, ce sera ce prix s'il est inférieur au prix d'exercice acheteur le plus élevé. Dans le cas contraire, le vendeur devra réduire son prix jusqu'au prix d'exercice acheteur le plus élevé.

Les prix d'exercice des acheteurs, en particulier les plus élevés évidemment, jouent ainsi un rôle prépondérant dans la formation du prix, pour autant qu'ils dépassent le prix acceptable pour le vendeur (fig. 6.4). Les prix d'exercice des acheteurs dépendent d'abord de leurs prix acceptables, puis de leur appréciation du risque qu'un autre acheteur ait un prix d'exercice plus élevé que le leur et de leur disponibilité à prendre le risque de tout perdre (donc leur aversion au risque ou goût pour le risque). Ce risque dépend de la situation du marché: niveau général des prix, nombre d'acheteurs intéressés, offres alternatives, etc. Le vendeur doit aussi tenir compte de ces déterminants des prix d'exercice des acheteurs s'il ne veut pas risquer d'afficher et de vendre à un prix inférieur à ces prix d'exercice.

C'est seulement lorsqu'un propriétaire doit être sûr de pouvoir vendre rapidement qu'il affichera un prix qui pourrait être bien inférieur aux prix

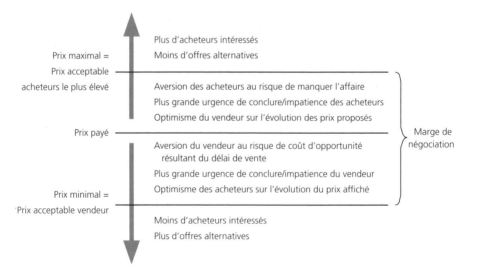

Fig. 6.4 Déterminants du prix payé.

d'exercice des acheteurs les plus élevés, prix qui sera évidemment immédiatement accepté. Le propriétaire obligé de vendre rapidement parce qu'il a besoin de liquidités, qu'il ne peut ou ne veut ni emprunter ni obtenir en réalisant d'autres actifs, aura un prix d'exercice plus faible que le propriétaire qui envisage de vendre un bien pour optimiser son portefeuille immobilier.

L'urgence de la transaction implique un prix acceptable acheteur plus élevé par diminution du nombre d'alternatives. Les alternatives disponibles à court terme sont généralement plus coûteuses. Ainsi par exemple, un ménage dont le logement est détruit par une catastrophe n'a souvent d'autre alternative immédiate que l'hôtel; ce qui ne signifie pas qu'il va comparer l'achat d'un logement avec la location d'une chambre d'hôtel sur 30 ans!

6.2.3 L'incidence des alternatives sur le prix payé

La comparaison avec l'acquisition d'un autre bien n'est qu'un moyen parmi d'autres pour fixer un prix acceptable, mais elle joue un rôle prépondérant dans la formation du prix. D'une part, elle va certainement influencer la formation des prix d'exercice car le vendeur va toujours tenter d'obtenir au moins le même prix que les autres vendeurs de biens équivalents, à l'image (inversée) de l'acheteur qui va essayer de ne pas payer plus que les autres acheteurs. D'autre part, si tous les acquéreurs potentiels obtiennent des résultats similaires en procédant par les prix, ce qui devrait être le cas si le marché est large et transparent, cette comparaison sera décisive dans la fixation du prix acceptable pour celui qui finira par évincer les autres. Une partie des acheteurs n'envisagent pas vraiment d'autre option qu'une acquisition et fixent donc leur prix acceptable ainsi. D'autres raisonnent aussi par les revenus ou par les coûts, mais si les résultats sont supérieurs au prix obtenu par comparaison avec l'acquisition d'un autre bien, c'est ce dernier qui détermine leur prix acceptable. Et surtout, s'ils sont inférieurs, l'acheteur ne pourra pas concurrencer ceux qui se déterminent par les prix.

Cela dit, même si les méthodes par les prix semblent avoir de l'ascendant sur les autres pour la formation du prix payé, la comparaison des prix entre eux ne peut pas expliquer la formation des prix immobiliers au niveau agrégé. En effet, d'où viennent les prix de comparaison? Ne sont-ils pas eux-mêmes construits par comparaison? Celle-ci permet donc bien de prédire le prix d'un bien individuel mais pas l'évolution de tous les prix. L'ensemble des acheteurs ne peuvent pas durablement établir leurs prix acceptables sur la comparaison avec les prix d'autres biens. Ils le font parfois, lorsque le marché est pris de frénésie, les changements de prix pour certains biens inspirant des changements de prix pour d'autres biens. Mais tôt ou tard ces prix équivalents obtenus par comparaison avec d'autres prix dépassent les prix équivalents par les revenus ou par les coûts. Les acheteurs se rendent alors compte qu'il est plus avantageux de louer un immeuble ou de le construire soi-même. La demande se calme et le soufflé retombe.

6.2.4 La loi du marché

Le rapport entre l'offre et la demande a une incidence certaine sur la négociation et donc sur le prix payé (cf. fig. 6.4 ci-dessus). Lorsque les acheteurs sont plus nombreux que les vendeurs, les premiers vont se faire concurrence, et inversement. Plus les acheteurs sont nombreux, plus ils risquent de voir un bien qui les intéresse vendu à un tiers. Ils vont donc être amenés à plus de souplesse dans les négociations et à réviser leur prix d'exercice à la hausse, surtout s'ils tiennent particulièrement à acquérir un bien, donc si leur prix acceptable est élevé. Si la négociation leur apporte des informations nouvelles sur le marché, ils pourraient même réviser leur prix acceptable. Les prix vont donc avoir tendance à augmenter en cas de pression de la demande, avec pour seule limite les capacités financières des acheteurs. Si l'offre est très restreinte, les plus aisés seront servis mais ils devront payer des prix élevés pour évincer les autres demandeurs. On parle habituellement de pénurie pour qualifier cette configuration du marché, même si techniquement la pénurie désigne un excédent de demande pour des prix qui n'augmentent pas assez.

En cas d'excès d'offre, ce sont les vendeurs qui peuvent être amenés à réviser leur prix d'exercice à la baisse. Pour ceux qui doivent vendre, il n'y a pas vraiment de limite à cette baisse, seulement une certaine capacité de résistance selon l'urgence de leurs besoins en liquidités. Les autres sortiront du marché et mettront leur bien en location s'ils n'arrivent pas à le vendre à un prix acceptable.

6.3 Prix probable et valeur vénale

Estimer le prix d'un bien en l'absence d'échange est au cœur de l'évaluation immobilière. Les manuels d'expertise donnent des définitions de ce prix probable, qu'ils appellent valeur vénale, qui se recoupent pour l'essentiel. Elles se réfèrent principalement aux hypothèses de concurrence (voir encadré).

6.3.1 Une diversité de prix probables possibles

On a vu comment le prix payé dépend des circonstances de la vente. Il est donc indispensable de les préciser avant de se lancer dans la prévision du prix qui serait payé dans une transaction hypothétique. On peut imaginer autant de prix probables que de circonstances pour la vente. Ainsi par exemple, on peut définir le prix probable pour une vente aux enchères, le prix probable pour un vendeur qui a tout le temps d'attendre la meilleure proposition, le prix probable pour un vendeur qui doit vendre dans la semaine, etc.

Une autre chose à préciser très tôt, c'est la date de la transaction hypothétique. On a souvent besoin du prix auquel pourrait être vendu un bien s'il était mis sur le marché aujourd'hui. Encore faut-il préciser le délai de négociation prévu, comme nous venons de le voir. Pour une déclaration fiscale, on

> LE PRIX PROBABLE (VALEUR VÉNALE)
>
> Le prix probable qui est généralement demandé à l'expert, celui qui est appelé valeur vénale notamment dans l'ordonnance sur les fonds de placement, est le prix auquel un bien devrait pouvoir être vendu sur un marché au moment de l'estimation en respectant certaines conditions:
> - Un nombre suffisant d'acheteurs potentiels. Les manuels et les normes ne précisent jamais combien.
> - Des acteurs parfaitement informés des circonstances et conditions du marché. Cette condition de transparence est mal respectée sur le marché immobilier.
> - Un vendeur non obligé de vendre et des acheteurs non obligés d'acheter. Cette condition n'est pas toujours respectée, surtout du côté des vendeurs. Un acheteur est rarement obligé d'acheter un bien particulier, mais il est souvent obligé de se procurer un bien immobilier.
> - Un délai raisonnable pour conclure la transaction. Les manuels et les normes précisent tout au plus qu'il s'agit de quelques mois.
> - Des acteurs agissant de manière prudente. Ils tiennent compte des conditions présentes et prévisibles du marché, en utilisant toute l'information à disposition.
> - L'absence d'intérêt particulier de la part d'un acquéreur. Par exemple la volonté de racheter la «maison de son enfance».

a besoin du prix auquel le bien aurait pu être vendu à une date précise, par exemple le 31 décembre dernier. Pour un partage d'héritage, c'est le prix probable au moment du décès, donc plusieurs mois auparavant.

Dans de nombreux cas, ce n'est pas seulement la transaction qui est hypothétique mais même sa date. Ainsi par exemple, lorsqu'il s'agit d'évaluer une valeur de gage, il faudrait évaluer le prix probable à l'issue d'une procédure en réalisation de gage entamée au moment où le créancier la demanderait suite au défaut avéré du débiteur. Dans un tel cas, l'expert est condamné à fixer lui-même la date supposée de la vente, qu'il ne manquera pas de préciser dans son rapport d'expertise.

6.3.2 Prendre en compte ou non le point de vue du propriétaire

En plus des circonstances de la transaction, il faut préciser si le propriétaire doit vendre ou non. Dans le premier cas, son prix acceptable peut être entièrement ignoré. Le prix probable est le prix le plus élevé qui peut être atteint parmi les prix acceptables des acheteurs selon les modalités de la vente. Dans le second cas, le prix probable se situe entre le prix acceptable du propriétaire et le plus élevé des prix acceptable des acheteurs. Il est alors possible qu'aucun prix probable ne puisse être estimé, si le propriétaire évalue son bien à un prix plus élevé que le plus enthousiaste des acheteurs potentiels. Le risque est même élevé, car à préférences égales le vendeur a un prix équivalent plus élevé puisqu'il n'a pas à déduire les frais d'acquisition. Si aucun vendeur n'était obligé de vendre, il y aurait probablement beaucoup moins de transactions sur le marché.

La définition dans l'encadré de la page précédente est ambiguë à ce propos, comme beaucoup de manuels. D'un côté, il est question du prix auquel un bien devrait pouvoir être vendu, ce qui suggère que l'on s'intéresse avant tout aux prix acceptables pour les acheteurs. En même temps, il est souvent indiqué que le vendeur n'est pas obligé de vendre, ce qui suggère que son prix acceptable (ou prix de réservation) fixe un plancher à la valeur vénale. On peut trancher entre ces deux interprétations selon les motifs de l'estimation. Ainsi par exemple, s'il s'agit d'une estimation pour la comptabilité d'entreprise, le prix acceptable pour l'entreprise elle-même ne peut pas être pris en compte. S'il s'agit d'une estimation fiscale, le propriétaire spécifique est complètement ignoré, mais on essaiera au mieux de tenir compte des prix acceptables pour l'ensemble des propriétaires et acheteurs potentiels de ce type de biens. Il est rare qu'il faille prendre en compte spécifiquement le prix acceptable du propriétaire du bien pour estimer le prix probable.

6.3.3 Le prix probable peut être estimé directement ou indirectement

L'estimation du prix probable d'un bien doit généralement faire abstraction aussi bien de son propriétaire que d'acheteurs particuliers. Elle se place à un

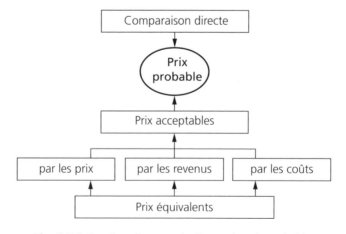

Fig. 6.5 Estimation directe et indirecte du prix probable.

niveau de généralité bien plus élevé que l'estimation du prix acceptable. Il est naturel, dès lors, d'estimer le prix probable par comparaison avec les prix payés dans des transactions anonymes portant sur des biens comparables. C'est l'approche directe du prix probable, ou **estimation par comparaison directe** (fig. 6.5 et chap. 7). En l'absence de prix de comparaison, on peut recourir à une approche indirecte, qui construit une transaction hypothétique pour le bien en question en imaginant les acheteurs potentiels et en estimant leurs prix acceptables selon les méthodes décrites dans les chapitres précédents (chap. 8). Si nécessaire, on estimera et tiendra également compte du prix acceptable du propriétaire.

6.4 En résumé

Le prix payé est le résultat d'une savante alchimie entre les prix équivalents, les prix acceptables et les prix d'exercice. Il dépend des acteurs en lice, de leurs préférences, des alternatives qui s'offrent à eux, de leur capacité de négociation, du temps qu'ils sont prêts à attendre, de la concurrence entre eux, des risques qu'ils veulent bien prendre, de leur appréciation du marché ainsi que des modalités de la mise en vente. L'expert doit se frayer un chemin dans cette complexité pour estimer le prix probable.

Avant de se lancer, il faut commencer par préciser les conditions de la transaction, en particulier décider si le propriétaire possède un droit de veto. Ensuite, il faut choisir entre l'approche directe par comparaison avec les prix payés pour des biens semblables ou l'approche indirecte qui passe par les prix équivalents et acceptables de divers types d'acteurs. Cette dernière approche est bien plus exigeante et exposée à des erreurs que la première, donc elle ne convient qu'en cas de doutes par rapport à la qualité des données de transactions qui devraient être utilisées pour l'approche directe.

Chapitre 7

ESTIMATION DIRECTE DU PRIX PROBABLE

Comme les acheteurs comparent entre eux les prix demandés pour des biens comparables (chap. 3), le propriétaire d'un bien peut affirmer que s'il le mettait en vente, il obtiendrait le même prix que les autres biens sur le marché correspondant. En d'autres termes, le prix probable d'un bien est égal au prix payé pour un bien identique. On peut l'estimer en observant les prix payés sur le marché.

Bien sûr, on l'a vu dans le chapitre 3, deux immeubles ne sont jamais identiques. Il faut donc procéder à des ajustements des prix observés pour obtenir un prix équivalent pour le bien à évaluer. Au départ, les ajustements sont les mêmes que ceux qui ont été développés dans le chapitre 3, avec la nuance toutefois qu'il faut tenir compte des différences de qualité comme le fait l'ensemble des acteurs du marché et pas seulement comme le ferait le propriétaire actuel ou un acheteur spécifique. Le prix probable doit reposer autant que possible sur une évaluation objective. Ceci implique aussi de l'affranchir des cas particuliers et de l'asseoir sur un échantillon aussi vaste que possible de transactions réellement réalisées. On va donc faire appel à une analyse statistique, beaucoup plus que pour évaluer un prix équivalent dans le chapitre 3.

Conditions pour pouvoir appliquer cette approche
L'approche par comparaison directe consiste à supposer que le mécanisme des prix fonctionne comme le prévoit la théorie économique, à savoir que:

Sur un marché de concurrence, deux biens identiques ont le même prix.

Ce résultat repose sur l'hypothèse d'arbitrage, une hypothèse aussi intuitive qu'essentielle pour l'analyse économique. En substance, elle dit que les acteurs du marché comparent et choisissent d'acheter au prix le plus bas et de vendre au prix le plus élevé. Si un bien se vend plus cher qu'un autre bien identique au même moment alors que les conditions d'arbitrage étaient remplies (voir ci-dessous), cela signifie que l'acheteur de la première transaction a payé trop cher et que le vendeur de la deuxième a vendu trop bon marché. Ceci ne devrait pas se produire systématiquement et on peut donc admettre qu'à un instant et un lieu donnés, deux biens identiques devraient s'échanger au même prix.

Les conditions d'arbitrage sont les suivantes:
- *Homogénéité*: tous les biens sont identiques.
- *Transparence*: tous les acteurs disposent de la même information sur les prix et la qualité des biens.
- *Rationalité*: les acteurs cherchent à acheter au prix le plus bas et à vendre au prix le plus élevé.

Ces conditions ne sont évidemment jamais remplies telles quelles. Néanmoins, les acteurs essaient autant que possible d'acquérir toutes les informations disponibles sur le marché et de comparer les biens et leurs prix, afin d'obtenir le meilleur résultat pour eux-mêmes. Ceux qui ne le font pas ne restent pas longtemps sur le marché. Il n'est donc pas téméraire d'asseoir la prévision des prix probables sur l'observation des prix effectivement payés.

Plusieurs astuces permettent d'utiliser d'autres prix malgré les différences de qualité

Comme pour la détermination du prix équivalent (chap. 3), plusieurs astuces permettent de comparer ce qui n'est pas parfaitement comparable. On peut sélectionner comme référence un échantillon de biens suffisamment semblables pour que le prix moyen puisse être considéré comme une bonne approximation (1re astuce, sect. 7.1). On peut faire mieux en prenant en compte systématiquement les caractéristiques des biens afin d'identifier leurs incidences sur les prix et construire ainsi le prix probable du bien à évaluer (2e astuce, sect. 7.2). Si l'on connaît le revenu locatif du bien qu'il s'agit d'évaluer, on peut utiliser cette information comme mesure synthétique de sa qualité et utiliser la relation observée sur le marché de référence entre le revenu locatif et le prix des biens échangés (3e astuce, sect. 7.3). Enfin, on peut encore éviter en apparence tous les problèmes de comparabilité des biens en construisant le prix probable du bien à partir du dernier prix auquel il a été échangé, pour autant que l'on trouve un bon indice de l'évolution des prix depuis cette date (4e astuce, sect. 7.4). Le choix entre ces astuces sera guidé par les données dont dispose l'expert et les hypothèses simplificatrices que l'on est prêt à faire sur la comparabilité des biens.

A chaque astuce peut être associée une famille de techniques d'estimation, qui se recoupent en partie. La première astuce conduit à une *comparai-*

son immédiate avec des biens semblables (sect. 7.1). De manière générale, il est préférable de s'appuyer sur plusieurs transactions plutôt qu'une seule, même si celle-ci porte sur un bien très semblable à celui qu'il s'agit d'évaluer. Des circonstances particulières peuvent toujours influencer la formation d'un prix. Si l'expert dispose de plusieurs prix, il devra en tirer une synthèse sous forme par exemple de moyenne ou de médiane.

La deuxième astuce implique diverses formes d'*ajustement sur les caractéristiques* des biens (sect. 7.2). Selon le nombre de caractéristiques prises en considération et les hypothèses faites quant à la forme des relations entre les caractéristiques et le prix, les techniques vont de la simple «règle de trois» à des analyses statistiques complexes, comme la régression multivariée, qui nécessitent des moyens informatiques de calcul.

La troisième astuce suppose des ajustements sur une caractéristique synthétique, le revenu, ce qui justifie une catégorie à part. L'expert travaille sur le *multiplicateur du revenu* (sect. 7.3). Si les biens de référence sont par ailleurs semblables, on utilise les mêmes techniques pour fixer le multiplicateur que celles employées pour la comparaison immédiate des prix. Sinon, il faut ajuster le multiplicateur sur certaines caractéristiques des biens et utiliser à cette fin les mêmes techniques que pour l'ajustement direct des prix sur les caractéristiques.

Enfin, la quatrième astuce implique l'*indexation d'un prix antérieur du bien* (sect. 7.4). Si l'expert dispose d'un indice de prix adéquat, la technique d'ajustement est simple. Mais s'il s'agit de construire un indice, l'analyste devra avoir recours à des techniques statistiques passablement complexes, certaines étant très semblables à celles utilisées pour les ajustements sur les caractéristiques.

Attention à la délimitation du marché de référence

Quelles que soient la stratégie et les techniques adoptées, une attention particulière doit être portée à la définition du *marché de référence*, donc des biens dont les prix observés peuvent servir à définir le prix probable du bien analysé. En plaçant conceptuellement le bien à évaluer dans un marché, on tient compte indirectement des conditions de la demande et de l'offre sur ce marché. Il est donc essentiel de bien définir ce marché.

Le marché de référence a une dimension géographique, qui dépend du «rayon de recherche» des acheteurs. Pour des biens vendus à de futurs habitants (appartements, maisons individuelles), ce rayon est relativement faible puisqu'ils sont peu mobiles. Pour les biens vendus à des investisseurs, le rayon dans lequel ils font leurs comparaisons est plus large. Pour certains biens de grande taille et de première qualité, les acheteurs se recrutent dans le monde entier. Un rayon plus large permet d'agrandir l'échantillon mais complique la comparaison.

Le marché de référence a aussi une dimension qualitative, qui dépend des alternatives que les acheteurs envisagent. Ainsi par exemple, un immeuble administratif locatif intéresse des investisseurs qui envisagent aussi d'acheter un immeuble résidentiel ou, peut-être, un centre commercial. On peut donc utiliser les données décrivant des transactions sur ces autres types d'immeubles pour estimer le prix qu'ils accepteraient de payer pour notre immeuble administratif.

Le marché a enfin une dimension temporelle. L'offre et la demande évoluent et les prix peuvent changer. L'expert ne devrait donc se référer qu'à des immeubles échangés à des dates les plus proches possibles de la date pour laquelle il estime le prix probable (§ 6.3.1), surtout si les prix du marché varient rapidement. Si on lui demande d'estimer un prix probable à une date passée, les données historiques font parfaitement l'affaire. Si on lui demande en revanche d'estimer un prix probable futur, il doit procéder à une prévision de l'évolution des prix. Le plus simple est d'extrapoler l'évolution récente. On peut faire mieux en utilisant les données économiques dont on sait qu'elles influencent les prix immobiliers — taux d'intérêt, démographie, conjoncture – et pour lesquels il existe des prévisions à court terme.

Et s'il existe trop peu de prix comparables?

Si l'expert ne dispose pas de suffisamment d'informations sur les prix payés, il peut procéder de façon indirecte en reproduisant le raisonnement des acteurs (chap. 8). Il peut également se référer aux prix affichés pour déterminer le prix probable. Cette pratique déplaît aux puristes car les écarts entre prix affichés et prix payés peuvent ne pas être négligeables, surtout lorsque le marché est à la baisse. Mais l'expert peut tenir compte de ce phénomène et ajuster les prix affichés en fonction de l'état du marché, comme les acteurs peuvent le faire lorsqu'ils formulent leur prix proposé ou affiché ou qu'ils négocient.

7.1 La comparaison immédiate

Dans le cas idéal, on trouve un bien pratiquement identique qui vient de faire l'objet d'une transaction. La technique est alors simple:

Prix probable = prix payé pour un bien pratiquement identique.

Dans ce cas, nul besoin d'expert pour estimer le prix probable. Mais il faut être informé de la vente et du prix payé et connaître les caractéristiques du bien pour déterminer s'il est vraiment pratiquement identique et si la transaction s'est déroulée dans des conditions normales. Or ces informations sont rarement toutes publiques, en particulier les conditions particulières de la vente et certaines caractéristiques intrinsèques du bien (typologie ou vétusté par exemple). Ceux qui les détiennent sont surtout les professionnels de l'immobilier (courtier, promoteur, architecte) actifs dans la région. Ils sont quasiment les seuls à pouvoir, parfois, estimer le prix probable par simple analogie avec le prix payé pour un autre bien.

Faute de pratiquement identique, l'évaluateur doit généralement recourir au semblable. Si plusieurs biens semblables viennent d'être vendus, le prix probable devrait se situer entre les deux extrêmes – en principe proches – des prix payés. Si le mandant veut un prix unique, l'évaluateur peut calculer la moyenne des prix (voir encadré). Il suppose alors implicitement que la qualité du bien expertisé est équivalente à la qualité moyenne des biens de référence.

Prix probable = moyenne des prix payés pour des biens semblables.

Cette analyse statistique rudimentaire joue sur la compensation des différences. L'hétérogénéité des biens lui confère une place de choix parmi les techniques d'évaluation.

Le degré de fiabilité d'une telle estimation est d'autant plus grand que l'étendue des prix est faible, et donc que les biens sont semblables. Cette étendue (voir encadré «Eléments de statistiques») donne une idée de la marge d'erreur possible (voir encadré «Marge d'erreur ou intervalle de confiance»).

Si la grande majorité des prix sont groupés près de la moyenne, donc si l'écart type est faible (voir encadré «éléments de statistique»), alors on risque moins de se tromper en estimant le prix probable par le prix moyen. De façon générale, on peut admettre que la marge d'erreur est proportionnelle à l'écart type. Si la distribution des prix payés ressemble à une loi dite normale, on peut considérer que le prix probable a toutes les chances de se situer dans un intervalle de deux écarts types autour de la moyenne (*ibidem*). Cet intervalle de confiance correspond à la marge d'erreur (voir encadré «Marge d'erreur»).

L'expert dispose rarement des moyens nécessaires pour constituer lui-même un échantillon de référence. A l'instar du prix individuel, le prix moyen est surtout l'apanage des courtiers qui connaissent des biens assez semblables ayant été vendus récemment. Les autres dépendent bien souvent des statistiques existantes. Mais celles-ci sont plutôt rares, et le biais entre la qualité de l'objet expertisé et la qualité moyenne de l'échantillon risque fort d'être substantiel. Faute de pouvoir constituer l'échantillon en fonction des caractéristiques du bien évalué, l'expert devra ajuster le prix moyen en fonction des prix que le marché attribue à ces caractéristiques.

ELÉMENTS DE STATISTIQUE

Etendue
Différence entre le prix le plus élevé et le prix le plus faible.

Moyenne (arithmétique) simple
Somme des prix divisée par le nombre de transactions.

Moyenne pondérée
Somme des produits entre prix et facteurs de pondération, la somme des facteurs de pondération étant égale à un.
Si tous les facteurs de pondération sont identiques, c'est une moyenne simple.

Moyenne géométrique
Les prix sont multipliés puis on prend la racine n-ième du produit, n étant le nombre de transactions.

Quantiles
Prix qui divisent un échantillon classé par les prix en x parties contenant chacune $1/x^e$ des transactions.

Déciles
Prix qui divisent l'échantillon en 10 parties contenant chacune $1/10^e$ des transactions.
10% des transactions ont un prix inférieur au 1er décile, 10% ont un prix compris entre le 1er et le 2e décile, etc.

Médiane
Prix qui divise l'échantillon en deux parties de taille identique.
50% des biens ont un prix plus élevé que le prix médian.
Lorsque la distribution est asymétrique, la médiane reflète mieux l'échantillon que la moyenne puisqu'elle n'est pas influencée par les prix extrêmes[1].

Ecart type
Mesure de la dispersion autour de la moyenne.
Racine carrée de la somme des différences entre les prix et le prix moyen élevées chacune au carré.

Loi normale (de Laplace-Gauss)
Fonction symétrique définie par une moyenne et un écart type, et reflétant une distribution de fréquences théoriques des prix.
Lorsque la distribution des prix payés suit une loi normale, 60% d'entre eux se trouvent dans un intervalle de plus ou moins un écart type autour de la moyenne, et la proportion atteint 95% dans un intervalle de deux écarts types.

---

[1] On peut illustrer la différence entre moyenne et médiane par cette phrase: «La majorité des maisons coûtent moins que la moyenne.» Elle paraît fausse si l'on confond moyenne et médiane, alors qu'elle peut être vraie. Supposons que 5 maisons se vendent pour 1 million, 1,1 million, 1,2 million, 1,3 million et 2,4 millions. Le prix moyen est de 1,4 million, soit effectivement plus que celui de 4 maisons sur 5. Par contre, il y a deux maisons moins chères que la médiane de 1,2 million et deux maisons plus chères.

Marge d'erreur ou intervalle de confiance

La place accordée à la marge d'erreur dans les manuels et les rapports d'expertise est malheureusement inversement proportionnelle à son importance. Lorsque cette question est évoquée, les experts articulent habituellement un pourcentage, typiquement 10%. Ils sous-entendent par là qu'en cas de vente du bien expertisé, le prix payé devrait se situer dans un intervalle de 10% autour de leur estimation du prix probable.

Le conditionnel n'est pas superflu. Pour le supprimer, il faudrait souvent prendre une marge plus grande mais cela ne satisferait évidemment pas le mandant. Une marge de 10% peut facilement représenter une somme importante. Pourtant, elle est rarement suffisante pour exclure que le prix payé se situe en dehors de l'intervalle ainsi défini.

Des écarts de plus de 10% entre le prix payé et une estimation du prix probable sont relativement fréquents, de même que des écarts de plus de 20% entre les prix probables estimés par des experts différents. Mais ces derniers sont bien empruntés pour dire dans quelle mesure l'erreur risque d'être supérieure à la marge admise. Les experts ne précisent pas non plus si le prix payé a plus de chance de se situer à 2% ou à 8% du prix probable, ou si la probabilité est uniforme dans l'intervalle défini par la marge.

Admettre une marge d'erreur, c'est reconnaître implicitement que le prix probable est mieux représenté par une distribution de probabilité que par un montant unique. La forme de cette distribution dépend de celle des paramètres ayant servi à estimer le prix probable (prix, prix unitaires, rendements, etc.). Elle peut varier selon le lieu et le type de bien.

La distribution du prix probable peut être exprimée sous la forme d'une moyenne et d'un écart type, ou d'une relation graphique ou mathématique. Si le prix probable est estimé sur la base d'une seule variable, sa distribution peut généralement être calculée sans grande difficulté. Mais si plusieurs variables entrent en jeu et si ces variables ont des degrés de fiabilité différents, le calcul algébrique devient impuissant et il faut procéder par simulation.

Grâce aux moyens informatiques, les simulations sur plusieurs paramètres sont devenues des jeux d'enfants. Si elles sont malgré cela peu répandues dans la pratique, c'est surtout parce que l'expression du prix probable sous la forme d'une distribution de probabilité répond plus à un souci d'objectivité intellectuelle (scientifique) de l'expert qu'aux préoccupations du mandant.

7.2 Ajustement sur les caractéristiques

7.2.1 Ajustement sur une seule caractéristique

Prix probable = prix payé pour une unité d'une caractéristique représentative de la qualité multiplié par le nombre d'unités de cette caractéristique pour le bien expertisé.

Un appartement situé dans le même bâtiment et au même étage que l'appartement à évaluer, qui s'en distingue essentiellement par la taille et qui a été récemment vendu, peut servir de référence pour l'estimation du prix probable s'il est possible d'établir une relation entre le prix d'un appartement et sa surface. Si l'un mesure 80 m^2 et a été vendu pour CHF 400 000, il n'est pas très téméraire d'évaluer à CHF 450 000 le prix probable de l'autre qui mesure 90 m^2. En effet, on déduit de la transaction un prix unitaire de CHF 5000/m^2.

Ce prix unitaire estimé sur la base d'une seule transaction permet une bonne estimation du prix probable si le bien échangé est par ailleurs semblable. Lorsque l'expert ne dispose que d'une seule transaction, il ne peut faire mieux qu'en déduire un prix unitaire pour un indicateur unique de la qualité, typiquement la surface, et supposer que ce prix unitaire est le même quelle que soit la qualité (surface) de l'appartement évalué. Ainsi par exemple, si l'on connaît la transaction représentée par le point A dans la figure 7.1, on en déduit le prix unitaire p_1 (le rapport entre le prix et la surface) qui, appliqué à un bien de surface S, conduit au prix probable P1. Dans l'exemple ci-dessus, le prix unitaire observé (p_1) est CHF 5000/m^2 et le prix probable (P1) de CHF 450 000. Si l'on avait plutôt utilisé une autre offre représentée par B dans la figure 7.1, on en aurait déduit le prix unitaire p_2, ce qui aurait conduit à estimer le prix P2 pour le bien de surface S. Par exemple, un appartement de 110 m^2 payé CHF 451 000 donne un prix unitaire (p_2) de CHF 4100/m^2 et un prix probable (P2) de CHF 369 000.

Lorsque l'expert dispose de plusieurs offres, il peut supposer que les écarts de prix unitaires sont dus à certaines différences autres que la surface. Il peut alors appliquer le principe de compensation vu plus haut et calculer la moyenne des prix unitaires pour estimer le prix probable d'un autre appartement. Il revient au même de calculer la moyenne des prix estimés en appliquant les différents prix unitaires. Dans notre exemple, le prix unitaire moyen est CHF 4550/m^2 et le prix probable moyen CHF 409 500. Du fait de sa simplicité, cette astuce est largement répandue, également pour les locaux non résidentiels et les terrains non bâtis.

En général, c'est la surface utile principale qui sert d'indicateur unique de la qualité des biens comparés. Il faut au moins recourir à un échantillon bien choisi et assez large pour que le prix moyen du m^2 soit une donnée fiable. Les critères statistiques décrits ci-dessus pour le prix moyen des biens s'appliquent évidemment.

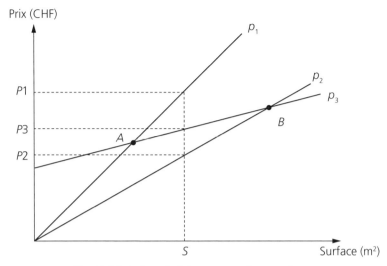

Fig. 7.1 Relations linéaires entre prix et surfaces.

Ici aussi, l'expert non courtier est tributaire des informations publiées par les offices statistiques, les associations professionnelles ou la presse spécialisée. Dans ces publications, la référence du prix au m² domine la scène. On connaît le prix moyen d'un m² de terre agricole en Picardie, d'un m² de terrain en zone industrielle à Genève ou d'un m² de terrain à bâtir au centre de Tokyo, mais également d'un m² de bureau à Londres ou du m² de plancher d'un appartement parisien (voir encadré).

Comme les prix moyens publiés, ces prix au m² ont le principal défaut d'être basés sur des échantillons avec des dispersions de prix importantes qui ne sont pas toujours communiquées. Les statistiques sont trop peu précises en regard de l'hétérogénéité des biens, et l'expert devra procéder à des ajustements pour tenir compte des autres caractéristiques. De plus, on doit supposer que le prix est proportionnel à la surface, ce qui est périlleux pour les biens dont la surface s'écarte beaucoup de la surface moyenne usuelle.

L'utilisation d'une caractéristique unique n'est pas défendable pour une autre caractéristique que la taille d'un bien car c'est de loin la plus importante pour les usagers sur un marché donné. Mais elle peut être employée avec le revenu locatif procuré par un immeuble, ce revenu pouvant être considéré comme une caractéristique synthétique par un investisseur (sect. 7.3).

Notons enfin que dans certains cas la taille est mieux mesurée par le volume que par la surface, par exemple lorsqu'il s'agit d'un entrepôt. Cela rapproche alors l'astuce de la caractéristique unique de celle qui est couramment utilisée par les architectes pour estimer sommairement un prix de construction. Une fois de plus, c'est le point de vue des usagers qui devrait guider le choix du meilleur indicateur de taille.

> LE PRIX D'UN M² DE SOL
>
> 1 €   terre pour culture céréalière
> 10 €:   bonne terre pour culture de la vigne
> 100 €   terrain à bâtir pour maison individuelle en périphérie d'une petite ville
> 1 000 €:   terrain à bâtir dans une ville moyenne
> 10 000 €:   terrain à bâtir au centre d'une grande ville
> 100 000 €:   terrain à bâtir dans l'hypercentre d'une métropole
>
> LE PRIX D'UN M² DE PLANCHER
>
> 1 000 €:   halle industrielle
> 2 000 €:   appartement dans une petite ville
> 3 000 €:   appartement neuf dans une ville moyenne
> 4 000 €:   bureau dans le centre d'une ville moyenne
> 5 000 €:   appartement de standing dans une grande ville
> 10 000 €:   bureau ou appartement de luxe dans un lieu privilégié
>
> Ces prix sont des ordres de grandeur provenant de l'expérience des auteurs. Ils varient évidemment selon les régions et les caractéristiques des biens. Les prix relatifs sont plus fiables que les prix absolus.

On peut faire mieux que le prix au m²

Avec suffisamment de transactions, on devrait estimer une relation non linéaire entre prix et surface. La formule du prix probable devient alors:

Prix probable = application au bien expertisé de la relation estimée sur la base de transactions comparables entre les prix payés et une caractéristique unique des biens.

En effet, la forme de la relation peut être affinée pour tenir compte du fait que le prix au m² a tendance à diminuer lorsque la surface augmente. En utilisant les données des deux transactions représentées dans la figure 7.1, on calcule un prix marginal p_3, qui conduit à estimer le prix équivalent du bien de surface S à $P3$. Dans l'exemple ci-dessus, le grand appartement B mesure 30 m² de plus que le petit appartement A et il a été vendu pour un supplément de prix de CHF 51 000. Cela fait CHF 1 700 par m² en plus ou en moins. Les 10 m² que l'appartement à évaluer compte en plus par rapport à l'appartement A justifient donc un supplément de CHF 17 000, ce qui le met à CHF 417 000.

Avec davantage de transactions, on peut même estimer une relation entre prix et surface qui fait baisser le prix d'un m² supplémentaire lorsque la surface augmente. Mais ces hypothèses impliquent l'usage d'outils statistiques plus élaborés et plus difficiles à manier qu'une simple moyenne. Ils sont donc relativement peu employés, bien que leur usage s'intensifie avec le développement des moyens informatiques. Le défi consiste à trouver une fonction mathématique qui minimise les écarts entre les prix qu'elle prédit et les prix observés. La solution la plus couramment utilisée est celle des moindres carrés.

L'ajustement est plus difficile à effectuer si la différence entre deux biens se situe au niveau d'une autre caractéristique que la surface. Il manque souvent, pour la vue ou la qualité des matériaux par exemple, une unité de mesure simple comme le m^2 pour la taille. Il faut alors trouver des indicateurs de substitution, par exemple l'étage pour la vue ou l'ensoleillement. Mais ces indicateurs sont forcément réducteurs et approximatifs. Enfin, même si l'on trouve une unité de mesure relativement bonne, il ne faut en tout cas pas passer par un simple prix unitaire. Un même appartement ne vaut pas CHF 200 000 au premier étage et CHF 600 000 au troisième.

7.2.2 Ajustement sur plusieurs caractéristiques

Prix probable = prix reconstitué à partir de prix payés pour des biens différents, en fonction des différences de caractéristiques.

Le prix probable d'un appartement au cinquième étage devrait être légèrement plus élevé que le prix payé pour le même appartement au premier étage du même immeuble. Les promoteurs et les régisseurs savent pratiquer ce genre d'ajustement parce qu'ils ont l'habitude de vendre ou de louer simultanément plusieurs appartements ou locaux dans le même bâtiment. L'incidence d'un étage supplémentaire sur le prix peut être exprimée en % ou en francs. Typiquement, on compte 1% ou 2% de plus par étage. Cet ajustement reste approximatif car la différence dépend des circonstances, en particulier de l'environnement immédiat et de son incidence sur la vue et l'ensoleillement.

Pour les autres caractéristiques, les ajustements sont encore plus approximatifs. Il est difficile de connaître l'incidence sur le prix d'un kilomètre en moins à parcourir pour atteindre le centre ville, ou d'une année de vétusté en moins. Et comme l'ajustement concerne souvent plusieurs caractéristiques simultanément, que ce soit sur la base d'un prix individuel, d'un prix moyen ou d'un prix unitaire, l'approximatif penche facilement vers l'arbitraire et l'aléatoire. Pour éviter ce piège, l'expert doit connaître des biens peu dissemblables et échangés récemment. Il peut alors combiner différentes astuces, par exemple ajuster des prix individuels pour ensuite calculer un prix moyen, ou ajuster un prix moyen en fonction des caractéristiques de l'objet expertisé.

Ces techniques sont peu prisées des experts car les résultats peuvent rarement être justifiés par un calcul précis. Mais le développement des outils statistiques, de l'informatique et des bases de données permet aujourd'hui de tenir compte de nombreuses caractéristiques des biens pour en expliquer les prix de manière plus scientifique, et reconstituer sur cette base le prix probable de l'objet expertisé.

Un traitement statistique de la qualité

Une approche de plus en plus couramment utilisée consiste à utiliser un modèle statistique pour déterminer comment les acteurs du marché évaluent les caractéristiques et quelle importance ils leur donnent. Il s'agit du **modèle hédoniste**, qui tire son nom de l'hypothèse selon laquelle un bien n'a de valeur que par le plaisir (ou déplaisir) que ses caractéristiques procurent à l'usager. Le modèle consiste à exprimer les prix par une fonction mathématique dont les arguments sont les caractéristiques des biens. Comme pour l'analyse multicritère (sect. 3.3), il faut définir au préalable les caractéristiques, mais on peut les mesurer dans leurs différentes unités (m^2, années, %, etc.) sans devoir les traduire en notes dans un barème unique[2]. Plus important encore, il n'est pas nécessaire de fixer la pondération, puisqu'elle est donnée statistiquement de façon à expliquer au mieux les prix observés. D'une certaine façon, le prix observé pour un bien correspond à sa note globale et on cherche la pondération qui, appliquée aux notes obtenues par ce bien pour les différentes caractéristiques, permet le mieux de reproduire la note agrégée, et ceci pour tous les biens de l'échantillon.

Le modèle hédoniste est souvent linéaire, ce qui signifie que le prix du bien est exprimé comme la somme des montants payés pour toutes les caractéristiques, ces montants étant eux-mêmes chaque fois le produit de la quantité d'une caractéristique et de son *prix implicite* estimé. D'autres formes fonctionnelles sont également utilisées pour la relation entre le prix et les caractéristiques afin d'obtenir un meilleur ajustement des prix observés. Ainsi par exemple, on peut estimer dans un modèle linéaire que le prix d'un appartement augmente de CHF 10 000 par étage ou dans un modèle logarithmique qu'il augmente de 2%.

Comment choisir les caractéristiques pertinentes?

La mise en œuvre du modèle hédoniste commence donc par le choix des caractéristiques et de leurs unités de mesure. La question du meilleur choix possible est peu abordée dans la littérature car la liberté de choix est tributaire des données disponibles. Celles-ci étant généralement fort limitées, les auteurs ont consacré leur énergie plus souvent à justifier l'emploi de ce qui existe qu'à rechercher les caractéristiques et les unités de mesure les plus pertinentes. Cependant, grâce à un engouement croissant pour ce modèle, on trouve aujourd'hui des études qui ont réclamé beaucoup d'énergie pour réunir les données pertinentes (Baranzini et Ramirez, Fahrländer, Salvi et

---

[2] On continue cependant de donner une note aux caractéristiques purement qualitatives.

Schellenbauer, Scognamiglio, Wüest & Partner et toutes celles qui ont été réunies dans Baranzini *et al.*).

Les bons experts se mettent à la place des acheteurs pour déterminer les caractéristiques qui les intéressent, puis ils cherchent à mesurer au mieux ces caractéristiques. Dans de nombreux cas, en particulier pour des caractéristiques environnementales ou de situation, ils doivent élaborer des hypothèses héroïques pour convertir les impressions des acheteurs en mesures rigoureuses. De plus, cet exercice devrait être renouvelé régulièrement puisque les caractéristiques changent (par exemple l'exposition au bruit) tout comme les goûts des acheteurs. Enfin, c'est l'estimation statistique du modèle qui dira si une caractéristique choisie contribue effectivement à expliquer les différences de prix entre les biens et si l'ensemble des caractéristiques retenues parvient à expliquer ces différences.

Cette question mérite néanmoins une petite réflexion théorique, en dehors des habituelles contingences empiriques. Le lecteur constatera que la quête du meilleur choix est laborieuse et qu'il n'y a pas ici non plus de vérité absolue.

Les caractéristiques n'ont pas la même importance selon le type de bien. La vétusté ne signifie rien pour un terrain agricole, et le taux de matières organiques dans le sol n'a pas d'incidence sur le prix d'une halle industrielle. Sans aller jusqu'à ces extrêmes, le degré d'ensoleillement n'a pas la même importance pour un local artisanal ou pour un appartement de vacances. Il faut donc bien définir le marché de référence et construire un modèle hédoniste propre à chaque marché, avec sa sélection de caractéristiques et ses prix implicites estimés. On peut ainsi avoir un modèle pour les pâturages, un autre pour les terrains à bâtir en zone industrielle, un autre encore pour les maisons individuelles ou les arcades commerciales. Ceci réduit sensiblement le nombre de caractéristiques à prendre en considération dans un modèle. Néanmoins, celles-ci restent souvent fort nombreuses, en particulier pour les immeubles bâtis.

Relativement peu d'attention a été accordée jusqu'à présent à la définition des caractéristiques. La tâche n'est pourtant pas évidente. L'ensoleillement apporte une satisfaction directe à l'usager d'un appartement, mais c'est au travers de la quantité de laitues ou de raisin produite qu'il apporte une satisfaction à l'usager d'une terre agricole. Et encore, est-ce vraiment l'ensoleillement qui compte pour un appartement, ou plutôt la luminosité? Probablement les deux, mais l'ensoleillement influence directement la luminosité, et ces deux caractéristiques sont en partie redondantes. Autre exemple, la vétusté n'a pas d'importance en elle-même mais seulement par le biais de son incidence sur l'aspect du bâtiment et sur les coûts de maintenance futurs. Tout cela mérite d'être clarifié par une distinction entre les facteurs qui procurent une certaine satisfaction, d'une part, et les caractéristiques d'un bien d'autre part, même si la classification dépend parfois du type de bien (tab. 7.1).

Tableau 7.1 Eléments typiquement pris en compte dans un modèle hédoniste.

Facteur de satisfaction	Caractéristique	Unité de mesure
Espace disponible (terrain agricole)	Surface du terrain	m²
Espace disponible (terrain à bâtir)	Surface de plancher (droits à bâtir)	m²
	Surface du terrain	m²
Espace disponible (appartement, bureau…)	Surface de plancher	m²
Fertilité	Densité de matières organiques	kg/m³
	Ensoleillement	heures soleil/jour
	Précipitations	mm/an
	Etc.	
	Quantité produite	quintal (/hectare)
Accessibilité	Durée des trajets (école, commerces, services publics, loisirs…)	min./trajet
	Disponibilité en parking	place de parc
	Localisation	quartier ou commune (variables binaires, catégories)
Calme (logement)	Niveau de bruit	décibel
Vue	Dégagement	1, 2, 3, 4…
Ensoleillement Luminosité Calme	Etage	1, 2, 3, 4…
Environnement social (logement)	Revenu moyen des habitants de la commune	CHF/an
Aspect du bien	Qualité des revêtements	1, 2, 3, 4…
	Degré de vétusté des revêtements	%
Qualité architecturale		1, 2, 3, 4…
Equipements	Nombre de salles de bain	1, 2, 3, 4…
	Nombre d'appareils de cuisine	
	Nombre de placards	
	Cheminée	
	Etc.	
Frais de maintenance bas	Qualité des matériaux	1, 2, 3, 4…
	Degré de vétusté	%

Certains facteurs de satisfaction comme l'accessibilité recouvrent plusieurs caractéristiques. Ils peuvent parfois être représentés par une caractéristique synthétique, par exemple le quartier ou la commune pour l'accessibilité, ce qui simplifie le modèle. Certaines caractéristiques comme l'étage peuvent même représenter plusieurs facteurs de satisfaction, ce qui réduit encore le nombre de variables. Une autre façon de le réduire est de limiter le champ d'analyse à une agglomération ou une région. En définitive, le choix résulte d'un arbitrage entre l'objectif d'exhaustivité et l'obstacle de la récolte des données. L'essentiel est de ne pas oublier des caractéristiques qui pourraient avoir une incidence notable sur les prix.

Il faut également faire attention dans l'interprétation des prix implicites. S'il manque des caractéristiques dans le modèle – et il en manque toujours –, les caractéristiques incluses liées à celles qui manquent capturent les effets de ces dernières. Admettons par exemple que l'on n'a pas pris en compte le caractère fonctionnel du bâtiment mais que l'on a inclus son âge et que les bâtiments plus récents sont systématiquement plus fonctionnels (par rapport aux exigences actuelles). Dans ce cas, le prix implicite estimé pour l'âge, donc la baisse du prix par année d'âge supplémentaire, serait interprété à tort comme un effet de vieillissement uniquement. Pour la qualité de l'estimation du prix, l'omission de caractéristiques étroitement liées aux caractéristiques prises en compte ne pose par contre pas de problème.

Comment mesurer les caractéristiques?

Le choix des unités de mesure n'est pas plus facile. Rares sont les caractéristiques pouvant être mesurées sur une échelle simple et directe comme la surface. Le choix de l'unité de mesure peut même influencer le choix de la caractéristique. Comment caractériser l'environnement social d'une maison individuelle par exemple? Plusieurs éléments peuvent être pris en considération, comme le niveau de formation ou les catégories socioprofessionnelles des habitants du quartier, mais ces caractéristiques ne sont pas faciles à mesurer. Elles peuvent être remplacées par une caractéristique synthétique plus aisément observable mais plus difficilement interprétable, comme le revenu moyen des habitants du quartier.

Il n'y a souvent pas d'autre choix que de créer une échelle de mesure ad hoc, par exemple une échelle de 1 à 4 pour la qualité de la vue ou le degré de vétusté du bâtiment. Parfois, il est plus approprié d'employer des mesures binaires, par exemple le fait de disposer d'aménagements luxueux ou pas, ou le fait d'avoir un balcon ou pas. Les communes peuvent être regroupées par catégories, mais le modèle perd de la souplesse.

En définitive, le choix des caractéristiques résulte d'un compromis entre des objectifs contradictoires. La multiplication des caractéristiques devrait permettre de meilleurs ajustements, mais le modèle requiert un échantillon de transactions d'autant plus grand que le nombre de caractéristiques est élevé. Et surtout, le choix est tellement contraint par les données disponibles que les caractéristiques retenues sont parfois très discutables. Par exemple, l'année de construction est utilisée comme indicateur de vétusté. Mais cet indicateur est évidemment très imparfait puisque au-delà d'un certain âge, les bâtiments ont toutes les chances d'avoir été rénovés.

Quelle forme prend la relation entre le prix et les caractéristiques?
Le choix des caractéristiques effectué, il s'agit encore de trouver la forme fonctionnelle qui représente au mieux la réalité du marché. Ici, ce sont les outils statistiques d'estimation des coefficients de la fonction qui constituent une contrainte. Les formes usuelles car intuitives et faciles à interpréter sont les formes linéaires et multiplicatives. Dans un modèle linéaire, une cheminée de salon ajoute par exemple CHF 10 000 au prix probable d'une maison. Dans un modèle multiplicatif, elle augmente le prix de la maison par exemple de 1%. La forme multiplicative peut être transformée en forme linéaire en passant par les logarithmes, ce qui facilite considérablement l'estimation des prix implicites (qui ne sont pas simplement uniformes dans ce modèle mais dépendent de la quantité de la caractéristique correspondante).

Une fois les coefficients estimés, il est possible de reconstituer le prix probable de n'importe quel bien, à condition évidemment de connaître ses caractéristiques. C'est là le principal intérêt du modèle. L'inconvénient est que les coefficients peuvent varier dans le temps. Le modèle est conjoncturel et volatil, surtout si les prix évoluent rapidement. Il doit donc être régulièrement réestimé avec les dernières transactions observées. Les transactions moins récentes peuvent être conservées à condition de tenir compte de l'évolution des prix (sect. 7.4).

Depuis sa première application au marché automobile dans les années 1930 (Court, 1939), le modèle hédoniste est devenu une référence pour l'analyse des prix de biens hétérogènes et continue d'être affiné pour décrire de mieux en mieux la diversité des biens immobiliers.

7.3 Le multiplicateur du revenu

Prix probable = revenu locatif du bien expertisé multiplié par le rapport prix/revenu ou divisé par le rapport revenu/prix observé pour des transactions comparables

Nous l'avons déjà vu dans la section 3.4, le revenu locatif peut servir d'indicateur synthétique de la qualité d'un bien immobilier loué. Ce sera de toute façon la caractéristique la plus importante pour l'investisseur. Là où la détermination du prix équivalent se contentait de comparer les rapports revenu/prix de divers biens proposés à la vente, la détermination du prix probable va utiliser surtout des rapports revenu/prix observés dans des transactions réelles.

Le courtier est à nouveau le mieux placé pour connaître ces rapports revenu/prix, d'autant plus que les statistiques en la matière sont plus rares que celles relatives aux prix par m^2. Les professionnels connaissent l'ordre de grandeur des rapports revenu/prix typiques du marché (voir encadré page 134), mais il est difficile de justifier un chiffre précis sans analyser des transactions récentes.

Ajustement des rapports revenu/prix observés

Manifestement, les rapports revenu/prix ne sont pas les mêmes pour tous les types de biens. Cela n'est pas surprenant quand on se souvient que le revenu locatif n'est qu'un indicateur grossier de ce qui intéresse l'acquéreur potentiel, soit, pour l'investisseur, le flux des revenus nets futurs, et pour l'usager, les possibilités d'usage et les charges futures. Dès lors, on devrait se limiter à comparer les rapports revenu/prix de biens semblables. Ou alors, on devrait corriger les rapports observés en fonction des caractéristiques pertinentes des biens.

Si l'expert dispose de données sur les multiplicateurs ou rapports revenu/prix moyens, il devra les ajuster en fonction de l'affectation, de la localisation, de la qualité des matériaux, de la vétusté de l'objet expertisé, tous ces éléments pouvant affecter les revenus futurs. En revanche, dans certaines limites, le multiplicateur ne dépend pas de la taille de l'immeuble.

Avec des données de transactions individuelles, l'expert peut calculer des rapports revenu/prix pour chacune et retenir ceux qui décrivent les immeubles les plus semblables à celui qu'il évalue. Un peu d'analyse lui permet même d'opérer des ajustements systématiques lorsqu'il n'y a pas d'immeuble semblable dans l'échantillon. Il peut par exemple observer qu'un immeuble qui a vingt ans de plus donne le même taux de rendement lorsque le rapport revenu (brut)/prix est d'un point de pour cent plus élevé. L'expert peut alors prendre des immeubles avec des degrés de vétusté différents comme référence pour son estimation, en ajustant le rapport revenu/prix en conséquence.

Deux immeubles peuvent aussi avoir des rapports revenu/prix différents parce que les investisseurs demandent des taux de rendement différents. Supposons deux biens qui ne se distinguent que par leur localisation. S'il s'avère par exemple que le rapport revenu/prix d'un immeuble situé à Neuchâtel est systématiquement d'un point de pour cent plus élevé que celui d'un immeuble semblable situé à Genève, l'investisseur peut se référer à des immeubles vendus ou en vente dans une ville pour fixer son prix équivalent pour un immeuble en vente dans l'autre, à nouveau en ajustant le rapport revenu/prix.

L'étape suivante consiste à expliquer les rapports revenu/prix observés dans différentes transactions présentes et passées par certaines variables susceptibles de les influencer. On se souvient en effet que le rapport revenu brut/prix reflète les demandes de rendement, les charges et les anticipations de croissance. Les variables susceptibles de les influencer sont donc des déterminants de ces trois dimensions. On cherche alors à corréler les rapports revenu brut/prix observés avec des indicateurs conjoncturels (taux d'intérêt, taux d'inflation, taux de croissance des revenus), des indicateurs décrivant l'immeuble (période de construction, régime des loyers (HLM, etc.), société immobilière, voire tous les déterminants habituellement utilisés dans un modèle hédoniste) et éventuellement même des indicateurs caractérisant

> **RAPPORTS TYPIQUES ENTRE REVENU ET PRIX**
>
> Le pourcentage représente le rapport entre revenu brut et prix. Le nombre entre parenthèses est le multiplicateur du revenu brut. Il s'agit d'ordres de grandeur.
> 5% (20,0): Bureaux ou appartements de luxe dans un lieu privilégié
> 6% (16,7): Immeuble résidentiel neuf dans le centre d'une grande ville
> 7% (14,3): Immeuble administratif récent dans une grande ville
> 8% (12,5): Immeuble résidentiel dans un état moyen
> 10% (10,0): Immeuble vétuste dans une grande ville
> 12% (8,3): Immeuble vétuste dans un quartier défavorisé
>
> Les rapports varient dans le temps. Il s'agit ici de valeurs moyennes. Lorsque l'on peut observer des rapports revenu brut/prix inférieurs à 5% pour des objets standard, le marché se trouve dans une phase de prix très élevés.
>
> Le graphique de la figure 7.2 représente les rapports revenu brut/prix affiché calculés chaque mois de 1975 jusqu'à sa retraite en février 2003 par le Professeur Tobias Studer de l'Université de Bâle. Il s'agit de la moyenne lissée des rapports qu'il a observés dans les annonces de vente d'immeubles d'habitation multifamiliaux de première qualité dans toute la Suisse (Studer, 1996).
>
>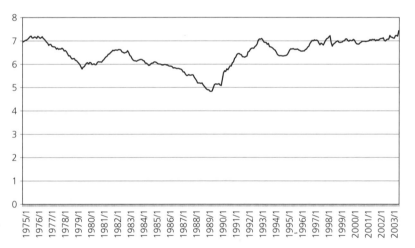
>
> **Fig. 7.2** Rapports revenu brut/prix affiché moyens recensés par le Professeur Studer.

l'acheteur du bien (caisse de pension par exemple). Cette approche permet d'élargir considérablement l'échantillon des transactions utilisées pour la comparaison et de calculer un rapport revenu/prix taillé sur mesure pour le bien à évaluer (Thalmann, 2002). Elle permet même la prévision de l'évolution du prix, à condition de prévoir les indicateurs conjoncturels.

Les investisseurs, et surtout les experts, procèdent rarement à ce type d'ajustements car il faut pouvoir estimer statistiquement les déterminants des rapports revenu/prix, ce qui exige une base de données conséquente et certaines compétences. En l'absence de modèles tenus à jour et publiés, seuls ceux qui connaissent bien le marché savent quel est approximativement le rapport revenu/prix pour tel ou tel type d'immeubles, sans que cela découle d'un calcul précis.

Si des biens semblables sont loués à des prix pouvant être forts différents, comme c'est le cas en Suisse en raison notamment du système de protection des locataires, l'expert devra également tenir compte d'une éventuelle différence entre le loyer de l'objet expertisé et les loyers moyens des immeubles de référence. Pour cela, il peut ajuster le multiplicateur ou les loyers. Dans le deuxième cas, il doit tenir compte du fait que l'ajustement effectif des loyers ne sera pas immédiat.

7.4 Indexation d'un prix antérieur du bien

Prix probable = prix payé pour le bien expertisé, indexé à l'évolution des prix des biens semblables

Quoi de plus semblable à une chose que cette chose elle-même? Si un bien a déjà été vendu par le passé, le prix payé peut servir de référence pour le prix probable actuel. L'ajustement est cette fois-ci diachronique. Pour pouvoir l'effectuer, il faut user d'une variante de la première astuce et supposer que l'évolution des prix des biens semblables est identique. Il faut ensuite disposer d'une mesure de cette évolution, à savoir d'un indice de prix, ce qui est loin d'être aussi évident que pour les prix d'autres biens plus homogènes.

Dernier élément mais non des moindres, le bien expertisé doit avoir la même qualité au moment de l'expertise que lors de la dernière vente. Il doit en particulier être dans le même état d'entretien et ne pas avoir subi de transformation ou d'agrandissement. Dans le cas contraire, il faut à nouveau procéder à des ajustements.

La difficulté des indices de prix

En principe, on aurait besoin d'indices de prix même si on utilise des données de transaction plutôt qu'un prix historique du bien. En effet, les méthodes basées sur la comparaison avec les prix du marché se heurtent au phénomène de l'évolution des prix, les informations sur les transactions pouvant devenir rapidement obsolètes. Si les variations de prix sont importantes, les données datant de plus de deux ou trois mois ne devraient pas être prises en considération, sinon elles risquent de fausser l'estimation. A moins évidemment que l'évolution temporelle des prix ne soit connue.

Beaucoup d'efforts ont été déployés pour mesurer l'évolution des prix immobiliers. L'obstacle principal est encore une fois l'hétérogénéité des biens. En effet, un indice de prix est censé refléter l'évolution du prix d'un bien ou d'un panier de biens de qualité constante, alors que ce ne sont pas les mêmes biens immobiliers qui sont échangés d'une période à l'autre. Il faut donc encore user d'astuces, de subterfuges et d'autres approximations pour construire des indices de prix.

Ici aussi, le développement des moyens informatiques a permis l'apparition relativement récente de quelques indices de prix immobiliers. La tâche des statisticiens est toutefois compliquée par le fait que l'évolution des prix peut être très différente selon le type de biens ou selon la région, ce qui réduit fortement la taille des échantillons servant de base à la construction des indices et par conséquent leur fiabilité.

Différentes solutions statistiques permettent de contourner l'obstacle de l'hétérogénéité et de construire des indices de prix (voir encadré). Quant à l'homogénéité de l'évolution des prix, elle peut être testée de différentes façons. La possibilité d'effectuer ces tests est toutefois limitée par la taille des échantillons. A priori, l'évolution des prix de biens substituables devrait être semblable. On construit donc généralement des indices pour des marchés de référence relativement homogènes.

Les indices de prix immobiliers

Indices calculés avec des prix moyens
Les observateurs du marché immobilier ont toujours été tentés de mesurer l'évolution des prix en comparant les prix moyens d'une période à l'autre. Mais cette solution est délicate car les biens échangés sont différents. Pour que de tels indices soient fiables, il faut que la qualité moyenne des échantillons soit constante. Une grande attention doit donc être portée à la constitution de ces échantillons, qui devraient comprendre un nombre aussi grand que possible de biens les plus semblables possible.

Indices calculés avec des ventes répétées
Une autre façon de contourner l'hétérogénéité est de ne prendre en considération que les biens échangés plus d'une fois et de combiner les taux de variations de prix calculés par paires de transactions. L'hypothèse implicite est que la qualité des biens ne varie pas, ou du moins que les différences de qualité se compensent. L'analyse économétrique permet de trouver l'indice qui reflète au mieux les variations de prix observées.

Indices calculés à l'aide du modèle hédoniste
Pour mesurer l'évolution des prix avec le modèle hédoniste, il suffit d'intégrer une ou plusieurs variables qui représentent le temps. Comme les prix suivent rarement une fonction mathématique, il est préférable d'introduire

une variable binaire pour chaque année (elle prend la valeur 1 pour les transactions de l'année correspondante et 0 pour les autres). Les coefficients estimés pour cette variable permettent de reconstruire l'évolution du prix d'un bien dont toutes les caractéristiques restent constantes. La Banque cantonale de Zurich estime un indice de prix sur base hédoniste depuis 1996.

Indices basés sur le rapport revenu/prix
Si l'on peut calculer un rapport moyen des revenus bruts sur les prix pour chaque période (année, voire mois), on peut diviser l'indice des loyers, qui mesure l'évolution des revenus bruts, par ce rapport pour obtenir le prix d'un immeuble qui aurait produit la valeur de l'indice comme revenu. Dans la mesure où l'indice des loyers est épuré des changements de qualité, on obtient une série de prix pour un immeuble fictif de qualité homogène. Il suffit alors de diviser le prix ainsi calculé pour chaque année par celui de l'année de référence pour obtenir un indice. La figure 7.3 représente le résultat de ce calcul utilisant l'indice suisse des loyers et les rapports revenu brut/prix affiché moyens recensés par le Professeur Studer et présentés plus haut (indice base 100 en janvier 1980).

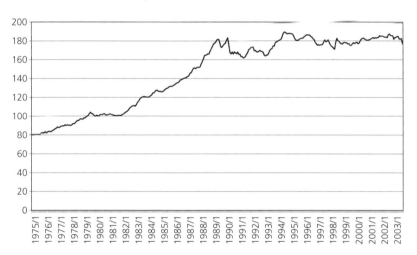

Fig. 7.3 Indice de prix dérivé des rapports revenu brut/prix du Professeur Studer.

A quel prix antérieur appliquer l'indice?
L'indice de prix devrait être appliqué au dernier prix payé pour le bien expertisé. Mais si celui-ci a subi d'importants travaux ou s'il n'a pas été entretenu durant une longue période, le prix indexé devra être ajusté pour en tenir compte. Il en va de même si le prix indexé n'était pas un prix payé dans des conditions normales de marché.

Un indice peut également être utilisé pour mettre à jour les prix observés dans des transactions anciennes. Ceci permet d'élargir considérablement l'échantillon de référence pour la comparaison immédiate, le calcul d'un prix moyen ou unitaire ou encore le modèle hédoniste, ce qui devrait procurer une plus grande fiabilité à ces estimations. L'expert peut même se constituer graduellement un bel échantillon de transactions, en en ajoutant à chaque occasion sans jamais devoir en jeter.

7.5 Le prix probable par comparaison directe

Selon les données dont il dispose, l'expert peut être amené à employer différentes astuces. Si un bien identique a été vendu la veille, la comparaison immédiate suffit et l'expertise est vite faite (il suffit de s'assurer que l'objet est bien identique). Heureusement pour les experts, c'est de la science-fiction.

Si les indices de prix de l'immobilier étaient fiables et si les biens étaient régulièrement maintenus dans le même état d'entretien, les expertises seraient aussi vite faites puisqu'il suffirait d'indexer le dernier prix payé. Mais cela aussi c'est de la théorie. Plus la dernière transaction est récente, plus on peut supposer que le bien est dans le même état d'entretien, mais les indices de prix sont d'autant moins fiables que la période est courte. Si la dernière transaction est ancienne, l'expert risque bien de ne pas avoir d'indice de prix qui remonte aussi loin. S'il a la chance d'en avoir un, il doit encore ajuster le prix pour la vétusté. Du fait de ces limitations, les experts n'ont pas pris l'habitude de procéder par indexation. On dispose pourtant aujourd'hui d'indices de prix pas moins fiables que certains ajustements sommaires sur les caractéristiques pratiqués régulièrement. Si l'expert peut savoir ce qui a été réalisé comme entretien depuis la dernière transaction, il peut corriger le prix indexé avec une marge d'erreur limitée.

Si le bien n'est pas loué, on n'imagine pas a priori utiliser un rapport revenu / prix. Pourtant, on peut toujours estimer un loyer. Il faut juste être attentif à la cohérence entre le loyer estimé et les loyers des immeubles de référence, par exemple ne pas prendre un loyer du marché actuel dans l'hypothèse d'une mise en location du bien évalué si les loyers des biens de référence sont plus bas parce que les locataires sont en place depuis un certain temps et que leurs loyers n'ont pas été ajustés à l'évolution du marché.

Si l'expert dispose de données sur les transactions, il peut aussi ajuster les prix sur les caractéristiques. Il lui faut beaucoup de données pour un ajustement précis, mais quelques-unes suffisent pour un ajustement sommaire.

L'expert peut donc souvent employer deux voire trois astuces. Il se limite généralement à une, mais cela lui fait souvent perdre de l'information. S'il en utilise plusieurs, l'accent doit être porté sur le résultat obtenu avec les données les plus récentes et les plus nombreuses. Mais les différences en la matière sont rarement suffisantes pour que l'expert puisse ne retenir qu'un seul résultat sans perdre des informations précieuses. De plus, la qualité des données est rarement suffisante pour que la marge d'erreur sur les résultats soit très faible. L'expert doit alors compléter son estimation par une approche indirecte du prix probable (chap. 8). Cela lui donnera d'autres résultats, qu'il devra ensuite réconcilier avec les prix probables obtenus par comparaison directe (chap. 9).

7.6 En résumé

L'approche par comparaison directe avec les prix du marché est la plus naturelle pour déterminer un prix probable. Néanmoins, elle requiert des données très riches et de nombreux ajustements, ce qui contribue vraisemblablement à expliquer pourquoi les experts privilégient les méthodes par les revenus ou par les coûts. Pourtant, la fixation d'un taux d'actualisation pour la première ou d'un prix au m^3 pour la seconde n'est pas moins arbitraire qu'un ajustement approximatif sur la base des prix observés. Les experts ne devraient pas dédaigner l'approche par comparaison directe, mais au contraire garder toujours à l'esprit qu'elle est la seule manière d'estimer directement le prix probable (chap. 6).

La publication d'indices de prix de l'immobilier est relativement récente et jusqu'à présent limitée à quelques marchés spécifiques. Mais l'ensemble des statistiques relatives aux prix et aux rendements immobiliers devrait continuer à se développer. Et si cela s'accompagne d'une plus grande transparence des transactions individuelles, de données plus riches et de moyens techniques plus faciles à utiliser, l'approche par comparaison directe obtiendra la place qui devrait être la sienne dans le monde de l'évaluation immobilière.

Chapitre 8

L'ESTIMATION INDIRECTE DU PRIX PROBABLE

L'expert peut emprunter un chemin détourné pour atteindre le prix probable, en passant par les prix équivalents, les prix acceptables et les prix d'exercice, autrement dit en reproduisant le raisonnement des acteurs et en tenant compte de la situation du marché et des conditions de la vente (fig. 6.5). Selon ces conditions, le prix probable se situe quelque part en dessous du plus élevé des prix acceptables des acheteurs, sachant que le prix acceptable de chaque acheteur est le plus bas des prix équivalents découlant de ses alternatives (fig. 1.1).

Evidemment, il n'est pas réaliste de calculer les prix équivalents et le prix acceptable pour chaque acheteur potentiel du bien. Ces acheteurs sont d'ailleurs rarement identifiés. Selon le temps et les ressources à disposition, on se contente de faire les calculs pour un acheteur générique ou alors on définit divers types d'acheteurs, avec leurs exigences et préférences, et on fait les calculs pour chacun de ces types. Sur cette base, on identifie le type d'acheteur dont le prix acceptable est le plus élevé, ce qui fixe le plafond pour le prix probable.

Le choix de considérer ou non différents types d'acheteurs dépend des alternatives qu'ils envisagent. Si par exemple certains acheteurs considèrent l'option de construire et d'autres pas, il est difficile de définir un acheteur moyen. Les alternatives considérées dépendent du type de bien (sect. 8.1). La description de l'acheteur moyen ou des différents types d'acheteurs et de leurs alternatives détermine les méthodes à employer (sect. 8.2). Pour cerner le prix probable, il convient de retenir celles qui guident effectivement le comportement des acteurs sur le marché. Elles peuvent différer de celles que nous avons préconisées dans les chapitres 3 à 5, et dépendent notamment des caractéristiques des acheteurs potentiels (sect. 8.3). L'une des méthodes couramment employées en Suisse, qui n'a été qu'esquissée dans le chapitre 5, sera présentée ici en détail (sect. 8.4). Une fois tous les écueils franchis et les prix acceptables estimés, l'expert doit encore tenir compte de l'évolution probable du marché entre la mise en vente et la signature de l'acte (sect. 8.5).

8.1 Identifier les types d'acheteurs potentiels

On l'a vu (§ 6.2.4), le nombre d'acheteurs potentiels et la distribution de leurs prix acceptables contribuent à déterminer les prix d'exercice et par là le prix payé. Dans l'idéal, il faudrait donc identifier tous les acheteurs potentiels d'un bien, calculer le prix acceptable de chacun et les ordonner afin d'estimer le prix acceptable le plus élevé des acheteurs, qui sera le plafond pour le prix probable. A part pour des objets extrêmement particuliers qui n'intéressent qu'une poignée d'acheteurs clairement identifiés, cette tâche serait titanesque. Il est plus réaliste et généralement suffisant de se limiter à quelques types d'acheteurs potentiels pour lesquels on peut assez facilement calculer le prix acceptable.

La rationalité économique voudrait que le calcul de ce prix acceptable par type d'acheteur passe par le calcul des prix équivalents, donc par les alternatives à l'achat du bien envisageables par chaque type d'acheteur et ses critères de comparaison. Selon ces critères, ce sera plutôt l'une ou l'autre des alternatives qui donnera le prix le plus bas et fixera donc son prix acceptable.

La clientèle dépend de la situation du marché mais aussi du type de bien. On peut distinguer principalement entre les biens typiquement destinés à des usagers, comme les appartements, et ceux qui ne peuvent en principe intéresser que des investisseurs, comme les bâtiments à plusieurs logements. Certains biens peuvent toutefois intéresser aussi bien un investisseur qu'un usager, en particulier les terrains non bâtis ou les bâtiments administratifs et commerciaux d'une certaine importance.

Le propriétaire usager vendeur d'une maison individuelle, d'un appartement, d'un local commercial, administratif ou artisanal en PPE a surtout en face de lui des acheteurs usagers, surtout si le bien est vendu libre d'occupants. Mais certains investisseurs peuvent également s'y intéresser. Songez par exemple à ces épargnants qui possèdent deux ou trois appartements parce qu'ils ne font pas confiance à la bourse ou pour une autre bonne ou mauvaise raison. Si le bien est occupé par un locataire, les prix acceptables des acheteurs usagers sont d'autant plus faibles que la durée restante du bail est longue. Ceci contribue à expliquer pourquoi le prix d'un bien pouvant être acquis par un usager est habituellement plus bas s'il est loué. Il se peut même que les investisseurs évincent les acheteurs usagers si ces derniers montrent une forte préférence pour l'acquisition d'un immeuble vide et les premiers pour un immeuble générant déjà des revenus. La formation du prix est alors semblable à celle prévalant pour les immeubles ne pouvant intéresser que des investisseurs[1].

---

[1] Rappelons au passage qu'en principe l'acheteur usager compare avec les prix des biens équivalents mais vides alors que l'investisseur se réfère à des biens équivalents loués.

Un bâtiment industriel ou administratif, même conçu ou aménagé pour un usager unique, intéresse plus facilement un investisseur car il peut être transformé. Songez par exemple aux fabriques reconverties en lofts. De plus, les caractéristiques du bien peuvent ne répondre aux besoins que d'un nombre très restreint d'acheteurs usagers, voire d'aucun. L'acheteur typique est alors un investisseur.

Un immeuble à plusieurs logements n'intéresse pas a priori un usager. Sauf si les logements peuvent être réunis en un seul (ou si l'acquéreur envisage d'y loger d'autres membres de sa famille). Un centre administratif, commercial ou artisanal loué à plusieurs locataires n'intéresse pas non plus un usager. Un acheteur peut envisager de conserver un appartement ou un local pour son propre usage, mais il raisonnera quand même comme un investisseur.

La tâche de l'expert n'est pas forcément plus simple si le bien n'intéresse que des investisseurs ou que des usagers. Il n'y a pas que deux types d'acheteurs. Les usagers n'envisagent pas toujours tous les mêmes alternatives. Les investisseurs non plus. Certains par exemple considèrent l'option de construire et d'autre pas. Impossible alors de définir un acheteur moyen (qui n'envisagerait qu'à moitié de construire). Ce qui caractérise un type d'acheteur, ce sont ses alternatives (sect. 8.2).

La tâche d'identifier les différents types d'acheteurs potentiels et leurs prix acceptables est donc difficile, raison pour laquelle il est courant d'adopter un point de vue moyen en calculant le prix acceptable pour un acheteur qui n'est pas particulièrement habile ou attiré par ce bien et un vendeur qui n'est pas différent de cet acheteur moyen. C'est conceptuellement faux mais admissible lorsque les moyens manquent pour une analyse fine des acteurs en présence. Surtout, cela ne dispense pas d'estimer les prix équivalents pour cet acteur moyen en comparaison avec toutes les alternatives qu'il pourrait envisager et de tenter malgré tout de tenir compte des conditions du marché.

8.2 Etablir les comparaisons appropriées

Beaucoup d'acheteurs potentiels d'une maison familiale n'envisagent pas de construire ou de louer. Ils n'ont pas envie d'assumer les risques ou de supporter les délais inhérents à la construction et ils préfèrent le statut de propriétaire. En réalité, la plupart d'entre eux accepteraient vraisemblablement de construire ou de louer pour autant que l'avantage économique soit substantiel, plus précisément qu'il fasse plus que compenser le désagrément ou le risque qu'ils perçoivent dans la construction ou la location. Mais l'avantage économique requis devient une prime à ajouter au coût de construction ou de location si ces acheteurs calculent des prix équivalents par les coûts ou par les revenus. Et s'ils accordent une importance certaine aux inconvénients susmentionnés, il est presque sûr que ces prix équivalents seront plus élevés que celui obtenu en se basant sur les prix affichés pour des biens semblables. A tel point que beaucoup d'acheteurs ne font même pas les calculs. Pour eux, c'est la comparaison avec l'acquisition d'un autre bien qui doit être privilégiée (chap. 2 et § 6.2.3). D'autres acheteurs potentiels pourraient accepter la construction ou la location comme alternative, mais ces alternatives n'affectent leur prix acceptable que si elles conduisent à des prix équivalents plus faibles que la comparaison avec les prix d'autres biens. Ils ne pourront cependant pas faire valoir ces alternatives pour faire baisser le prix car ils sont en concurrence avec des acheteurs qui ne les envisagent pas. Par conséquent, ils vont renoncer à acheter et justement construire ou louer. Et le prix dépendra uniquement des acheteurs qui n'envisagent pas ces alternatives.

Cette démonstration est valable dans tous les cas de figure: lorsqu'il y a sur le marché un type d'acheteurs qui n'envisage qu'une seule alternative, c'est cette alternative qui détermine les prix acceptables des acheteurs de ce type et le prix acceptable le plus élevé. L'expert ne retiendra alors que les méthodes d'estimation correspondant à cette alternative.

Le principe mérite toutefois d'être relativisé. D'abord parce que les acteurs ne sont pas toujours rationnels. L'acheteur non averti dont l'expert-conseil estime une valeur intrinsèque tiendra compte a priori de cette méthode par les coûts pour fixer son prix acceptable, même s'il n'envisage pas de construire. L'expert qui reproduit le raisonnement des acteurs pour estimer le prix probable doit donc en faire de même (sect. 8.3 et 8.4).

Le principe doit aussi être relativisé selon la situation prévalant sur le marché. Si l'offre est pléthorique, les vendeurs ne pourront pas tous conclure une transaction avec un acheteur qui n'envisage qu'une acquisition. Certains d'entre eux devront donc accepter un prix plus bas que le prix acceptable de ce type d'acheteurs (sect. 8.5).

Le principe doit aussi être relativisé parce que beaucoup d'acheteurs disposent encore d'une autre option, qui n'a pas été vraiment prise en considération jusqu'à présent, celle de ne rien faire (du moins dans l'immédiat). Celui qui n'envisage qu'une acquisition peut retarder celle-ci s'il considère que les prix sont trop élevés et s'il peut se satisfaire de sa situation actuelle pendant un certain temps. Il n'est pas obligé d'acheter tout de suite. Prenons le cas des investisseurs qui n'envisagent ni d'investir dans un actif autre qu'immobilier ni de construire. Ils n'envisagent pas d'acquérir un autre actif parce que l'immobilier est leur raison sociale (songez aux fonds de placement immobiliers ou aux sociétés immobilières) ou parce qu'ils doivent respecter des règles en matière de diversification de portefeuille (songez aux institutions de prévoyance professionnelle). Ils n'envisagent pas de construire parce qu'ils n'en ont pas les compétences ou parce qu'ils n'ont pas le droit de prendre les risques du promoteur (c'est le cas de certains types de fonds de placement). Cela ne signifie pas qu'ils vont forcément accepter de payer le prix équivalent obtenu en comparant avec l'achat d'un autre immeuble. La plupart ont des exigences de rendement, même s'ils n'envisagent pas d'investir dans un autre actif. Et si le prix ne permet pas de satisfaire ces exigences, ils vont renoncer à l'acquisition et rester liquide en attendant que les prix baissent (songez à nouveau aux institutions de prévoyance, qui doivent légalement ou statutairement assurer un certain rendement à leurs assurés). Cela signifie qu'ils raisonnent également par les revenus. Et que l'expert doit faire de même.

D'ailleurs, la plupart des investisseurs calculent toujours un prix équivalent par les revenus. Et comme ils ont presque toujours l'option d'acheter un autre bien, l'expert devrait appliquer systématiquement au moins une méthode par les prix et une méthode par les revenus lorsqu'il évalue un bien typiquement destiné à un investisseur. Les méthodes par les coûts, en revanche, sont a priori disqualifiées car beaucoup d'acheteurs n'envisagent pas de construire (sous les réserves énoncées ci-dessus quant à la rationalité des acheteurs et à l'état du marché).

Autre cas de figure, celui des biens très particuliers, par exemple les bâtiments industriels spécifiques à une certaine activité. Comme il est difficile de trouver des biens équivalents à acheter ou à prendre en location, les acheteurs usagers ne peuvent envisager d'autre alternative que de construire, donc ce sont plutôt les méthodes par les coûts qui sont appropriées. Mais là aussi, difficile d'ignorer les méthodes par les revenus. L'acquéreur usager est aussi investisseur. Il va occuper les lieux, mais dans une optique de rendement. Celui-ci procuré non pas par une mise en location mais par la vente des biens produits dans l'usine. Attention donc de ne pas se limiter trop vite à une seule alternative et aux méthodes qui vont avec.

8.3 Reproduire le raisonnement des acteurs

Pour estimer des prix équivalents, l'expert doit employer les mêmes méthodes par les prix, les coûts et les revenus que les acteurs. Cela ne signifie pas qu'il doive appliquer à la lettre les méthodes préconisées dans les chapitres 3 à 5. Beaucoup d'acteurs utilisent des méthodes peu sophistiquées, qui doivent donc être privilégiées dans l'estimation du prix probable. De plus, l'expert ne doit évidemment pas se limiter aux seules préférences d'un acteur particulier. Enfin, l'expert devrait aussi appliquer les autres méthodes auxquelles les acteurs font confiance pour prendre leur décision, même si elles sont peu rigoureuses voire carrément illogiques.

A l'époque où tous les acteurs procédaient par simple capitalisation pour déterminer leur prix équivalent par les revenus, la tâche de l'expert était simple. Il lui suffisait de connaître les taux de capitalisation utilisés par quelques-uns d'entre eux. Avec la diffusion de la méthode *DCF*, l'affaire se corse. Comment savoir quels sont les taux d'inflation, d'intérêt, de charges, etc. retenus dans les savants calculs que recèlent les tableaux de cash-flows?

Heureusement, la majorité des acteurs en sont encore restés aux bonnes vieilles méthodes, que ce soit pour juger d'un investissement ou pour choisir entre acquisition et location. L'expert peut donc encore s'en contenter. En espérant que le jour où les DCF auront triomphé, les experts-conseil et les acteurs appliqueront certaines normes, actuelles (par exemple la norme SIA 480) ou à venir, qui restreindront l'imagination parfois débridée des spécialistes du tableur.

Ceux-ci ne se sont pas (encore?) emparés du marché des méthodes par les coûts. Lorsqu'un acteur fait la comparaison avec la construction d'un immeuble équivalent, il s'adresse habituellement à un architecte qui lui calcule une valeur intrinsèque, avec des techniques souvent simples comme un prix au m^3 et une relation linéaire entre l'âge du bâtiment et la déduction pour vétusté, parfois douteuses comme la relation entre la valeur du bâtiment et celle du terrain. Si cette méthode est souvent peu apte à déterminer rationnellement le prix équivalent pour un acteur particulier, elle reste la meilleure pour estimer les prix équivalents des acteurs peu éclairés intervenant sur le marché.

La tâche de l'expert est plus délicate lorsqu'il compare avec l'acquisition d'un autre immeuble. Avec l'approche par comparaison directe, il peut déceler les préférences des acteurs dans les prix payés. En revanche, les prix demandés reflètent mal les préférences des acheteurs puisque ce sont les prix d'exercice des vendeurs. Les prix payés peuvent s'en écarter sensiblement et les ajustements pratiqués sur les prix demandés souffrent de ces biais. L'expert peut utiliser les informations tirées des transactions, mais s'il passe par les prix équivalents c'est justement parce qu'il n'a pas suffisamment d'information sur les prix payés pour obtenir un résultat fiable. La marge d'erreur sera donc du même ordre s'il utilise cette information pour ajuster les prix demandés. Et s'il a déjà utilisé les prix demandés pour corriger le prix probable estimé par comparaison directe (chap. 7), le passage par le prix équivalent n'apporte pas grand-chose de plus.

Adapter les méthodes d'estimation passant par les alternatives
Les méthodes développées dans les chapitres 3 à 5 sont celles qu'à notre sens l'expert-conseil devrait appliquer pour aider son client à déterminer son prix acceptable. Si le mandat consiste à estimer le prix probable, ce sont les méthodes effectivement appliquées ou approuvées par l'acteur moyen qui sont pertinentes. Les différences sont parfois substantielles.

Rares sont par exemple les acteurs qui utilisent la méthode multicritère présentée au chapitre 3 pour déterminer un prix équivalent. L'expert qui estime indirectement le prix probable peut donc s'en passer. Il se contentera comme l'acteur moyen de méthodes par les prix relativement simples, comme ajuster sommairement les prix affichés de biens semblables en fonction de leurs caractéristiques physiques ou des revenus qu'ils produisent.

Autre exemple, la méthode par équivalents certains introduite au chapitre 4 n'a probablement jamais contribué à la formation d'un prix payé. Dès lors, bien qu'elle soit à notre sens la meilleure pour déterminer un prix équivalent par les revenus, l'expert qui estime le prix probable peut l'ignorer. En revanche, il peut parfaitement capitaliser le revenu brut avec le taux de rendement visé additionné d'une prime pour les charges d'exploitation puisque beaucoup d'acteurs le font, même si la méthode est absurde.

La même logique s'applique évidemment aux méthodes par les coûts. Nous n'avons encore jamais vu un acteur ou un expert calculer la valeur intrinsèque d'un immeuble non neuf en prévoyant et en actualisant les différences de frais annuels d'entretien par rapport à un bâtiment neuf tenant lieu d'alternative. La méthode peut donc rester également dans la boîte à outils de l'expert-conseil. Lorsqu'il estime le prix probable, l'expert peut ainsi se contenter de méthodes par les coûts relativement simples. Il peut même appliquer des méthodes qui défient la rationalité économique si les acteurs croient en de telles méthodes. Il en existe une, un peu à cheval entre les méthodes par les prix et les méthodes par les coûts, qui est suffisamment répandue en Suisse pour être présentée et analysée un peu plus en détail (sect. 8.5).

Et les savants calculs des acteurs?
Ce qui précède ne signifie pas que les méthodes sophistiquées sont à bannir systématiquement de l'estimation du prix probable, car certains acteurs et de plus en plus d'experts reconnus en usent voire en abusent. Par exemple de la méthode *DCF*, qui permet à l'acteur de comparer différents scénarios et de mesurer la sensibilité du résultat aux prévisions sur les flux de liquidités ainsi qu'aux objectifs de rentabilité (et accessoirement au mandataire de facturer des honoraires en conséquence).

L'application de ces méthodes sophistiquées se heurte toutefois à un obstacle de taille. Il n'existe pas aujourd'hui de références largement reconnues pour déterminer par exemple un taux d'actualisation comme il en existait pour déterminer un taux de capitalisation. Quant à la prévision des recettes et des dépenses futures, elle peut diverger fortement d'un acteur ou d'un expert à l'autre. La méthode *DCF* est préconisée dans un nombre croissant de normes et de directives, mais une très grande liberté est laissée quant à son application. Il n'est donc pas certain qu'elle soit en l'état d'une très grande utilité pour estimer un prix probable.

Et les caractéristiques des acteurs?
Nous l'avons vu dans les chapitres 3 à 5, il est important de tenir compte des caractéristiques du client pour lequel on calcule des prix équivalents: situation patrimoniale, possibilités de financement, conditions fiscales, préférences et exigences par rapport aux biens immobiliers et à leur situation, etc. Lorsqu'on calcule des prix équivalents dans le but de cerner le prix probable, les acteurs sont anonymes. Au mieux on aura pu identifier des types d'acteurs, la distinction des types reposant justement sur ces caractéristiques pertinentes pour la comparaison des alternatives. Au pire on aura juste une représentation assez floue de l'acteur moyen. Tout ceci ne dispense pas l'expert de tenir compte

aussi bien que possible des caractéristiques des acteurs susceptibles d'avoir une influence sur le prix payé. Quelques exemples sont donnés ci-après pour les diverses méthodes d'estimation.

Lorsqu'il évalue à l'aide d'une méthode par les prix un bien à l'architecture un peu particulière, l'expert devrait se demander s'il existe sur le marché un nombre non négligeable d'acheteurs potentiels pouvant accorder une certaine valeur à cette particularité. Ce sera vraisemblablement le cas si le bâtiment a été conçu par un architecte de renom, qui plus est disparu depuis. L'expert trouvera difficilement des biens équivalents offerts sur le marché, mais il peut prendre pour comparaison des biens dont les autres caractéristiques sont semblables (taille, localisation, etc.) et ajouter une prime pour la particularité architecturale. Cette prime peut être estimée en observant les prix payés pour d'autres biens du même architecte ou d'un autre architecte de renommée semblable. Nous sommes ici à la limite de ce qu'il est convenu d'appeler une valeur d'amateur, que la doctrine suggère habituellement d'ignorer. On peut suivre cette suggestion s'il n'y a potentiellement qu'un seul acheteur qui pourrait accorder une valeur particulière au bien, par exemple le petit-fils de l'ancienne propriétaire des lieux. S'il y a en revanche un certain engouement sur le marché pour des biens présentant telles particularités, l'expert devrait en tenir compte.

D'autres caractéristiques des acteurs peuvent avoir une influence sur le prix équivalent obtenu en comparant l'acquisition du bien avec l'investissement dans un autre type d'actifs. Une application soigneuse de la méthode par les revenus devrait par exemple tenir compte de la situation fiscale des acteurs. Les experts contournent habituellement cet obstacle en ignorant les impôts frappant les revenus et la fortune, arguant parfois de l'hypothèse selon laquelle deux biens identiques devraient avoir le même prix quels que soient les vendeurs et les acheteurs. C'est oublier que l'acheteur potentiel bénéficiant des conditions fiscales les plus favorables peut emporter le morceau en tirant le prix vers le haut. Il faut donc prêter particulièrement attention au type d'acteurs bénéficiant de ces conditions, surtout s'ils sont nombreux. On notera cependant que leurs avantages fiscaux ne sont pas forcément réservés aux investissements immobiliers, donc ils ne pèsent souvent pas très lourd dans la comparaison avec d'autres placements[2].

D'autres caractéristiques encore peuvent influencer le prix équivalent par les coûts. Celui qui compare avec la construction d'un bien semblable a un prix équivalent d'autant plus élevé que sa situation actuelle est insatisfaisante.

---

[2] Le prix équivalent d'un bien immobilier comparé à un placement en obligations est souvent plus élevé pour un investisseur soumis aux impôts ordinaires sur le revenu et la fortune que pour un investisseur qui en serait exempté, parce que le placement immobilier permet de reporter une partie de ces impôts, ceux qui devraient frapper la part du rendement provenant de l'appréciation du bien.

Cela ne veut pas dire que l'expert doit considérer le prix équivalent de celui qui «vit sous les ponts», mais qu'un afflux de population par exemple peut augmenter fortement le nombre d'insatisfaits et donc la pression qu'ils exercent sur les prix. L'expert peut dans ce cas tenir compte d'une prime pour disponibilité immédiate.

Quand les caractéristiques des acteurs croisent celles des biens
Dans l'application des méthodes par les coûts, il est presque toujours nécessaire de tenir compte de l'état effectif du bâtiment à évaluer, qui n'est pas directement comparable avec celui d'un bâtiment que l'on construirait à neuf. Considérons par exemple une villa construite dans les années 1960 pour CHF 250 000. Acheter un terrain et construire une villa semblable aujourd'hui pourrait coûter CHF 700 000, mais le prix équivalent des acheteurs devrait être réduit de 40% par exemple pour la vétusté, d'où un prix équivalent pour la villa en l'état de CHF 420 000. Toutefois, même lorsque la vétusté du bâtiment est clairement établie pour tous les types d'acteurs, il n'est pas forcément justifié d'en tenir compte en réduisant le prix équivalent du coût des travaux de remise à neuf. En effet, les ressources limitées de nombreux acteurs font qu'ils ne peuvent ni acquérir une maison à CHF 700 000 ni acquérir la villa des années 1960 et la remettre à neuf immédiatement. Ils doivent donc choisir entre cette villa vétuste et une maison neuve mais par exemple plus petite. Les acteurs attachant généralement plus d'importance à la taille du bien qu'à ses signes extérieurs de vétusté, ils auront tendance à sous-estimer cette dernière, espérant que la dégradation ne s'accélère pas et se disant qu'ils auront plus de moyens le jour où des travaux devront être réalisés. Ainsi, l'acteur moyen préférera payer disons CHF 450 000 pour la villa vétuste que construire une maison neuve mais plus petite.

Cela signifie que le prix acceptable peut être plus élevé que le plus petit prix équivalent. L'expert devrait donc faire preuve de retenue lorsqu'il mesure la vétusté et se méfier lorsque ce sont les méthodes par les coûts qui donnent les prix équivalents les plus bas. Mais le raisonnement ne s'applique pas aux investisseurs, qui n'ont a priori pas de préférences quant à la taille du bien et peuvent donc envisager la construction d'un bâtiment plus petit. Le risque de sous-estimer le prix probable en estimant la vétusté par le coût de remise à neuf se limite donc aux biens qui peuvent intéresser surtout des acheteurs usagers.

Et l'obsolescence?
La vétusté, entendue dans le sens d'une dégradation physique due à l'âge, n'est pas le seul défaut que les acteurs peuvent déceler dans un bien. Nous avons vu au chapitre 5 que l'absence de réseaux câblés, la petite taille des locaux ou des ouvertures sur l'extérieur, ou encore la performance thermique des vitrages pouvait amener certains acteurs à réduire leur prix équivalent, ces caractéristiques ne répondant pas à leurs besoins ou envies. On parle alors

d'*obsolescence*[3]. Le lecteur se doute que son incidence sur le prix payé n'est pas aisée à évaluer.

Souvent ces éléments ne sont pas un défaut rédhibitoire pour certains acheteurs potentiels. Il est alors nécessaire d'en tenir compte et de s'intéresser particulièrement à ce type d'acheteurs potentiels. Si par exemple un nombre non négligeable de ménages se contentent de petites pièces parce qu'ils n'ont pas les moyens de s'en payer de grandes, c'est en principe leur prix équivalent qui l'emportera (§ 5.2.3) et l'expert ne doit pas considérer une décote pour obsolescence, même si le logement peut être transformé pour créer de grandes pièces.

S'il est relativement assuré que l'immeuble pourrait être acheté par quelqu'un de peu exigeant, l'expert peut estimer le prix probable à partir du coût d'un bâtiment qui n'est plus au standard. Dans le cas contraire, le bâtiment alternatif doit être au goût du jour. Son coût de construction sera plus élevé, mais il faudra en déduire le coût de la transformation nécessaire pour remettre le bâtiment expertisé au standard. Le prix équivalent ainsi obtenu sera plus bas si le coût de transformation est plus élevé que la différence de coût de construction entre le bâtiment obsolète et le bâtiment moderne, ce qui est généralement le cas. La décote pour obsolescence correspond à l'écart estimé entre le coût de transformation et la différence de coût de construction.

L'incidence de l'obsolescence est d'autant plus faible que l'ouvrage est vétuste. Reprenons l'exemple des fenêtres. Le prix équivalent du bâtiment à simple vitrage pour les acteurs exigeants est égal au prix de revient d'un bâtiment à triple vitrage moins le coût de remplacement des fenêtres simples par des fenêtres à triple vitrage et les autres vétustés (A dans la fig. 8.1). Les acteurs qui se content des vitrages simples existants calculent leur prix équivalent en déduisant du prix de revient d'un bâtiment neuf à simple vitrage les autres vétustés (B dans la fig. 8.1). La différence entre les prix équivalents des acteurs exigeants et peu exigeants correspond à l'obsolescence. Cette différence est d'autant plus faible que les fenêtres sont vétustes, donc que leur coût de réparation est élevé. A l'extrême, s'il faut remplacer les fenêtres simples et si l'économie de coût que l'on fait en renonçant à les remplacer par des fenêtres modernes est égale à l'économie de coût que l'on obtient en construisant un immeuble avec des vitres simples au lieu de vitres triples, les prix équivalents des plus exigeants et des moins exigeants sont identiques (fig. 8.1, comparaison entre A et C). C'est le cas si le coût du remplacement des fenêtres est proche du coût de leur pose dans un bâtiment neuf, une hypothèse plausible. De façon générale, si l'élément obsolète doit être remplacé par un neuf de même qualité parce qu'il est trop vétuste, il n'y a plus de raison d'appliquer une décote pour obsolescence.

---

[3] Dans le langage courant «obsolète» signifie «sans valeur». Ce n'est évidemment pas le cas dans l'immobilier.

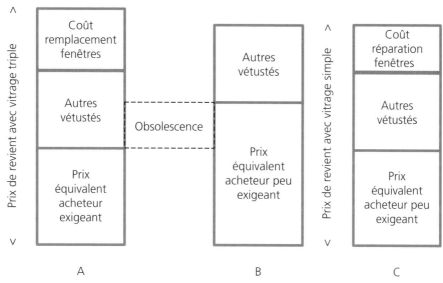

Fig. 8.1 Vétusté et obsolescence.

L'obsolescence doit donc être maniée avec circonspection. Sans oublier toutefois qu'un bâtiment que personne n'est susceptible d'utiliser en l'état et qui ne peut pas être transformé ne vaut rien (il a même une valeur négative égale à son coût de démolition).

8.4 La méthode des classes de centralité

Nous avons brièvement présenté au chapitre 5 la fameuse méthode inventée par un certain M. Naegeli. La présentation fut brève parce que cette méthode des classes de centralité ne nous paraît pas satisfaisante scientifiquement et que nous ne pouvons pas la préconiser autrement que comme un pis-aller pour la détermination d'un prix équivalent par les coûts. Mais comme beaucoup d'acteurs lui font encore confiance malgré ses défauts, l'expert ne peut pas l'ignorer lorsqu'il reproduit leur raisonnement pour estimer un prix probable.

Dans les années 1950, Wolfgang Naegeli a analysé plus de 200 estimations immobilières réalisées sur 83 ans pour en tirer une règle permettant d'évaluer un terrain à partir du prix des constructions qui s'y trouvent ou du revenu locatif. Il faut déjà noter que les données utilisées pour développer la méthode ne sont pas des données de marché mais des expertises.

La méthode est totalement empirique mais repose sur deux hypothèses de bon sens :

(a) un terrain qui permet un revenu locatif plus élevé se vend à un prix plus élevé;
(b) le revenu locatif d'un immeuble est d'autant plus élevé que l'immeuble est bien situé.

On relèvera ici qu'il est plus question de rendement que de coût de construction et surtout que la qualité de la localisation est déterminante. C'est cette dernière qui donne la clé pour calculer la valeur du terrain à partir de la valeur du bâtiment ou du revenu locatif.

Naegeli déclare avoir identifié ces relations en plaçant chaque immeuble de son échantillon sur un graphique dont les axes représentaient (fig. 8.2):
- en abscisse le rapport entre la valeur du terrain et le revenu locatif (*T/L*);
- en ordonnée le rapport entre la valeur du terrain et celle de l'immeuble complet (*T/I*).

Sur ce graphique, l'ensemble des immeubles constituait un nuage de points laissant apparaître une relation linéaire entre les ratios *T/L* et *T/I*. Naegeli a schématisé cette relation en relevant que, pour la plupart des immeubles, le rapport entre *T/I* et *T/L* se situait entre 5% et 7,5%. En moyenne, le rapport était de 6,25% (adapté à 7% dans les éditions postérieures à 1991). Le lecteur remarquera en passant que ce rapport n'est rien d'autre que le rapport revenu brut/prix (*L/I*). Nous reviendrons sur ce point.

Naegeli a constaté que les immeubles ayant des localisations semblables avaient des ratios *T/L* très proches et que ce ratio était d'autant plus élevé que la localisation était bonne (le maximum se situant à 8). Il suffisait alors de trouver un ou plusieurs critères permettant d'attribuer à tout immeuble de

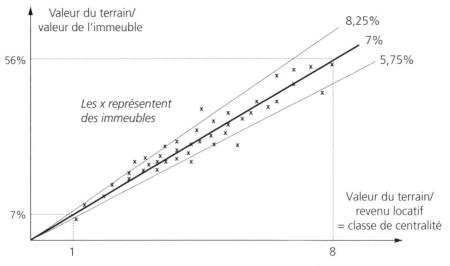

Fig. 8.1 Illustration des classes de centralité de Wolfgang Naegeli.

l'échantillon un coefficient qui reflète la qualité de sa localisation et qui soit égal au rapport entre la valeur du terrain et le revenu locatif, pour pouvoir ensuite inverser le raisonnement et estimer la valeur de n'importe quel terrain sur la base de ces critères et du revenu locatif ou de la valeur des bâtiments.

La méthode en pratique

Naegeli propose quatre critères pour mesurer la qualité d'une localisation (situation générale, situation par rapport aux transports et aux communications, standard d'équipement et conception, type de bâtiment, situation locale et attrait des environs), plus d'éventuels facteurs d'augmentation (parcelle d'angle dans un secteur commercial...) ou de réduction (nuisances sonores...). Chaque critère permet d'attribuer une note de 1 à 8, voire 10 pour les localisations exceptionnelles. La valeur reflétant de façon synthétique la qualité de la localisation est obtenue par la moyenne simple des notes attribuées, à laquelle peuvent s'ajouter des primes positives ou négatives pour les facteurs d'augmentation ou de réduction. En raison de la prépondérance de la proximité d'un centre urbain parmi les critères de localisation, cette valeur a été dénommée classe de centralité (*Lageklasse*).

On peut ainsi estimer directement le prix probable du terrain en multipliant le revenu locatif par la classe de centralité. Les experts préfèrent habituellement l'autre formule et estimer la part du terrain dans le prix probable de l'immeuble T/I en multipliant la classe de centralité par 7% (6,25% avant 1991), puis en déduire le prix probable du terrain à partir du prix des bâtiments. Le résultat est le même pour autant que le rapport entre le revenu locatif et le prix probable de l'immeuble soit bien de 7%.

La méthode des classes de centralité repose, d'une part, sur le fait indéniable que le prix d'un terrain nu est d'autant plus élevé qu'il est bien situé et, d'autre part, sur l'hypothèse que le prix d'un terrain bâti peut être attribué pour partie au terrain et pour partie aux bâtiments, la part attribuable à ces derniers correspondant à leur prix de revient de construction. On en déduit facilement que, pour deux bâtiments identiques, la part attribuable au terrain est d'autant plus grande que la localisation est bonne.

Les faiblesses de la méthode

La méthode de Naegeli ne s'applique pas indistinctement à tous les immeubles et elle souffre de plusieurs autres défauts majeurs. La classe de centralité donne des résultats erronés lorsque le terrain ne sert pas uniquement de support aux constructions. De plus, elle fait fi des fluctuations du marché immobilier et du marché locatif. Ces défauts peuvent être illustrés par des exemples simples.

Les critères de Naegeli ont été calibrés pour des immeubles urbains qui ne comprennent pas de terrain résiduel utile. Si la part du terrain dans le prix d'un immeuble résidentiel locatif situé dans un quartier périphérique (classe de centralité 3 à 4) est effectivement de l'ordre de 20% comme le prédit la méthode, elle atteint facilement 50% dans le cas d'une maison individuelle, même si celle-ci est moins bien située, ce qui est très loin du chiffre obtenu en appliquant la classe de centralité. Ceci provient du fait que le terrain ne sert pas uniquement de support aux constructions et que les acquéreurs sont prêts à payer plus pour avoir un jardin.

Les experts sont généralement conscients de cette limitation et n'appliquent pas la méthode des classes de centralité aux maisons individuelles. Ils ignorent en revanche les effets de la non-prise en considération des fluctuations du marché immobilier et du marché locatif. Ces effets sont pourtant assez évidents pour celui qui ne se limite pas à appliquer aveuglément la recette de Naegeli.

Supposons qu'un immeuble situé en classe de centralité 1 ait un prix de 100. Si la méthode de Naegeli est correcte, le prix du terrain et le revenu locatif se montent à 7. Remarquons que le prix de construction du bâtiment est 93 et que le rapport revenu brut/prix de l'immeuble est de 7%. Imaginons ensuite que le marché immobilier évolue et que les investisseurs exigent un rapport revenu brut/prix plus élevé, par exemple de 8%. Ceci va entraîner une baisse du prix probable de notre immeuble à 87,5 selon la méthode du multiplicateur du revenu. Or son prix selon la méthode par les coûts de Naegeli sera toujours 100 puisque la classe de centralité et le revenu locatif n'ont pas varié. La différence est donc de 12,5% (alors que l'auteur lui-même considère que la marge d'erreur d'une évaluation ne devrait pas dépasser 10%). Naegeli avait relevé son taux moyen de référence de 6,25% à 7% dès 1991 pour rendre compte de la baisse des prix fonciers au tournant des années 1990, mais il ne dit pas comment il faudra l'ajuster à l'avenir.

Revenons à un rapport revenu brut/prix de 7% et supposons cette fois que le marché locatif évolue et que les loyers augmentent sous la pression de la demande, par exemple de 20%. Le revenu locatif de notre immeuble passe ainsi à 8,4. Dans ce cas, les formules de Naegeli donnent des résultats contradictoires. En partant du revenu locatif, on obtient un prix probable de 8,4 pour le terrain (pour une classe de centralité inchangée de 1), auquel s'ajoute le prix des bâtiments (qui n'a pas varié), ce qui donne un prix probable de 101,4 pour l'immeuble. En partant de la part du terrain dans le prix de l'immeuble, rien ne change car la classe de centralité et le prix des bâtiments n'ont pas varié. Le prix probable de l'immeuble est donc toujours 100. Pour que le terrain évalué à 8,4 représente encore 7% du prix de l'immeuble, il faut que celui-ci soit évalué à 120, ce que donne la méthode du multiplicateur. Ce résultat est paradoxal car il implique un nouveau prix de 111,6 pour les bâtiments, comme si les prix de construction avaient aussi augmenté de 20%.

Pour obtenir ce résultat avec la méthode des classes de centralité, il faut relever la centralité à 3,2. Dans ce cas, le terrain est évalué à 27 (3,2 x 8,4) et l'immeuble à 120 (93 + 27), dont le terrain représente bien une part de 3,2 fois 7%. Il peut paraître absurde d'ajuster ainsi la classe de centralité pour obtenir un calcul cohérent et pourtant c'est ce que font Naegeli et Wenger

(1997, p. 42) quand ils font passer une centralité de 4 à 8 pour rendre compte du fait que les prix fonciers ont quintuplé dans le canton de Zurich entre 1980 et 1990.

On voit bien les limites d'une méthode peu sensible aux changements des conditions économiques et qui répartit un peu arbitrairement le prix des immeubles entre le terrain et les bâtiments. Les formules de Naegeli ne conduisent au prix probable que dans des cas très particuliers et il ne semble malheureusement pas possible de les corriger. De façon générale, elles amènent à sous-évaluer (resp. surévaluer) les immeubles lorsque les rapports revenu brut/prix du marché sont bas (resp. élevés) et/ou lorsque les loyers sont élevés (resp. bas). Autrement dit, elles conduisent à une sous-évaluation des immeubles lorsque les prix de ces derniers sont élevés, et inversement. L'erreur d'évaluation est d'autant plus grande que:
- le rapport revenu brut/prix moyen du marché est différent de 7%;
- les loyers du marché sont différents d'une référence non définie;
- l'immeuble est bien situé.

Avec sa formule permettant d'estimer la valeur du terrain à partir de la valeur des constructions, à laquelle il l'additionne, Naegeli prétend calculer une valeur intrinsèque, donc appliquer une méthode par les coûts. On peut facilement s'y laisser prendre. En fait, la méthode des classes de centralité est une espèce de méthode par les prix puisque, à la base, le lien entre la valeur de l'immeuble et la qualité de la localisation est le rapport revenu/prix. Mais c'est le rapport moyen sur plusieurs années, pas le rapport observé sur le marché au moment de l'expertise. On peut donc difficilement en tirer un prix probable. Sauf si la situation du moment correspond à la situation moyenne qui a servi au calibrage du modèle. Mais l'expert ne peut compter que sur un coup de chance.

On peut se demander comment la méthode a pu remporter un tel succès avec de tels défauts. Peut-être parce qu'elle permet d'obtenir facilement une valeur sans aucune donnée du marché. Probablement aussi parce que rares sont ceux qui ont essayé de la décortiquer pour la comprendre. On peut aussi se demander si elle n'a pas contribué à stabiliser le marché immobilier dans certaines régions lorsqu'elle y était omniprésente. A l'heure où nous finalisons cette quatrième édition, les prix ont atteint des sommets, les médias et même l'autorité de surveillance des banques parlent de bulle spéculative et le prix probable d'un bien à Genève ou à Zurich est certainement plus élevé que la valeur obtenue en passant par les classes de centralité. Naegeli, *komm zurück*!

8.5 Prendre en compte l'état du marché

Une fois que l'expert a estimé les prix acceptables des acheteurs potentiels, il doit encore tenir compte du rapport entre l'offre et la demande. Reprenons l'exemple du bien qui peut intéresser deux types d'acheteurs, l'un qui ne raisonne que par les prix et l'autre qui compare aussi avec la construction d'une maison semblable. Et supposons que le prix équivalent par les coûts est le plus petit. En cas d'excès d'offre sur le marché, certains vendeurs pourront vendre au prix déterminé par comparaison avec l'achat d'un autre bien, les autres devant se contenter du prix équivalent par les coûts.

Le raisonnement est caricatural mais il montre que l'expert ne peut pas ignorer les quantités offertes et demandées sur le marché. Il est caricatural parce qu'il ignore la variable temps. Le marché n'est pas instantané. Il change tous les jours, avec des biens qui disparaissent du marché parce qu'ils ont été vendus, mais aussi avec de nouveaux vendeurs et de nouveaux acheteurs, avec des prix affichés et des prix acceptables potentiellement différents. Pendant ce temps, des acheteurs sont en train de prospecter, de faire leurs calculs, de voir leur banquier et de négocier avec des vendeurs, processus qui prend du temps, dans un environnement en constante mutation.

Reprenons donc notre exemple en tenant compte de ce temps qui passe. On verra que certains vendeurs pourront vendre à un prix proche de celui déterminé par comparaison avec les prix affichés de biens semblables, mais que les autres devront se contenter de moins. Les premiers qui devraient arriver à conclure une transaction sont ceux dont les prix affichés sont les plus bas (pour autant qu'ils soient acceptables par certains acheteurs évidemment). Mais s'ils font jouer la surenchère entre plusieurs acheteurs intéressés, ceux-ci risquent d'acheter un autre bien. Un peu paradoxalement, le vendeur pourrait alors devoir réviser son prix à la baisse, jusqu'à ce qu'il trouve un acheteur. Et les vendeurs qui avaient affiché des prix plus élevés vont devoir faire de même pour arriver à vendre. Certains prix affichés vont donc baisser, ce qui amènera les acheteurs à réviser aussi leur prix (acceptable) à la baisse. Le phénomène peut perdurer tant que l'offre est excédentaire et jusqu'à ce que le prix équivalent par les coûts soit atteint et que les acheteurs qui envisagent aussi la construction puissent acheter.

Relevons au passage que le prix équivalent par les coûts aura probablement aussi diminué dans l'intervalle, car un excès d'offre sur le marché des terrains bâtis est généralement concomitant à un excès d'offre sur le marché foncier et, dans ce cas, le prix probable d'un terrain semblable aura aussi diminué.

Le même type de raisonnement peut être tenu dans le cas d'un excès de demande. Ce sont cette fois les acheteurs qui vont devoir réviser leur prix d'exercice et probablement leur prix acceptable à la hausse. Reprenons l'exemple en supposant cette fois que le prix équivalent par les coûts est plus élevé. Les prix peuvent monter jusqu'à ce prix, qui aura probablement lui aussi augmenté entre-temps. Les acheteurs qui envisagent aussi de construire vont alors le faire et alléger ainsi le marché. Mais si l'excès de demande est très important, les prix peuvent même aller au-delà.

L'expert doit donc tenir compte de l'évolution probable du marché entre la mise en vente du bien et la signature de l'acte de vente. S'il estime le prix probable au moment de l'expertise, il devrait se baser sur les prix affichés il y a quelques mois, les prix probables des terrains et de la construction il y a quelques mois, les taux d'intérêt en vigueur il y a quelques mois, etc. et tenir compte de l'évolution du marché depuis lors en regardant les prix affichés et payés dans l'intervalle.

Si l'expert estime le prix probable dans l'hypothèse d'une mise en vente au moment de l'expertise, il doit se baser sur les données du moment et anticiper l'évolution du marché au cours des prochains mois. Ce qui est plus difficile. Certains signes lui permettent de prédire cette évolution, mais avec passablement d'incertitude. Des prix équivalents par les coûts plus faibles que par les prix sont un signe de marché haussier, car les prix fonciers suivent en général avec un certain retard l'évolution des prix des terrains bâtis, tant à la hausse qu'à la baisse. Mais des prix qui ont fortement augmenté et un nombre restreint de transactions sont un signe que le marché risque de se retourner et partir à la baisse. Si, au contraire, les prix sont bas par rapport aux moyennes historiques, ils risquent fort de remonter. Reste à savoir quand.

Le prix probable s'écarte évidemment d'autant plus des prix acceptables les plus élevés que la hausse ou la baisse observée ou prévue des prix est forte.

8.6 En résumé

Si l'approche par comparaison directe n'est pas concluante, l'expert peut aussi approcher le prix probable en reproduisant le raisonnement des acteurs et le fonctionnement du marché. Mais il doit pour cela relever de nouveaux défis. Il ne peut plus se contenter de chercher des données et de les analyser statistiquement. Il doit comme les acteurs faire la comparaison avec différentes alternatives, il doit être au fait des méthodes employées par les acteurs et leurs conseils, savoir si des usagers et des investisseurs sont potentiellement en concurrence pour acquérir le bien, apprécier l'influence que peut avoir un certain type d'acteurs sur les prix, parfois user de pratiques douteuses s'il n'arrive pas à faire partager ses doutes à son mandant et tenir compte en plus de l'état du marché et de son évolution récente ou prévisible.

Comme l'estimation du prix acceptable pour un acteur donné, l'estimation du prix acceptable par le marché peut être plus ou moins sophistiquée, en fonction des ressources en temps et en données de l'expert. Autrefois le marché pouvait peut-être fonctionner assez simplement, les acteurs utilisant tous plus ou moins les mêmes méthodes simples et rapides pour calculer leurs offres de prix. Il suffisait alors de reproduire ces calculs pour aboutir à une bonne prévision du prix probable. Aujourd'hui ce n'est plus le cas. On est souvent surpris par les offres faites par certains acteurs, qu'on ne peut pas comprendre sans se mettre à leur place. Dans l'approche la plus sophistiquée, l'expert se met à la place de chaque acheteur ou type d'acheteur spécifique et calcule son prix acceptable. Il simule ensuite la confrontation des prix acceptables selon les modalités de la mise en vente pour aboutir à sa prévision du prix probable. Toutes les autres approches indirectes du prix probable sont des simplifications de cette «voie royale».

Même lorsque le manque de ressources ou de données interdit cette voie royale (et l'approche par comparaison directe), l'expert ne devrait pas faire l'économie d'évaluer le bien en comparaison avec toutes les alternatives possibles à son achat. Ainsi, toutes les méthodes d'estimation – par les prix, par les coûts et par les revenus – contribuent à cerner le prix probable, mais pas en les combinant sans distinction dans une moyenne pondérée plus ou moins arbitrairement (chap. 9). Il faut analyser les alternatives réelles des types d'acheteurs potentiels pour choisir les méthodes pertinentes pour les prix acceptables et il faut prendre en compte les conditions du marché et de la vente pour situer le prix probable par rapport à ces prix acceptables. A défaut d'une telle analyse, l'approche par comparaison directe avec les prix payés pour des objets semblables dans des conditions analogues est le meilleur moyen d'aboutir au prix probable, même lorsque les données de comparaison ne sont pas aussi riches qu'on pourrait le souhaiter.

Chapitre 9

LA SYNTHÈSE DE L'EXPERT

On l'a vu tout au long de ce livre, la tâche de l'expert-conseil qui estime le prix acceptable d'un bien pour un client envisageant de l'acheter ou de le vendre est différente de celle de l'expert-estimateur qui estime le prix probable sur le marché. Les méthodes d'estimation ne sont pas fondamentalement différentes, mais les données et paramètres à utiliser le sont. Surtout, les modalités de l'expertise et, dès lors, le contenu du rapport vont être très différents. Pour commencer, le rapport de l'expert-conseil doit être réservé à son client pour lui être utile, car celui-ci ne veut pas dévoiler ses cartes avant la négociation. Le rapport de l'expert-estimateur est au contraire généralement public, car il sert à valider un prix « officiel ». Il doit proposer un prix unique et ferme, validé par différents calculs. Le rapport de l'expert-conseil est davantage précieux pour les hypothèses et analyses du bien et des alternatives qui ont servi à fonder une proposition de prix acceptable.

Notons que les experts et leurs clients ne distinguent souvent pas clairement l'estimation d'un prix acceptable de l'estimation du prix probable. L'acheteur ou le vendeur qui mandate un expert obtient le plus souvent un prix probable alors qu'il aurait besoin d'un prix acceptable. Ceci parce qu'il pose mal la question (ce que l'on peut comprendre) et que l'expert estime une valeur vénale par réflexe ou par incompétence. Par ailleurs, une estimation du prix probable peut aussi intéresser les vendeurs et les acheteurs, qui produisent souvent une expertise dans le cadre de la négociation (pour autant évidemment qu'elle soit à leur avantage, *ie.* pour l'acheteur par exemple que la valeur vénale soit inférieure au prix affiché).

Ce chapitre précise les principaux éléments constitutifs des rapports d'expertise dans les deux cas de figure. Sans trop s'attacher aux éléments formels, il veut plutôt montrer quelles sont les principales informations à fournir, comment l'expert peut aboutir à sa conclusion et comment il devrait la présenter à son client. Il le fait d'abord pour l'expert-conseil chargé d'estimer un prix acceptable, puis pour l'expert-estimateur chargé d'estimer un prix probable.

La section 9.3 discute des informations à intégrer dans le rapport d'expertise, en particulier du nombre de «chiffres» à fournir et des explications qui les accompagnent.

Tout ce chapitre, comme l'ensemble du livre d'ailleurs, suppose que l'expert est libre de réaliser son mandant, donc de répondre aux questions posées, selon les méthodes les plus appropriées. Ce n'est pas toujours le cas. Certains mandants imposent leurs méthodes, règles et formats, par exemple des tribunaux, des autorités fiscales ou des instituts de crédit. Même certaines lois et normes comptables le font. Lorsque ces autorités ne sont pas synchrones avec l'avancement de la science dans ce domaine, l'expert peut compléter son expertise, exécutée selon les exigences du client, d'une mise en garde par rapport aux limites des méthodes imposées.

9.1 La synthèse de l'expert-conseil

Lorsque l'expert-conseil a déterminé un ou plusieurs prix équivalents reflétant les préférences et les contraintes de son client (chap. 3 à 5), la conclusion qu'il peut en tirer est assez triviale. Si le client est vendeur potentiel, son prix acceptable est le plus petit de ses prix équivalents et il ne devrait pas vendre moins cher. S'il est acheteur potentiel, il ne devrait pas acheter plus cher que le plus petit de ses prix équivalents. En effet, les calculs ont montré qu'en s'écartant de ces prix la transaction devient moins intéressante que la meilleure alternative.

Agir ainsi, c'est aussi faire preuve de prudence. Considérons l'acheteur. Chaque prix équivalent lui indique ce qu'il devrait payer pour le bien de façon à ce que cet achat soit aussi avantageux que l'alternative correspondante. En choisissant le prix équivalent le plus faible comme limite à ne pas dépasser, l'acheteur s'assure que l'achat sera aussi ou plus avantageux que toutes les autres alternatives possibles. S'il a sous-estimé ce que lui coûterait l'achat, la construction ou la prise en location d'un bien comparable, cela l'amènera peut-être à fixer son prix acceptable trop bas, mais au moins il n'achètera pas trop cher. S'il a au contraire surestimé le coût d'une alternative, il est probable que cela disqualifie simplement cette alternative sans affecter son prix acceptable. Evidemment, cela ne le protège pas d'une appréciation trop favorable du bien lui-même. Admettons par exemple que l'expert a estimé que la solution alternative la plus avantageuse pour acquérir un bien similaire neuf coûterait 1 million. S'il a estimé que le bien en question nécessiterait CHF 200 000 de travaux de rénovation pour pouvoir être considéré comme neuf, le prix équivalent est de CHF 800 000. Ce prix pourrait s'avérer trop élevé si les travaux coûtent plus cher que prévu.

Dans son analyse des alternatives, l'expert-conseil aura appliqué différentes méthodes d'estimation et sera parvenu à différents prix équivalents. Comment interpréter les divergences? Peut-on considérer que les calculs sont plus «justes» si elles sont faibles?

Chaque prix équivalent résulte de la comparaison entre l'achat ou la conservation du bien avec une alternative particulière. Chaque alternative a ses défauts et ses avantages et il n'est pas nécessaire, a priori, qu'elles donnent des résultats similaires. Pour illustrer, considérons l'acheteur potentiel d'une maison individuelle. L'expert aura peut-être estimé que construire une maison similaire coûterait CHF 1,2 million, que louer une maison similaire coûterait CHF 1,4 million et de surcroît il a trouvé que son client pourrait acheter une maison similaire pour CHF 1,6 million. Ce sont trois alternatives bien distinctes qui peuvent avoir des coûts différents. Néanmoins, la logique du marché est difficilement compatible avec de telles différences. Son client n'est pas le seul à comparer les alternatives. Comment admettre qu'un autre accepterait de payer 1,4 million pour louer, voire 1,6 million pour acheter ce qu'il peut construire pour 1,2 million?

De telles différences ne sont pas forcément la preuve que les calculs sont faux. Il peut y avoir des déséquilibres sur le marché permettant aux rares biens proposés à la vente de dégager un surplus par rapport à une option de construction qui n'existe pas réellement par manque de terrains semblables ou qui n'est que temporairement avantageuse, en attendant que les acheteurs potentiels achètent effectivement des terrains pour construire et en fassent monter les prix jusqu'à rapprocher le prix équivalent par les coûts du prix équivalent par les prix. Est-il alors bien prudent pour l'expert de mettre en avant cette option pour enjoindre son client à ne pas payer plus de 1,2 million?

Une meilleure justification des différences entre les prix équivalents résiderait dans des exigences et possibilités très particulières du client pour lequel ils ont été calculés. Toujours dans le cadre de notre exemple, l'expert pourrait avoir estimé un prix très bas pour la reconstruction parce que son client est actif dans la construction et pourrait assurer lui-même une partie des travaux. Un autre client qui n'aurait aucun plaisir à (faire) construire évaluerait peut-être l'option de la construction à un coût plus proche du 1,4 million de la location. A l'inverse, l'expert pourrait avoir estimé un prix élevé pour l'option d'acheter l'autre bien parce que celui-ci présente des caractéristiques qui déplaisent profondément à son client, au point de nécessiter des travaux de transformation coûteux. Là encore, un autre client aurait peut-être évalué cette alternative à un coût plus proche du 1,4 million de la location.

Pour conclure, il est important de présenter au client tous les prix équivalents calculés et les alternatives qu'ils résument. Ces prix équivalents sont à comparer entre eux. S'ils divergent sensiblement, il convient d'identifier les hypothèses propres au client responsable de ces divergences. Du fait des incertitudes sur les alternatives (par exemple le coût effectif de la construction ou l'évolution future des loyers), il convient généralement d'indiquer une fourchette de prix acceptables (sect. 9.3). L'expert rappellera alors à son client acheteur que s'il choisit le bas de la fourchette comme prix acceptable maximal, le bien risque de lui échapper alors que l'alternative correspondant à ce prix bas n'est pas assurée. Si le client est vendeur, l'expert lui rappellera qu'en choisissant le haut de la fourchette, son bien risque de lui rester sur les bras alors que l'usage propre qui fonde ce prix élevé n'est pas garanti.

9.2 La synthèse de l'expert-estimateur

Pour l'expert chargé d'estimer un prix probable, la synthèse est plus ardue. Trois configurations peuvent se présenter à lui:
- De bonnes données sur les prix payés et les caractéristiques des biens échangés sont disponibles. Il peut alors se contenter de l'approche par comparaison directe (chap.7), qui devrait lui donner une estimation relativement précise du prix probable.
- Aucune donnée du marché n'est disponible. Il ne peut alors que tenter de reproduire le raisonnement des acteurs (chap. 8) et d'en tirer indirectement un prix probable. Cela implique de mobiliser différentes familles de méthodes (par les prix, les revenus et/ou les coûts).
- L'expert dispose de certaines données du marché, mais elles sont peu nombreuses ou peu détaillées. Il doit alors combiner les approches directe et indirecte pour estimer le prix probable.

Les deux premières configurations sont relativement théoriques, mais utiles sur le plan didactique. En pratique, l'expert-estimateur doit réconcilier plusieurs résultats obtenus par les approches directes et indirectes afin de parvenir à un prix probable unique et convaincant. La tâche est complexe.

Les manuels d'expertise suisses lui simplifient pourtant cette tâche. Ils recommandent une ou deux méthodes au maximum selon le type de bien[1]. Lorsqu'ils recommandent deux méthodes, ils lui indiquent même comment il doit réduire les deux prix ainsi obtenus à un seul, généralement la moyenne arithmétique pondérée. Malheureusement, ces recommandations reposent davantage sur la tradition ou une disponibilité passée de statistiques que sur un raisonnement économique. Il vaut la peine de s'arrêter un instant sur les méthodes préconisées par les manuels, puis de discuter leur recommandation de calculer la moyenne des résultats obtenus par ces méthodes, avant de formuler nos propres recommandations dans la logique des chapitres précédents.

Les méthodes préconisées par les manuels selon le type de bien
La plupart des auteurs et des experts ne font pas de distinction fondamentale entre les approches directe et indirecte. Certains privilégient l'une des méthodes à leur disposition, selon le type de bien, les informations disponibles, leurs convictions quant à la pertinence de chacune d'entre elles ou leurs compétences.

---

[1] Pour une vue d'ensemble des recommandations des manuels alémaniques, voir Pfister et Ochsner (2009).

Ainsi par exemple, la plupart des manuels d'expertise suisses préconisent l'approche directe par comparaison avec des prix payés pour estimer le prix probable d'un appartement en propriété. Rien à redire à cela lorsque l'on dispose effectivement de bonnes données de transaction récentes et si on tient soigneusement compte des différences de qualité, par exemple au moyen de la méthode hédoniste. A défaut, il vaut mieux utiliser une méthode par les revenus[2]. Les manuels réservent ces méthodes aux biens de rendement, comme si l'acheteur d'un appartement ne calculait pas, au moins sommairement, ce qu'il lui coûtera chaque mois par rapport à la location d'un appartement comparable. Il est en fait parfaitement légitime d'appliquer aussi une méthode par les revenus, même assez sophistiquée parce que les charges liées à un appartement en propriété peuvent considérablement varier dans le temps. On aboutit alors à un prix par comparaison directe et à un prix par les revenus même pour un appartement. Nous verrons ci-dessous comment les comparer et les «réconcilier».

Pour les mêmes raisons, il est légitime d'appliquer une méthode par les revenus pour estimer le prix probable d'une maison individuelle ou d'un immeuble industriel, alors que la plupart des manuels préconisent seulement des méthodes par les coûts pour ce type de biens. De plus, certains experts disposent d'une large base de données leur permettant d'estimer le prix probable d'une maison individuelle par comparaison directe.

La méthode par les revenus est de plus en plus recommandée comme seule méthode acceptable pour les biens de rendement. C'est oublier que l'investisseur n'est pas prêt à payer le prix le plus élevé qui lui permet d'atteindre la rentabilité visée s'il peut construire ou acheter un autre immeuble pour un prix plus faible. A nouveau, il faut envisager toutes les alternatives s'offrant aux acheteurs typiques et appliquer toutes les méthodes correspondantes.

Comment les manuels recommandent de réconcilier les résultats des méthodes préconisées

La plupart des manuels suisses recommandent de réduire les (deux) prix obtenus avec différentes méthodes à un seul en appliquant une moyenne. Depuis Hägi (1945), la valeur vénale des immeubles locatifs est traditionnellement estimée par une moyenne pondérée entre leur valeur de rendement et leur valeur intrinsèque (deux méthodes indirectes). Depuis l'irruption des experts financiers dans le secteur immobilier et le début du perfectionnement des experts architectes dans le domaine de la finance à la fin du dernier millénaire, la valeur intrinsèque est délaissée dans un nombre croissant d'expertises

---

[2] Les méthodes par les coûts peuvent être ignorées parce que la construction d'un appartement n'est pas une alternative réaliste. L'approche indirecte par les prix, quant à elle, ne devrait pas donner des résultats très différents de l'approche directe.

portant sur les immeubles de rendement. Mais les habitudes ont la vie dure et de nombreux experts n'ont pas renoncé à la moyenne pondérée. D'ailleurs, la jurisprudence les oblige souvent à retenir cette approche.

Lorsque les résultats obtenus avec différentes méthodes divergent, de nombreux experts revoient leurs calculs avant d'établir éventuellement une moyenne. Les calculs doivent évidemment être vérifiés et corrigés au besoin, mais les révisions des experts vont bien souvent au-delà des corrections factuelles comme celle consistant par exemple à modifier une surface habitable erronée. Ils sont tentés de faire varier quelques paramètres pour rapprocher les résultats, technique pas beaucoup plus recommandable que la moyenne. Il est facile de modifier le taux de vétusté et le taux de capitalisation pour réconcilier une valeur intrinsèque et une valeur de rendement tout en restant dans le domaine du plausible[3]. A tel point que toute expertise qui donne des résultats très proches est suspecte.

Lorsque l'expert arrive ainsi à réconcilier complètement les résultats, il établit sans s'en rendre compte une espèce de moyenne dont les coefficients de pondération sont inversement corrélés à la marge d'erreur sur chacun des résultats.

Réconcilier les résultats de l'approche par comparaison directe

On l'a vu plus haut, lorsque l'expert dispose de bonnes données sur les prix payés et les caractéristiques des biens échangés, il peut se contenter de l'approche par comparaison directe (chap. 7), qui devrait lui donner une estimation relativement précise du prix probable.

En réalité, il y a toujours une certaine dispersion des prix utilisés pour la comparaison, que ce soient des prix du m^2 de sol, du m^2 d'appartement ou du m^3 de halle industrielle. Même la méthode hédoniste, qui s'applique à associer au mieux les divergences de prix observées à des caractéristiques des biens, ne parvient jamais à les expliquer entièrement. En toute honnêteté, l'expert ne peut donc pas proposer mieux qu'une fourchette de prix et une valeur centrale, jamais une valeur unique. La moyenne des prix obtenus dans une fourchette est une manière commune, bien qu'un peu malheureuse, de faire disparaître l'incertitude sur les données de comparaison et les paramètres de l'estimation. Il faudrait au moins donner l'intervalle autour de cette moyenne. Nous y reviendrons.

Si l'expert a employé différentes astuces pour estimer le prix probable, il peut combiner les résultats obtenus en les pondérant selon la qualité des données qui les soutiennent. Il peut en tirer une moyenne, un intervalle plus ou

---

[3] Pour Fierz (2006), il est incorrect de calculer la moyenne entre valeur intrinsèque et valeur de rendement, mais comme la méthode par les revenus conduit à la «vraie valeur», toute différence avec la valeur intrinsèque est due à une obsolescence non correctement prise en compte dans le calcul de cette dernière.

moins grand selon le degré de précision souhaité, ou une distribution de probabilités. Il peut aussi les combiner directement avec les résultats obtenus par l'approche indirecte.

Réconcilier les résultats de l'approche indirecte

Lorsque l'expert ne dispose d'aucune donnée du marché, il ne lui reste qu'à tenter de reproduire le raisonnement des acteurs pour en tirer indirectement un prix probable. Le chapitre 8 a montré quelles sont les méthodes à retenir selon le type de biens et d'acteurs qu'ils intéressent. Fondamentalement, le raisonnement est semblable à celui de l'expert-conseil ci-dessus: les acheteurs ne devraient pas accepter de payer plus que le prix le plus bas qui ressort des différentes méthodes. Celles-ci devraient conduire à des résultats semblables, car on ne peut plus invoquer des circonstances personnelles particulières pour justifier que des alternatives réelles représentent des coûts effectifs significativement différents. Si les calculs par les prix, par les revenus et par les coûts conduisent à des prix équivalents dispersés, c'est soit que l'arbitrage ne fonctionne pas, soit que des erreurs ont été commises. L'expert commencera donc par vérifier ses calculs avant d'expliquer les différences qui subsistent.

L'expert pourrait être tenté de multiplier les calculs pour se rassurer, mais il ne le sera que très moyennement si les prix ainsi obtenus sont très différents. La démarche typique consiste à appliquer différentes méthodes et à calculer ensuite une moyenne pondérée des prix ainsi obtenus. L'hypothèse sous-jacente est que les erreurs d'estimation pourraient ainsi se compenser. Mais l'estimation n'a rien à voir avec la loi des grands nombres et il n'y a aucune garantie de compensation des erreurs. De plus, le principe même de la moyenne est faux. Ainsi, il n'est pas assuré qu'une moyenne soit plus exacte que chacun des prix (fig. 9.1 (a)). Si différentes méthodes donnent des résultats semblables, ce n'est pas la preuve qu'on a trouvé le prix probable sans erreur (fig. 9.2 (b)). La combinaison des résultats de différentes comparaisons n'apporte d'amélioration que si leurs erreurs sont inversement corrélées, ce qui n'est pas probable au vu des différences entre les alternatives.

L'expert ne peut donc pas faire l'économie d'une réflexion approfondie sur le choix des méthodes à appliquer selon le type de bien et d'acteurs intéressés, d'un énoncé rigoureux des arbitrages sous-tendant les méthodes, de la vérification soigneuse de ses calculs et de l'analyse des différences auxquelles ils aboutissent.

L'usage d'une moyenne se justifie lorsqu'on estime un prix probable satisfaisant autant le propriétaire-vendeur que les acheteurs potentiels. Si le prix acceptable du côté des acheteurs est supérieur au prix acceptable du propriétaire, on sait que la transaction se fera pour un montant situé entre ces deux prix, en fonction du pouvoir de négociation de chaque partie. A défaut de simuler la négociation, on peut «couper la poire en deux», donc calculer le prix probable simplement à mi-chemin entre les deux prix acceptables. C'est la moyenne des deux prix.

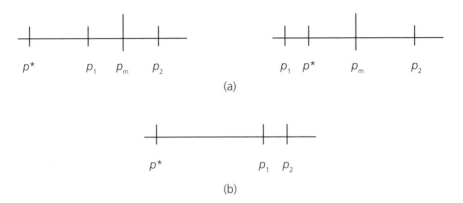

Fig. 9.1 (a) La moyenne peut éloigner l'expert du prix; (b) deux estimations proches ne garantissent pas le résultat. p_1 = prix probable selon la première méthode, p_2 = prix probable selon la deuxième méthode, p_m = moyenne entre les prix p_1 et p_2, p^* = prix probable sans erreur.

Réconcilier les résultats des approches directe et indirecte

Lorsque l'expert dispose de données du marché, mais insuffisantes en nombre et détail, il doit les combiner avec les calculs de l'approche indirecte pour estimer le prix probable. Il obtient au moins un prix probable par l'approche directe et au moins un prix probable par l'approche indirecte, prix qui ont toutes les chances d'être différents.

La comparaison directe a l'avantage intrinsèque, si l'on ose dire, de se référer à des prix payés. Mais si la qualité des données sur les transactions n'est pas bonne, il se peut que l'approche indirecte soit plus fiable. Très souvent, l'expert est obligé de considérer des transactions pas très récentes pour avoir suffisamment de données[4]. Cela ne pose pas de problèmes si le marché est stable, mais cela signifie dans le cas contraire que le résultat obtenu est le prix probable il y a quelques mois, sans qu'on puisse dire exactement quand ni quel serait le prix probable aujourd'hui ou dans quelques mois.

L'approche indirecte ne donne pas forcément des prix plus fiables. Pour reproduire le raisonnement des acteurs et estimer un prix probable au moment de l'expertise, l'expert doit se baser sur les prix affichés il y a quelques mois (le « délai raisonnable »), sur des prix fonciers et de la construction du passé, sur des revenus et frais antérieurs ou anticipés et sur des conditions financières qui peuvent évoluer rapidement. S'il doit prédire un prix probable dans quelques mois, il devra en outre sortir sa boule de cristal.

---

[4] Par exemple, le rapport revenu / prix utilisé pour déterminer la valeur fiscale d'un immeuble locatif à Genève est une moyenne calculée sur la base des transactions observées au cours des dix-huit derniers mois.

La magie de l'expertise s'opère dans la mise en résonance de toutes ces informations. Ainsi par exemple, l'évolution récente et facilement observable des prix affichés et des taux d'intérêt peut aider à mettre à jour un prix probable basé sur des transactions anciennes. Si la méthode par les revenus indique que la baisse des taux d'intérêt depuis 12 mois justifie une hausse du prix équivalent de 3%, alors on peut appliquer ces 3% au prix calculé par comparaison directe avec des transactions vieilles de 12 mois. Si le client veut un prix probable dans quelques mois dans l'hypothèse d'une mise en vente au moment de l'expertise, il faut utiliser des prévisions des revenus, des loyers, des prix de construction ou des taux d'intérêt pour dessiner une évolution probable des prix immobiliers à travers leurs effets sur les calculs qui utilisent ces informations. De plus, il faudra ajuster le prix en fonction de l'état du marché au moment de l'expertise et de son évolution prévisible au cours des mois suivants.

Une fois de plus, tout est question de temps et de ressources à disposition. Lorsqu'ils sont comptés, difficile d'exclure la technique de la moyenne. Si l'expert doit formuler un prix probable unique, il peut combiner les prix obtenus par l'approche directe et indirecte en pondérant chacun d'eux en fonction de leur degré de fiabilité respectif. Sinon, il peut donner une fourchette de prix probables.

9.3 La conclusion de l'expert

Arrivé au terme de ses calculs, après les avoir vérifiés et s'être assuré que les résultats répondent à la question posée, l'expert doit présenter ses conclusions de façon claire et compréhensible pour le client.

Il devrait d'abord rappeler la question posée et justifier le choix des méthodes employées. Il devrait également rappeler les données utilisées ainsi que les éventuelles hypothèses particulières et mettre en évidence les facteurs qui influencent le plus les résultats. C'est le lieu aussi d'émettre d'éventuelles réserves sur la qualité des données et d'énoncer les limites des méthodes employées. Ces informations seront particulièrement utiles pour les clients qui sont eux-mêmes des professionnels des marchés financiers, immobiliers ou de la construction, car ils pourront les comparer avec leur propre vision de ces marchés.

Dans certains cas, le client demande différentes «valeurs» pour son bien, par exemple une valeur intrinsèque, une valeur de gage, la valeur du foncier, une valeur d'usage pour lui-même, etc. En réalité, il pose différentes questions pour son bien: Combien coûterait-il de le reconstruire? Quel prix obtiendrait-il dans une procédure future en réalisation de gage? A quel prix pourrait être vendu le terrain s'il était débarrassé des constructions existantes? Quel est le prix minimal auquel son propriétaire pourrait le remplacer par un bien lui offrant les mêmes services? Répondre à chaque question nécessite d'appliquer judicieusement les méthodes appropriées décrites dans ce manuel. Parfois une méthode permet de répondre directement. Pour la plupart des questions, il faut appliquer plusieurs méthodes correspondant aux différentes alternatives. L'essentiel est de soigneusement préciser dans le rapport à quelle question les chiffres obtenus répondent et comment il faut les interpréter.

Pourquoi ne pas proposer une fourchette de prix?
Les experts ont l'habitude de conclure leur rapport avec une estimation unique du prix acceptable ou du prix probable. Au vu de tout ce qui précède, cela peut sembler bien prétentieux. Il faut relever à leur décharge que les mandants ont horreur du flou, mais on apprécierait de voir les experts plus résistants face à l'adversité. Pourquoi ne pas expliquer dans un rapport que l'honnêteté intellectuelle contraint à donner un intervalle de prix, ou au moins une marge d'incertitude autour DU prix (chap. 3)? Le client doit pouvoir reconnaître les risques, surtout lorsqu'il est un professionnel du risque (instituts de crédit et fonds d'investissement).

La marge d'incertitude ne devrait pas être «automatique»; d'ailleurs il n'existe pas de consensus sur ce qui constitue une marge «normale»[5]. Elle sera plus élevée si l'expert a dû s'appuyer sur un jeu pauvre de données pour estimer un bien très particulier sur un marché étroit et volatil. Elle sera plus élevée pour un prix probable que pour un prix acceptable et pour un prix futur plutôt qu'actuel, voire passé. L'expert peut se faire une bonne idée de la marge d'incertitude de son résultat en effectuant une analyse de sensibilité. Il s'agit de faire varier les paramètres utilisés dans ses calculs dans une fourchette qui en résume l'incertitude afin d'en évaluer les conséquences pour le résultat (annexe 3).

L'ampleur de la marge d'incertitude renseigne le client sur la confiance qu'il peut avoir dans la prévision. Elle devrait être accompagnée d'une explication sur la fiabilité de la prévision, éventuellement complétée d'une note qui permet la comparaison entre diverses estimations. L'expert-estimateur doit rappeler que le prix auquel un bien sera effectivement échangé dépendra des modalités de la vente, des acteurs en présence et de leur habileté à la négociation. L'expert-conseil doit rappeler à son client que le prix acceptable conseillé ne lui apportera le résultat prévu (par exemple la rentabilité visée) que s'il utilise le bien conformément aux hypothèses.

Commenter les résultats
Les experts s'abstiennent habituellement de commentaires sur le niveau du prix probable. On aurait pourtant pu éviter certains désastres financiers si les experts avaient osé indiquer qu'un prix probable estimé le jour de l'expertise

---

[4] Dans le même ouvrage collectif édité par Bahn (2009), on trouve ±10% (p. 76), ±3,5% (p. 173), ±5% (p. 183) et ±20% à ±30% (p. 215).

pourrait ne plus être atteint dans quelques mois ou qu'il dépend de la présence sur le marché d'un type d'acheteur particulier. Mieux vaut un prix probable flou mais justifié et jugé (dans une perspective historique) qu'un prix probable précis mais relativement arbitraire et sans commentaires. Il convient donc d'ajouter des commentaires sur l'état du marché et son évolution prévisible.

9.4 En résumé

Il n'existe pas une méthode unique avec un jeu unique de paramètres permettant d'aboutir à un prix acceptable ou probable unique. La bonne sélection des méthodes puis la synthèse de leurs résultats font tout autant partie du devoir de l'expert que l'application correcte des méthodes elles-mêmes.

Pour le choix des méthodes, la règle est simple. Pour estimer le prix acceptable d'un bien, on appliquera toutes les méthodes qui reflètent des alternatives réalistes, pour le client, à l'achat ou à la vente du bien. Pour estimer le prix probable, on appliquera toutes les méthodes qui reflètent des arbitrages et calculs que font les acheteurs ordinaires de ce type de bien.

Pour la synthèse des résultats, on calculer simplement une moyenne, pondérée ou non, n'est acceptable que dans des cas très précis. En général, on commencera par comparer les résultats et analyser les différences. En cas de divergences importantes, on vérifiera les hypothèses et calculs, puis on expliquera les divergences restantes. Attention: l'absence de divergence ne garantit pas que tout soit juste!

Dans le rapport, on indiquera tous les résultats obtenus au client et comment les interpréter. Une explication sur la fiabilité des résultats, respectivement leur sensibilité par rapport aux principaux paramètres et hypothèses, fait partie intégrante du rapport. Cela peut parfaitement prendre la forme d'une fourchette de prix. L'expert donnera également son appréciation de l'état du marché et de la durabilité des prix obtenus.

Le volume d'informations à fournir dépend de la compétence du client et de ses exigences. Comme règle générale, on peut dire que plus le rapport est riche et mieux il pourra être utilisé par le client pour mettre en valeur le bien, identifier ses potentiels, en apprécier l'utilité ou la rentabilité ou simplement le gérer et l'exploiter.

Chapitre 10

CONCLUSION EN DIX THÈSES POUR ÉVALUER UN BIEN

Comment ne pas être désorienté devant la multitude des méthodes d'évaluation des biens immobiliers ? Certains experts proposent de capitaliser la recette locative nette, d'autres la recette brute; la plupart utilisent la recette de la dernière année bouclée, quelques-uns tentent d'anticiper l'avenir; les uns utilisent le taux hypothécaire pour capitaliser les recettes, les autres ajoutent chacun leurs primes pour les risques, la faible liquidité, les frais, etc. D'autres experts enfin misent entièrement sur le coût de construction du bâtiment, corrigé ou non pour la vétusté – vétusté estimée comme un coût de remise à neuf ou une dépréciation mathématique – en y ajoutant une estimation de la valeur du terrain sous-jacent, pour laquelle il existe aussi différentes formules. Face à la multiplicité des méthodes, beaucoup d'analystes préfèrent les appliquer toutes, mais comme leur mandant souhaite un chiffre unique, ils en tirent une moyenne en pondérant de façon plus ou moins savante les résultats obtenus. En multipliant les formules, on donne l'impression d'un travail exhaustif, donc rigoureux, et on espère que les erreurs se compenseront. Pour ajouter encore à la confusion, chacune des méthodes prétend estimer une valeur particulière: valeur de rendement, valeur intrinsèque, valeur vénale, valeur marchande, valeur comparative, etc.

Il était grand temps de mettre de l'ordre dans ce désordre. Nous l'avons fait selon une démarche qui se laisse résumer en dix thèses. Première thèse:

(1) On ne pourra jamais attribuer un prix unique à un bien immobilier
Prenons un prix de transaction, qui semble être une valeur objectivement observée et reconnue par le marché. Déjà, l'acheteur et le vendeur ne sont pas confrontés au même prix: les droits de mutation, l'impôt sur la plus-value éventuelle et les divers émoluments et taxes creusent un écart entre le prix payé par l'acheteur et le prix effectivement touché par le vendeur, un écart qui dépasse facilement 5%. De plus, les transactions volontaires font généralement des heureux; l'acheteur aurait donc été disposé à payer plus et le

vendeur à céder son bien pour moins. Enfin, le vendeur a toujours l'impression qu'il aurait pu vendre plus rapidement en proposant un prix plus faible ou obtenir un prix plus élevé en attendant encore un peu.

Il n'y a donc pas une seule valeur vénale et on ne devrait jamais prédire un prix de vente sans préciser s'il s'agit du prix net payé par l'acheteur ou du prix net reçu par le vendeur, et surtout sans préciser le délai de vente. Ceci amène la deuxième thèse :

(2) Il faudrait toujours préciser ce que l'on tente d'estimer

On le fera de préférence sous la forme d'une question telle que : Quel est le prix qu'un acheteur potentiel accepterait de payer pour ce bien immobilier sous telles conditions ? ou : A quel prix le propriétaire accepterait-il de vendre son bien immobilier sous telles conditions ?

Les architectes sont par exemple particulièrement attachés à la valeur intrinsèque, qui est dans notre terminologie une méthode par les coûts, soit une estimation de ce que coûterait aujourd'hui la construction du bâtiment corrigée pour la vétusté et augmentée d'une estimation du prix du terrain. Pourquoi pas, puisque cela permet d'utiliser les méthodes bien développées d'estimation des coûts de construction ? Lorsque le bâtiment n'est plus de première fraîcheur, l'expert estime encore le coût de la remise à neuf. Un acheteur potentiel pourrait comparer deux variantes : acheter ce bâtiment avec son terrain et le remettre à neuf ou acheter un autre terrain et y construire le même bâtiment. En admettant que ces deux variantes soient équivalentes, on peut en déduire le prix maximal qu'il devrait accepter de payer pour le bâtiment existant avec son terrain : le prix d'achat de l'autre terrain plus le coût de la construction nouvelle moins le coût de la remise à neuf du bâtiment existant. Cette méthode de calcul répond donc à la question suivante : Quel est le prix maximal qu'un usager potentiel du bâtiment serait disposé à payer lorsqu'il peut construire le même bâtiment sur un autre terrain comparable ? La question est précise. Elle n'est pas toujours pertinente.

On pourrait reprendre ainsi toutes les méthodes d'estimation courantes et trouver pour chacune d'elles une question précise pour laquelle elle propose une réponse. Les méthodes qui reposent sur la comparaison, par l'acheteur potentiel ou le propriétaire, entre le bien et une alternative répondent à des questions de prix équivalent : Quel est le prix qui rend l'acheteur potentiel/le propriétaire indifférent entre l'achat/la vente de l'immeuble sachant qu'il a telle autre alternative ? Les méthodes qui reposent sur la comparaison, par l'expert, avec d'autres transactions répondent à des questions de prix probable : A quel prix ce bien se vendrait-il sur son marché au vu des prix auxquels d'autres biens se sont échangés sur le même marché ? Il est possible de répondre à une question de prix probable en utilisant les méthodes destinées plutôt à estimer les prix équivalents, mais cela nécessite une appréciation de la façon dont les acheteurs et le vendeur s'entendent sur un prix à partir de leurs prix équivalents.

Certaines méthodes sont si sommaires qu'il faudrait préciser dans la question les moyens dont on dispose pour y répondre. C'est notre troisième thèse:

(3) Chaque méthode d'estimation reflète l'investissement que l'expert est disposé ou autorisé par son mandant à consentir pour l'estimation

Nous avons vu dans chaque chapitre qu'il est possible d'estimer un prix équivalent ou un prix probable avec plus ou moins de sophistication. C'est d'ailleurs cela qui nous a amenés à parler de méthodes au pluriel, que ce soit par les prix, les revenus ou les coûts.

Prenons par exemple la méthode dite de la valeur de rendement, qui est pour nous une méthode par les revenus si l'expert actualise ou capitalise le revenu avec un taux de rendement visé (par un acteur ou par le marché). Elle repose sur une hypothèse d'arbitrage financier de la part du propriétaire ou d'un acquéreur éventuel: l'acteur en question est supposé comparer les recettes que lui apporte le bien immobilier avec celles qu'il pourrait obtenir en plaçant le montant du prix de vente ou d'achat dans un autre actif. Les formules les plus simples supposent (sans toujours l'admettre) que l'actif alternatif est un crédit hypothécaire rapportant un taux d'intérêt constant sur un horizon très long et que le bien immobilier continuera de rapporter la même recette locative nette qu'aujourd'hui sur tout cet horizon. La méthode par capitalisation consiste alors à diviser la recette locative nette par le taux d'intérêt hypothécaire. Parfois on prend même la recette locative brute et on la divise par le taux hypothécaire augmenté d'un coefficient de charges en admettant (implicitement) que les charges représentent un pourcentage fixe du prix. Une formule reposant sur autant d'hypothèses invraisemblables ne se justifie que s'il faut répondre à la demande d'un mandant qui ne souhaite pas assumer le coût d'une analyse détaillée ou en l'absence de données fiables pour une telle analyse. C'est notre quatrième thèse (une autre justification possible sera donnée sous thèse 5):

(4) Les données que l'expert peut utiliser sont un autre critère pour le choix d'une méthode, donc d'une question à laquelle il peut répondre

Considérons par exemple le modèle hédoniste. Il utilise une formule produisant un prix lorsqu'on introduit une longue liste d'attributs décrivant le bâtiment, le terrain et leur situation. Les paramètres de cette formule sont estimés statistiquement de manière à ce qu'elle reproduise au mieux les prix payés pour un vaste échantillon de transactions immobilières. La formule ne permet de prédire un prix probable que si elle a prouvé qu'elle reproduit bien les prix payés récemment pour des biens immobiliers. Elle nécessite donc un flux continu de données de transactions (prix et attributs des biens échangés) rapidement intégrées dans la mise à jour de la formule. Le modèle hédoniste réussit là où les méthodes par les revenus échouent, soit en cas d'absence de données sur les recettes ou les valeurs locatives (par exemple pour les logements occupés par leurs propriétaires). Lorsque l'on dispose de telles données, on peut s'épargner le détail des attributs, puisque le loyer reflète en principe la qualité du bien immobilier et de sa localisation.

D'un point de vue strictement statistique, le modèle hédoniste, qui est une méthode par les prix, répond à la question suivante: Quel est le prix le plus vraisemblable auquel ce bien immobilier aurait été échangé au moment où ont eu lieu les transactions utilisées pour estimer la formule? La réponse à cette question ne sert à prédire le futur prix de transaction qu'à deux conditions:

(1) les conditions du marché n'ont pas trop changé depuis la dernière mise à jour de la formule;
(2) ce bien sera échangé par des acteurs attachant les mêmes valeurs aux différents attributs retenus pour décrire le bien que les acteurs des transactions antérieures.

Il faut donc une certaine régularité dans l'évaluation des biens par les acteurs du marché, que l'on pourrait appeler rationalité. C'est notre cinquième thèse:

(5) Toutes les méthodes supposent un certain comportement rationnel des acteurs du marché immobilier

Pour la méthode par les coûts décrite plus haut, la rationalité consiste à comparer sur le plan des dépenses pour l'acteur, l'achat du bien à évaluer suivi de sa remise à neuf avec la construction du même bâtiment ailleurs. Pour les méthodes par les revenus, c'est l'hypothèse de l'arbitrage financier ou de l'arbitrage avec la prise en location.

Il est évidemment facile de contester la rationalité des acteurs. Admettons un instant que ceux qui sont véritablement actifs sur le marché, responsables de la petite fraction des biens échangés, ne soient pas rationnels mais calculent leur prix acceptable à l'aide d'une formule triviale, par exemple la méthode par capitalisation la plus simple présentée sous (3). L'expert qui utiliserait la même formule et les mêmes paramètres serait évidemment parfaitement dans la cible avec ses prévisions. On verrait alors un marché immobilier dans lequel les acteurs paieraient des prix qui ne se laisseraient pas justifier rationnellement, qui ne permettraient pas des rendements normaux, qui seraient régulièrement révisés par des ventes en cascade, qui précipiteraient des opérateurs dans la faillite, et qui seraient parfaitement prévus par certains experts. Heureusement, cette description est d'un autre monde.

Quoi qu'il en soit, l'expert a besoin d'une bonne connaissance du marché immobilier et de ses acteurs. D'où notre sixième thèse:

(6) Comme l'expertise se fait toujours pour un marché réel au fonctionnement propre, elle doit tenir compte de ses spécificités

C'est ce que l'on appelle la connaissance du territoire ou encore l'expérience de l'expert (local). Celui qui vient d'ailleurs doit évidemment utiliser les mêmes concepts que les acteurs locaux. On ne mesure pas la surface ou le volume d'un bâtiment partout de la même façon. Il doit aussi connaître les conditions-cadres. Les frais de transaction, les contraintes liées à la protection de l'environnement et d'autres facteurs ayant une incidence sur les calculs peuvent varier substantiellement selon le lieu. Il doit encore savoir comment les acteurs se comportent sur le marché. Les vendeurs peuvent afficher des prix plus ou moins élevés par rapport à leur prix acceptable, selon les pratiques locales en matière de négoce et selon que le propriétaire peut ou non être contraint à vendre au prix affiché. L'expert doit enfin employer les mêmes méthodes et retenir les mêmes paramètres que les acteurs présents sur le marché. Ainsi par exemple, un prix au m^2 ou le revenu brut divisé par le rapport revenu/prix du marché peuvent parfaitement faire l'affaire pour prédire un prix probable si on retient les paramètres utilisés par ces acteurs. Des méthodes simples peuvent parfois mieux prédire les prix qu'une méthode sophistiquée par les revenus (*discounted cash flow*) ou par les coûts en tenant compte de la vétusté et de l'obsolescence, même si l'analyse économique rigoureuse recommande plutôt ces dernières méthodes.

Cela dit, les méthodes sophistiquées devraient être retenues pour les clients qui demandent une évaluation soigneuse et robuste des potentiels d'un immeuble, une évaluation qui tienne compte de la flexibilité du bien, de ses perspectives sur le marché, des risques, de l'incidence sur leur portefeuille, etc. Ainsi, lorsque les ressources à disposition sont suffisantes et les compétences réunies, l'expertise devient l'occasion d'une véritable analyse des perspectives et potentiels d'un bien immobilier. C'est notre septième thèse:

(7) Dans la mesure du possible, il faudrait profiter de l'expertise pour comparer des variantes de développement du bien immobilier ainsi que des variantes de portefeuille pour le propriétaire ou l'investisseur

Adoptons le point de vue personnel du propriétaire qui s'interroge sur le prix minimal auquel il gagnerait à vendre. C'est le même calcul que celui de l'investisseur qui s'interroge sur le prix maximal auquel il gagnerait à acheter. Dans les deux cas, il faut comparer le rendement du bien immobilier avec le rendement du meilleur placement alternatif des fonds propres. Le rendement net du bien immobilier dépendra de son financement, du rythme d'amortissement de la dette et surtout des investissements consentis tout au long de sa vie.

Dès lors, l'évaluation devrait s'accompagner d'une réflexion sur le financement optimal de l'immeuble et des investissements et sur la meilleure stratégie d'investissement. L'expertise devient un outil de gestion permettant de prendre des décisions fondées concernant des investissements supplémentaires (rénovations, mesures de réduction des frais d'exploitation), en mesurant leur impact sur le rendement pour le propriétaire. De cette façon, l'expert parvient à nouveau, et cette fois à juste titre, à justifier les honoraires d'une étude approfondie!

Attention cependant à ne pas confondre étude approfondie et étude inutilement étendue. C'est notre huitième thèse:

(8) La multiplicité des méthodes existantes ne devrait pas conduire l'expert à les utiliser toutes et à mélanger leurs résultats

Chaque méthode laisse de grandes marges d'appréciation à l'expert. Pensons à la prime de risque requise pour approcher le prix par les revenus ou à l'obsolescence qu'il faut chiffrer pour approcher le prix par les coûts. Pour se rassurer, les experts ont tendance à appliquer plusieurs méthodes, parfois avec des variantes, puis à calculer la moyenne entre les prix obtenus. Ils attachent parfois même des pondérations différenciées aux prix obtenus, peut-être pour exprimer leur plus grande confiance dans une méthode que dans l'autre.

En soi, il n'est pas faux de calculer un prix acceptable par différentes méthodes puisque l'acheteur potentiel ou le vendeur ont en général différentes alternatives à disposition. Mais on ne devrait retenir que les méthodes correspondant à des alternatives réelles et choisir pour prix acceptable le résultat le plus favorable parmi tous ceux qui ont été trouvés, soit le plus bas. En effet, c'est la meilleure alternative qui définit le prix acceptable. Cela dit, de grandes différences dans les résultats devraient encourager l'expert à vérifier ses hypothèses et ses calculs.

Un prix probable peut même être estimé par deux approches qui mobilisent chacune différentes méthodes. Elles donneront forcément des résultats différents, qui doivent être réconciliés. La réconciliation des résultats ne doit pas détruire de l'information. En effet, les différents calculs, lorsqu'ils sont bien faits, sont porteurs de signification précieuse pour comprendre les potentiels de vente du bien. Il convient de transférer cette information au client d'une manière qui lui soit utile. C'est le sens de la neuvième thèse:

(9) L'expertise doit livrer toutes les informations utiles au client, avec les moyens de les comprendre

Lorsque l'expert doit mobiliser plusieurs méthodes d'estimation, c'est qu'il doit répondre avec chacune à une question auxiliaire précise, qui contribue à répondre à la question posée par le client. Ainsi par exemple, si la question du client est le prix probable en cas de mise en vente immédiate du bien dans des conditions normales, ce qui est couramment appelé la valeur vénale, l'expert doit d'abord répondre à une série de questions auxiliaires: Quel est le prix que les acheteurs ont payé pour des biens similaires? Quel est le prix qu'ils seraient disposés à payer au plus au vu des différentes alternatives possibles? Quel est le prix qu'ils seraient disposés à payer au plus si l'alternative est de construire eux-mêmes un bien comparable? Etc. L'expert répondra à la première question en appliquant l'approche par comparaison directe, à la deuxième en appliquant l'approche indirecte passant par les prix acceptables, à la troisième en calculant un prix équivalent par les coûts, etc.

Les réponses aux questions auxiliaires intéressent évidemment aussi le client, car elles le renseignent sur les hypothèses qui ont conduit à la réponse à la question principale. Elles le renseignent également sur la robustesse de cette réponse. Evidemment, tout ceci n'est utile que si l'expert livre ces réponses avec les questions en explicitant la démarche logique qui l'a conduit à la réponse principale. Il appartient à la déontologie de l'expert d'être tout à fait transparent sur la fiabilité de ses réponses. C'est notre dernière thèse:

(10) L'expert doit informer son client de la sensibilité de ses réponses aux données disponibles et aux hypothèses retenues

Aucune méthode ne peut être appliquée sans fixer des paramètres par hypothèses ni sans procéder à des approximations. Chacune est tributaire de la qualité des données disponibles. Ce n'est pas discréditer l'expertise que de rendre le client attentif à ces ficelles et rustines qui la tiennent ensemble. Au contraire: l'expert peut ajouter de la valeur à son expertise en estimant franchement la sensibilité de ses résultats par rapport à ces incertitudes.

Ainsi il est légitime de répéter les calculs en faisant varier les paramètres incertains dans des fourchettes plausibles. Le résultat est une distribution de prix acceptables ou de prix probables au lieu d'un prix unique. Ceci reflète simplement une réalité: les aléas du futur font qu'il est impossible de prédire exactement un prix.

On ne saurait trop insister sur l'importance de bien communiquer les résultats au client. Par le passé, les experts les ont habitués à un chiffre unique, effaçant comme par magie toutes les incertitudes et donnant un faux sentiment de sécurité. Dorénavant, tout le monde devra accepter que l'avenir est un territoire encore inexploré et que l'acquéreur ou le propriétaire d'un bien immobilier s'y engage en étant guidé par un expert habilité par sa connaissance de la topographie du marché et des forces qui le gouvernent à prodiguer des conseils utiles.

Annexe 1

VALEURS DE RÉFÉRENCE (EN SUISSE)

Charges d'exploitation – Immeuble résidentiel ou administratif

	CHF/m²	% état locatif	% valeur immeuble
Conciergerie	3-6	1-6	0,1-0,6
Gérance – administration	5-13	5	0,3-0,5
Assurances	2-3	1-2	0,05-0,15
Eau – électricité	3-5	1-5	0,1-0,5
Entretien contractuel	2-3	1-3	0,05-0,3
Réparations – rénovations	pm	pm	pm
Impôt immobilier	1	1-2	0,1
Total	**16-31**	**10-23**	**0,7-2,2**

Taux de rendement du marché

Actifs suisses	Rendement moyen long terme		Rendements annuels réels extrêmes	
	nominal	réel	minimal	maximal
Compte d'épargne	2%-3%	0%	– 5%	+ 2%
Obligations Confédération	3%-4%	1%	– 3%	+ 3%
Autres obligations	4%-5%	2%	– 2%	+ 4%
Immobilier résidentiel	6%-7%	4%	– 15%	+ 25%
Actions	8%	5%-6%	– 50%	+ 50%

Les références en matière de primes à ajouter à un taux d'intérêt se situent principalement dans le cadre de la capitalisation du revenu brut. Avec divers ajustements présentés ci-dessous, on peut les traduire en primes à ajouter au taux d'intérêt hors risque des obligations de la Confédération pour la capitalisation ou l'actualisation du revenu net. Nos ajustements reposent sur le principe que les résultats ainsi obtenus auraient permis d'estimer les mêmes prix en moyenne, sur ces quarante dernières années, que les auteurs cités.

Taux de capitalisation et d'actualisation du revenu immobilier résidentiel dérivés de la littérature (ppc = points de pour-cent)	
Naegeli et Wenger (1997)	
Capitalisation du revenu brut	tx hypo. + 1 à 3 ppc
Capitalisation du revenu net	tx hypo. + 0,3 à 0,8
	ou
	tx Conf. + 0,8 à 1,3
Capitalisation du revenu net tenant compte de la croissance du revenu (taux g)[1]	tx Conf. + 2,1 à 2,6 − g
Actualisation du revenu net	tx Conf. + 2,1 à 2,6
Wenger, Wenger et Naegli (2009)	
Capitalisation du revenu brut	4,5. + 1,2 à 3,6
Hägi (1945) et Praplan (1978)	
Capitalisation du revenu brut	tx hypo. + 1,8 à 3,3
Actualisation du revenu net	tx Conf. + 2,9
USECE et SEK/SVIT (2005)	
Capitalisation du revenu brut	tx hypo. + 1,2 à 3,8
Capitalisation du revenu net	tx hypo. + 0,5 à 0,9
	ou
	tx Conf. + 1 à 1,4
Capitalisation du revenu net tenant compte de la croissance du revenu (taux g)	tx Conf. + 2,3 à 2,7 − g
Actualisation du revenu net	tx Conf. + 2,3 à 2,7
Canonica (2000)	
Capitalisation du revenu brut tenant compte de la croissance du revenu (taux g entre −0,5 et +0,5 ppc)	tx référence + 0,9 à 4,6 − g
	ou
	tx Conf. + 1,6 à 5,3 − g
Capitalisation du revenu net tenant compte de la croissance du revenu (taux g entre −0,5 et +0,5 ppc)	tx Conf. + 0,7 à 1,2 − g
Actualisation du revenu net	tx Conf. + 0,7 à 1,2
Gaillard (1998)	
Capitalisation du revenu net tenant compte de la croissance du revenu (taux g)	tx Conf. + 2,5 − g
Actualisation du revenu net	tx Conf. + 2,5

---

[1] Il est important que le taux de croissance et le taux d'intérêt utilisés soient cohérents, donc que g soit lié au taux d'inflation implicite dans le taux d'intérêt.

Naegeli et Wenger (1997)

Naegeli et Wenger recommandent de calculer la «valeur de rendement» en divisant le revenu locatif brut par un taux de capitalisation obtenu en ajoutant une prime comprise entre 0,5 et 5 ppc à une valeur moyenne du taux d'intérêt demandé par la banque cantonale locale pour les hypothèques «anciennes» en 1er rang (pp. 87-89). La prime dépend du type de bâtiment et de son âge. Ainsi, elle n'est que de 0,5 ppc pour un parking ou des halles neuves. Pour une maison individuelle, elle varie de 1 ppc si elle est neuve à 2,5 ppc si elle est ancienne, pour un appartement en PPE ou un immeuble collectif, entre 1 et 3 ppc. Elle peut atteindre 5 ppc pour des ateliers, usines ou laboratoires anciens. En effet, la prime doit tenir compte des frais d'entretien, qui sont plus importants pour des immeubles complexes, équipés d'installations onéreuses, utilisés de façon intensive et anciens, et de l'espérance de vie, qui est évidemment plus courte pour des immeubles anciens.

Pour l'immobilier résidentiel, Naegeli et Wenger recommandent donc des primes comprises entre 1 et 3 ppc selon l'âge de l'immeuble. On passe du taux de capitalisation du revenu brut au taux de capitalisation du revenu net en déduisant du premier une estimation des charges d'exploitation en pourcent du prix de l'immeuble. La fourchette de valeurs est donnée dans le premier tableau ci-dessus. Prenons la valeur la plus basse (0,7%) pour les immeubles neufs et la valeur la plus haute (2,2%) pour les immeubles anciens. On obtient alors des primes nettes comprises entre 0,3 ppc et 0,8 ppc.

Il faut ajouter à cette prime nette la différence entre le taux hypothécaire en premier rang et le taux de rendement sur les obligations de la Confédération. Cette différence a été de 0,53 ppc en moyenne entre 1965 et 2005.

Naegeli et Wenger notent que les taux d'intérêt hypothécaires varient beaucoup; ils représentent même cette variation depuis 1850 (p. 88). Pour éviter que les prix immobiliers estimés ne fluctuent pareillement, ils préconisent l'utilisation d'un taux moyen et indiquent les taux moyens par tranches de 20 ans. Ils auraient aussi pu reconnaître que lorsque les taux d'intérêt sont élevés, le taux d'inflation l'est généralement aussi, donc le revenu brut croît rapidement. L'inflation et la croissance du revenu ne sont pas prises en compte par Naegeli et Wenger. En effet, la formule de capitalisation du revenu

$$V_0 = \frac{R}{n}$$

est une simplification valable seulement si le revenu R est constant. Or, aussi bien l'histoire que la législation en vigueur indiquent que le propriétaire d'un immeuble locatif peut espérer une certaine croissance de son revenu. La formule de capitalisation devrait alors être

$$V_0 = \frac{R}{n-g}$$

où g = taux de croissance du revenu.

On peut interpréter les lacunes de la littérature à ce sujet de différentes façons. Si l'on suppose que les auteurs font l'hypothèse implicite que l'augmentation du revenu est tellement aléatoire que cela justifie une prime de risque équivalente au taux de croissance espéré, il faut ajouter le taux de croissance espéré du revenu (g) au taux de capitalisation ($n - g$) pour trouver la rentabilité espérée (n). Autrement dit, celui qui capitalise le revenu net en tenant compte de sa croissance devrait utiliser les primes calculées ci-dessus majorées au préalable du taux de croissance pour aboutir au même résultat que Naegeli et Wenger.

Le propriétaire d'un immeuble locatif peut espérer une croissance de son revenu correspondant à 40% de l'inflation (maintien du pouvoir d'achat du capital exposé au risque). Et en prenant comme référence le taux d'inflation observé à long terme (3,1% en moyenne entre 1965 et 2005), la croissance espérée du revenu est de 1,3%.

Dès lors, les taux de capitalisation préconisés par Naegeli et Wenger reviennent à capitaliser le revenu net au taux d'intérêt des obligations de la Confédération (taux d'intérêt hors risque) majoré d'une prime de 2,1 à 2,6 ppc et réduit du taux de croissance anticipé du revenu net.

Wenger, Wenger et Naegeli (2009)

Dans cette 5e édition de leur manuel, bien plus courte que les précédentes, les auteurs ont considérablement simplifié leurs méthodes d'estimation. Les classes de situation de 1 à 8 qui étaient encore utilisées dans la 4e édition sont remplacées par des classes d'espace («*Raumklassen*») de 1 à 10. Il faut dorénavant utiliser la structuration de l'espace publiée en 2000 par l'OFS pour attribuer une note au terrain. Cette structuration qualifie les régions MS et les types de communes, chacune conduisant à une note pour la classe d'espace. Il faut encore donner trois notes pour le nombre d'habitants, la capacité fiscale et le coefficient fiscal. La moyenne arithmétique de ces cinq notes correspond à la classe d'espace du lieu. Ensuite, il faut réunir entre six et dix indicateurs de la qualité de la situation de l'immeuble dans la commune (accessibilité, indice d'utilisation du sol, vue, nuisances, etc.) et pour chacun on donne une note au demi-point. Il n'y a aucune aide pour cette notation! Enfin on calcule la moyenne arithmétique simple des notes, celle du lieu comme les autres, si bien que la classe du lieu compte pour 1/7e de la classe d'espace finale au plus.

La classe d'espace est au cœur du dispositif d'estimation, qui est pratiquement le même pour tous les types de biens. La part du terrain dans la valeur intrinsèque est égale à la classe d'espace multipliée par 6,25%. Avec une estimation simple du coût de construction du bâtiment réel ou hypothétique, cela permet d'estimer rapidement la valeur intrinsèque. La valeur de rendement est estimée en divisant la valeur locative («*Mietwert*») correspondant aux loyers usuels du lieu ou quartier par un taux de capitalisation. La valeur vénale est une moyenne de la valeur intrinsèque et de la valeur de rendement qui donne plus de poids à cette dernière lorsqu'elle s'écarte significativement de la valeur de rendement. Il reste à comparer les prix au m² ainsi obtenus pour le sol, l'appartement, etc., à des statistiques pour valider les calculs.

Le taux de capitalisation de la valeur locative est donné dans une tabelle selon le type de bien et l'âge du bâtiment. Il est construit à partir d'un taux de base de 4,5%, auquel on ajoute un pourcentage pour l'amortissement et une prime de risque pour les maisons individuelles et appartements en PPE (0,5 et 0 ppc respectivement), pour les immeubles locatifs d'habitation (0,8 et 0,1 ppc), les immeubles administratifs ou commerciaux (1 et 0,3 ppc) et les immeubles industriels, restaurants et hôtels (1,2 et 0,4 ppc). Il faut encore ajouter un pourcentage pour les frais d'exploitation et d'entretien, dans une fourchette qui va de 0,7 à 1 ppc pour les maisons individuelles et appartements en PPE neufs de 1,5 à 3,3 ppc pour les immeubles industriels, etc., de plus de 40 ans.

Scognamiglio (2008)
Scognamiglio construit le taux de capitalisation comme Naegeli et Wenger (1997) majoré des mêmes primes spécifiques au type d'objet. Il propose cependant de soustraire du taux de capitalisation le taux de croissance des loyers, soit le taux de croissance moyen des revenus locatifs des dernières années ou, à défaut, l'indice suisse des loyers.

Hägi (1945) et Praplan (1978)
Hägi et Praplan suggèrent d'ajouter entre 1,5 et 3 ppc au taux hypothécaire moyen (1er et 2e rang) pour capitaliser le revenu brut. Si l'on admet que le taux en 2e rang dépasse celui du 1er rang de 0,5 à 1 ppc en moyenne, le taux hypothécaire moyen se situe quelque 0,3 ppc au-dessus de celui des hypothèques en 1er rang. La proposition de Haegi et Praplan consiste donc à ajouter entre 1,8 et 3,3 ppc au taux hypothécaire en 1er rang.

A partir de là, on peut appliquer les mêmes transformations que pour Naegeli et Wenger ci-dessus, pour conclure que la proposition de Haegi et Praplan équivaut à ajouter 2,9 ppc au taux d'intérêt hors risque de la Confédération pour déterminer le taux d'actualisation.

USECE et SEK/SVIT (2005)
Ces associations recommandent de construire le taux de capitalisation à partir du taux d'intérêt demandé par la banque cantonale locale pour les hypothèques «anciennes» en 1er rang (p. 64), sans tenir compte des conditions de financement. On ajoutera entre 0,7 et 2,9 ppc pour les différentes charges grevant le revenu locatif d'un immeuble collectif ainsi qu'entre 0,5 et 0,9 ppc pour le risque sur le revenu locatif (p. 270[2]).

---

[2] Ces chiffres sont tirés du tableau des taux de capitalisation pour les habitations donné en annexe. Dans le texte principal, les associations recommandent une prime de 0 à 0,4 ppc seulement pour les risques sur loyers.

La proposition d'USECE et SEK/SVIT consiste donc à ajouter entre 1,2 et 3,8 ppc au taux hypothécaire en 1er rang pour capitaliser le revenu brut. Lorsqu'on capitalise le revenu net, il ne reste que la prime de risque à ajouter au taux hypothécaire en 1er rang, soit entre 1,03 et 1,43 ppc à ajouter au taux de rendement des obligations de la Confédération, puisque celui-ci a dépassé le taux hypothécaire en premier rang de 0,53 ppc en moyenne entre 1965 et 2005.

A partir de là, on peut faire les mêmes manipulations que pour les primes proposées par Naegeli et Wenger pour construire les taux de capitalisation et d'actualisation à utiliser lorsqu'on tient compte de la croissance du revenu net.

Canonica (2000)

Canonica déclare que le principe d'ajouter une prime de 1 à 3 ppc au taux d'intérêt hypothécaire sans tenir compte de la conjoncture (p. 90) est faux. Il recommande au contraire de tenir compte du mode de financement et des exigences de rendement du propriétaire ainsi que des perspectives du marché. Par défaut, le taux d'intérêt de référence peut être fixé comme pour le droit du bail, soit 60% du taux d'intérêt pour les hypothèques anciennes en premier rang de la banque cantonale et 40% de ce taux majoré de 0,5 ppc. En moyenne pour 1965-2005, cela correspond à un taux d'intérêt de 5,2%, soit 0,7 ppc au-dessus du taux moyen pour les obligations de la Confédération.

Canonica propose toute une série de primes à ajouter au taux d'intérêt de référence (p. 91). Nous les regroupons en trois catégories:
 a) primes pour charges d'exploitation: de 0,9 ppc à 4,1 ppc, selon la qualité et l'état du bâtiment et la nature de la gérance;
 b) prime pour risque locatif: 0 à 0,5 ppc selon le type d'immeuble et sa situation;
 c) facteurs de correction pour les perspectives de plus-value et le risque de dépréciation: 0 à −0,5 pour les plus-values et 0 à + 0,5 ppc pour le risque de dépréciation.

Le premier groupe de primes n'intervient pas lorsque l'on capitalise le revenu net. Pour la capitalisation du revenu *brut*, la somme des primes peut aller de 0,9 à 4,6 ppc (avec la prime de risque), donc entre 1,6 et 5,3 ppc ajoutés au taux d'intérêt des obligations de la Confédération, plus ou moins un facteur de correction pour la croissance ou décroissance future du prix compris entre 0 et 0,5 ppc. Pour la capitalisation du revenu *net*, seule la prime de risque entre 0 et 0,5 ppc est ajoutée au taux d'intérêt de référence, donc entre 0,7 et 1,2 ppc ajoutés au taux d'intérêt des obligations de la Confédération, plus ou moins le facteur de correction pour la croissance ou décroissance future du prix compris entre 0 et 0,5 ppc.

Gaillard (1998)
Gaillard suggère une prime nette de 2,5 ppc par rapport au taux hors risque, tout en considérant que cette prime peut être réduite si l'investisseur anticipe une certaine croissance du revenu.

Autres références
Pedrazzini (1998) et Fierz (2006) renoncent à proposer une formule générique pour construire le taux d'actualisation ou de capitalisation, faisant plutôt référence aux conditions du marché des capitaux et aux exigences de rendement du propriétaire.

Annexe 2

INTRODUCTION AUX CALCULS FINANCIERS

Le taux de rendement

Par convention, le taux de rendement est le rapport entre le bénéfice obtenu et le capital investi :

$$r_1 = \frac{B_1}{P_0}$$

où r_1 = taux de rendement (pour l'année 1)
    B_1 = bénéfice (de l'année 1)
    P_0 = montant investi (au début de l'année 1)

Les indices indiquent la période de référence. Par convention encore, les flux de liquidités ont lieu en fin de période.

Par convention toujours, le bénéfice est égal à la somme du revenu net et de la plus- ou moins-value :

$$r_1 = \frac{N_1 + \Delta P}{P_0}$$

où N_1 = revenu net de l'année 1
    ΔP = plus- ou moins-value

Si l'actif est un compte bancaire, le montant investi est le solde du compte en début de période. Le revenu net correspond à l'intérêt crédité sur le compte (sous déduction des frais bancaires) et il n'y a pas de plus- ou moins-value. L'intérêt étant habituellement crédité au 31 décembre, le calcul peut être fait avec la formule ci-dessus si la période de référence est l'année civile. Il est un peu plus compliqué si un intérêt est versé en cours de période.

Si l'actif est une obligation (resp. une action), le montant investi est le prix payé (frais compris). Le revenu net correspond au coupon (resp. au dividende) annuel et la plus- ou moins-value est égale à la différence entre le prix de revente (potentiel) et le prix d'achat. La formule ci-dessus est valable si les transactions ont lieu juste après le paiement du coupon (resp. du dividende).

Si l'actif est un immeuble, le revenu net est la différence entre les loyers encaissés et les charges d'exploitation. Le taux de rendement peut alors s'écrire:

$$r_1 = \frac{(L_1 - E_1) + (P_1 - P_0)}{P_0} = \frac{N_1 + P_1 - P_0}{P_0}$$

où L_1 = loyers encaissés pour l'année 1
E_1 = charges d'exploitation pour l'année 1
P_1 = prix de l'immeuble à la fin de l'année 1

Si l'investissement dure plusieurs années, le taux de rendement a toutes les chances de varier d'une année à l'autre. On peut néanmoins calculer une sorte de rendement moyen (voir ci-dessous).

La valeur actuelle
Ex ante, la formule du taux de rendement permet de fixer le prix de l'immeuble de telle façon que le flux des recettes et des dépenses prévisibles génère le même taux rendement sur cet investissement que si le prix était investi au taux r_1. Nous avons appelé ce prix le prix équivalent. Pour l'obtenir, il suffit d'isoler P_0 dans l'équation ci-dessus pour obtenir:

$$P_0 = \frac{N_1 + P_1}{(1 + r_1)}$$

P_1 n'est plus un prix payé mais un prix probable et P_0 n'est plus un prix payé mais le prix (maximal) permettant d'obtenir (au moins) le taux de rendement r_1, qui, lui, n'est plus un taux de rendement obtenu mais un taux de rendement visé. De la même façon, N n'est plus un revenu net effectif mais un revenu net probable. La somme des montants encaissés correspond au cash-flow libre. Ainsi, la formule montre que le prix équivalent P_0 est la valeur actuelle des cash-flows libres futurs espérés.

Le taux de rendement interne
Si le cash-flow libre de la première année est réinvesti l'année suivante, le taux de rendement de la deuxième année a toutes les chances d'être différent de celui de la première année. On peut calculer un taux de rendement «moyen» sur les deux périodes en recherchant le taux constant qui donnerait la même fortune finale (le lecteur pourra vérifier que ce taux «moyen» n'est pas la moyenne arithmétique simple des taux de rendement annuels).

Le calcul nécessite des hypothèses sur le réinvestissement. Si le capital initial reste investi dans le même actif, il suffit de faire une hypothèse sur le sort du cash-flow libre de la première année. Si le taux de rendement obtenu au cours de la deuxième année sur ce cash-flow (par hypothèse réinvesti) est

Introduction aux calculs financiers

égal au taux de rendement «moyen» recherché, point n'est besoin de prévoir le prix probable de l'actif en fin de première période et le calcul en est largement simplifié.

On trouve le taux de rendement «moyen», qualifié sous ces hypothèses de taux de rendement interne, en comparant les fortunes finales:

$$N_1(1+r) + N_2 + P_2 = P_0(1+r)^2$$

où r = taux de rendement interne

Le terme de gauche représente la fortune finale lorsque le capital initial est et reste investi dans l'immeuble et que le cash-flow de la première année rapporte le taux de rendement interne au cours de la deuxième année. Le terme de droite représente la fortune finale lorsque le capital initial est investi dans un actif qui rapporte chaque année le taux de rendement interne (il s'agit d'une formule d'intérêts composés).

L'algèbre ne permet pas d'isoler le taux de rendement interne au-delà de deux périodes. Il ne peut donc être calculé que par tâtonnements.

La valeur actuelle bis

La formule du taux de rendement interne permet de calculer la valeur actuelle d'un investissement sur plusieurs années. Si la période de calcul est de deux ans:

$$P_0 = \frac{N_1}{1+r} + \frac{N_2 + P_2}{(1+r)^2}$$

On peut facilement montrer que, sur T années:

$$P_0 = \sum_{t=1}^{T} \frac{N_t}{(1+r)^t} + \frac{P_T}{(1+r)^T}$$

En appliquant la même formule pour P_T et ainsi de suite jusqu'à l'infini, on obtient:

$$P_0 = \sum_{t=1}^{\infty} \frac{N_t}{(1+r)^t}$$

Ces équations correspondent à la formule générale de la valeur actuelle des cash-flows libres espérés (*discounted cashs flows*):

$$VA = \sum_{t=1}^{T} \frac{CF_t}{(1+r)^t}$$

où VA = valeur actuelle
CF_t = cash-flow libre pour l'année t

Dans le cas d'un investissement immobilier, le cash-flow libre de la dernière année comprend le revenu annuel net et le prix de revente de l'immeuble.

La valeur actuelle ter

On peut aussi calculer une valeur actuelle en faisant une autre hypothèse quant aux taux de rendement obtenus sur les revenus nets réinvestis. Dans un calcul sur deux ans, si on suppose que, pour la deuxième année, le taux de rendement sur le revenu net de la première année réinvesti est équivalent au taux de rendement sur l'immeuble, la fortune finale peut s'écrire:

$$N_1(1+r_2) + N_2 + P_2 = P_0(1+r_1)(1+r_2)$$

et la valeur actuelle devient:

$$P_0 = \frac{N_1}{1+r_1} + \frac{N_2 + P_2}{(1+r_1)(1+r_2)}$$

Sur T années:

$$P_0 = \sum_{t=1}^{T} \frac{N_t}{\prod_{i=1}^{t}(1+r_i)} + \frac{P_T}{\prod_{i=1}^{T}(1+r_i)}$$

et sur l'infini:

$$P_0 = \sum_{t=1}^{\infty} \frac{N_t}{\prod_{i=1}^{t}(1+r_i)}$$

On utilise parfois encore une autre définition des taux d'intérêt, les taux spots ou taux au comptant, soit les taux qui s'appliquent pour un paiement unique à une date future[1]. On peut les interpréter comme le taux de rendement d'un emprunt à coupon zéro. Ainsi, le taux spot à deux ans, que l'on notera r_2^*, correspond au cumul de deux taux annuels successifs:

$$(1+r_2^*)^2 = (1+r_1)(1+r_2)$$

De façon générale:

$$(1+r_t^*)^t = \prod_{i=1}^{t}(1+r_i)$$

$$P_0 = \sum_{t=1}^{\infty} \frac{N_t}{(1+r_t^*)^t}$$

Par simplification et en raison de la difficulté à anticiper l'évolution du taux de rendement d'un actif de même risque, on utilise habituellement la formule avec le taux de rendement interne.

---

[1] Ce sont les taux spots qui sont publiés par la Banque Nationale Suisse sous le tire «Rendements d'obligations», (voir fig. 4.4).

Le rapport revenu/prix et le multiplicateur du revenu

Si le revenu net est constant à l'infini, l'actualisation se mue en capitalisation. En reprenant la formule avec le taux de rendement interne :

$$P_0 = \sum_{t=1}^{\infty} \frac{N}{(1+r)^t} = \frac{N}{r}$$

Il en est de même lorsque l'horizon est fini si le prix de revente est égal au prix d'achat :

$$P_0 = \sum_{t=1}^{T} \frac{N}{(1+r)^t} + \frac{P_0}{(1+r)^T} = \frac{N}{r}$$

Si le revenu net croît à un taux constant jusqu'à l'infini, le taux de capitalisation est égal à la différence entre le taux de rendement exigé et le taux de croissance du revenu net :

$$P_0 = \sum_{t=1}^{\infty} \frac{(1+g)^t N}{(1+r)^t} = \frac{N}{r-g}$$

où g = taux de croissance du revenu net

Le résultat est le même lorsque l'horizon est fini puisque le taux de croissance du prix est égal au taux de croissance du revenu net dans le cas de revenus nets croissant à un taux constant.

On peut capitaliser directement le revenu (locatif) brut à condition qu'une hypothèse supplémentaire soit vérifiée. Si le revenu brut croît à un taux constant et si la part du revenu brut consacrée aux dépenses est constante, la valeur actuelle est donnée par :

$$P_0 = \sum_{t=1}^{\infty} \frac{(1+g)^t (1-d) L}{(1+r)^t} = \frac{L}{\left(\frac{r-g}{1-d}\right)} = \frac{L}{k}$$

où k = taux de capitalisation

Cette formule permet de fixer un prix équivalent en fonction du revenu locatif brut initial, du taux de rendement requis, du taux de croissance prévisible du revenu et de la part prévisible des charges d'exploitation dans le revenu brut.

La même formule permet aussi de fixer un prix équivalent sans les données qui constituent le taux de capitalisation. Si on peut trouver deux immeubles pour lesquels le taux de croissance prévisible du revenu et la part prévisible des charges sont identiques, le rapport revenu/prix est le même pour les deux immeubles. On peut alors fixer un prix équivalent pour l'un en se basant sur le rapport revenu/prix de l'autre :

$$\frac{L}{P_0} = \frac{L^*}{P_0^*} \quad \Rightarrow \quad P_0 = \frac{L}{\left(\frac{L^*}{P_0^*}\right)} = \frac{L}{k^*} = mL$$

où L^* = revenu (locatif) brut de l'autre immeuble
P_0^* = prix de l'autre immeuble
k^* = rapport revenu/prix (taux de rendement brut) du marché
m = $1/k^*$ = multiplicateur du revenu

On passe ainsi d'une méthode par les revenus à une méthode par les prix.

La capitalisation avec croissance linéaire

Il est plus plausible de supposer que le revenu net de l'immeuble suit une tendance linéaire plutôt que la tendance exponentielle qui correspond à un taux de croissance constant. Notons Δ l'incrément annuel du revenu net:

$$N_{t+1} = N_t + \Delta$$

On obtient alors la formule suivante pour la valeur capitalisée du revenu net:

$$\sum_{t=1}^{\infty} \frac{N_1 + (t-1)\Delta}{(1+r)^2} = \frac{N_1}{r} + \frac{\Delta}{r^2}$$

Pour fixer Δ, on peut calculer l'augmentation annuelle moyenne du revenu net ces dernières années (en francs, pas en %). On peut aussi le calculer en appliquant au dernier revenu net le taux de croissance actuel, en sachant que ce taux de croissance sera de plus en plus faible à l'avenir.

Taux nominal et taux réel

Le taux de rendement réel est donné par:

$$1 + r^* = (1+r)/(1+f) \quad \text{ou} \quad r^* = \frac{r-f}{1+f}$$

où r^* = taux de rendement réel
r = taux de rendement nominal
f = taux d'inflation

Dans la pratique, on utilise la formule simplifiée:

$$r^* = r - f$$

L'approximation est bonne si le taux d'inflation est faible.

Le coût moyen pondéré du capital
Le coût moyen pondéré du capital est donné par:

$$CMPC = r_{FE} p_{FE} + r_{FP} p_{FP}$$

où $CMPC$ = coût moyen pondéré du capital
 r_{FE} = coût des fonds étrangers (taux d'intérêt hypothécaire)
 p_{FE} = part des fonds étrangers
 r_{FP} = coût des fonds propres (taux de rendement visé)
 p_{FP} = part des fonds propres

Annexe 3

CAS PRATIQUE
Immeuble sis 25, rue du Stand à Genève

A l'adresse du 25 rue du Stand «cohabitent» deux immeubles au sens du Registre foncier. Il s'agit d'une parcelle de terrain grevée d'un droit de superficie, d'une part, et du droit de superficie lui-même (droit distinct et permanent) d'autre part. Juridiquement, le bâtiment administratif érigé sur cette parcelle appartient au détenteur du droit de superficie.

Le 25 rue du Stand est très proche du centre-ville de Genève, «à deux pas» du «quartier des banques» et presque en face de l'Hôtel des finances, dans un périmètre par ailleurs fortement résidentiel et contenant accessoirement quelques friches industrielles à réhabiliter (notamment les terrains anciennement occupés par les Services industriels). A l'arrière du bâtiment se trouve la place des Volontaires, image de la diversité du quartier, où cohabitent l'Usine, temple du rock, et l'ancien bâtiment des Forces motrices, qui accueille notamment opéras et cocktails mondains.

Le bâtiment était inutilisé au début de l'année 2003 et il a été loué «en bloc» en septembre de la même année. Le droit de superficie a quant à lui fait l'objet d'un droit d'emption signé simultanément au bail par le nouveau locataire du bâtiment (selon certains documents, le bail aurait été signé avant le droit d'emption), puis de l'exercice de ce droit d'emption en décembre 2003. Deux évaluations du droit de superficie ont été effectuées en avril et en juin 2003. Ces deux évaluations ont fait l'objet d'une «contre-expertise» en 2005.

Ce cas permet de présenter et de juger *ex post* des évaluations, d'illustrer les méthodes développées dans cet ouvrage, de traiter le cas particulier de trois immeubles qui cohabitent sur le même terrain (il y aura un sous-droit de superficie), de voir l'effet d'une mise en location sur le prix d'un immeuble et de mesurer l'incidence de la prolongation d'un droit de superficie sur son prix probable. La section 1 présente les données techniques des immeubles. L'évaluation du droit de superficie est l'élément central et fait l'objet de la section 2. Les valeurs intrinsèque, de rendement, de gage et vénale estimées par les experts sont présentées (§ 2.1) avant l'estimation du prix probable (§ 2.2). Celle-ci est faite au 31 décembre 2002 afin de la comparer aux autres expertises, puis au 31 décembre 2003 afin de juger du prix payé. Le prix probable du terrain lui-même, qui n'a pas fait l'objet de transaction, est estimé par les revenus dans la section 3.

1 Données techniques

Surface de la parcelle: 2 767 m^2
Surface du droit de superficie: 1 937 m^2
Rente de superficie: CHF 219 744 en 2003, indexée annuellement à l'indice suisse des prix à la consommation
Echéance du droit de superficie: 31.12.2075, prolongée au 31.07.2102 en septembre 2003
A l'échéance du contrat: pas de dédommagement pour le bâtiment, possibilité pour le superficiant d'exiger la démolition

Date de construction du bâtiment: 1963
Rénovation lourde en 1989-90: CHF 19 410 000

Le bâtiment ne couvre pas la totalité des 1937 m² faisant l'objet du droit de superficie. Il reste une surface résiduelle de 370 m² permettant de construire un autre bâtiment accolé à l'existant. Le contrat de superficie permet au superficiaire de mettre en valeur cette surface résiduelle par le biais d'un contrat de superficie au deuxième degré. Il prévoit également une augmentation de la rente de superficie dès l'entrée en force d'une autorisation de construire sur ce terrain.

Le droit de superficie et le bâtiment ont fait l'objet de quatre rapports d'expertise:
- Expertise technique en janvier 2003 (2003T)
- Première évaluation en avril 2003 (2003a)
- Deuxième évaluation en juin 2003 (2003b, par le même expert que 2003a)
- Contre-expertise (2005) aux deux évaluations (→ valeur 2003)

Volume SIA 116 (m³)	2003T
Sous-sol	3 137
Rez	6 270
Etages 1 à 7	13 415
Total	22 822

Surfaces brutes de plancher (m²)	2003T	2003a
Sous-sol	1 001	991
Rez	1 405	1 408
Etages 1 à 6 (bureaux, 6 x 629)	3 774	4 390 (1-7)
Etage 7 (logement)	629	83 (8)
Total	6 809	6 872

Surfaces locatives (m²)	2003T	2003a
Sous-sol	957	850
Rez	1 310	
Etages 1 à 6, resp. 1 à 7	3 612	4 505
Etage 7 (logement)	508	548
Total	6 387	5 903

Le volume SIA 116 sert à estimer la valeur à neuf de l'immeuble (pour l'estimation par les coûts) ainsi que le coût des travaux périodiques de rénovation (pour le prix équivalent par les revenus). Les surfaces brutes de plancher peuvent également servir à estimer des prix de construction ou de rénovation; elles sont données ici à titre d'information. Quant aux surfaces locatives, elles permettent d'estimer le revenu potentiel en fonction des loyers du marché, exprimés habituellement en francs par m^2 locatif. Relevons l'importance de ces données, qui méritent d'être soigneusement vérifiées par l'expert. La différence de surface locative entre les expertises 2003T et 2003a est de 8%, ce qui implique a priori une différence du même ordre sur le prix équivalent par les revenus, soit environ 2 millions de francs!

Une autre donnée technique fondamentale pour une évaluation est l'état de vétusté du bâtiment, voire son obsolescence. Ce cas en est une parfaite illustration. D'ailleurs, la polémique publique qui a suivi la vente du droit de superficie n'aurait pas pris cette ampleur si la décision d'acquisition avait été basée sur un diagnostic détaillé du bâtiment, une définition claire des besoins de l'acquéreur et un devis lui aussi détaillé et tenant compte du diagnostic et des besoins (qui ont pour le surplus varié au cours du processus).

Nous ne disposons malheureusement pas d'un diagnostic détaillé du bâtiment (il n'est d'ailleurs pas certain que ce diagnostic existe). On peut cependant dire que la structure et la toiture étaient en bon état, que les façades devaient être refaites dans un délai rapproché (principalement pour des raisons énergétiques), que les réseaux techniques (hors informatique) fonctionnaient correctement (à l'exception du système de production de chaleur, vétuste, et du système de ventilation, qui ne répond plus aux normes) et que les aménagements intérieurs méritaient un rafraîchissement.

Au cours de l'année 2003, plusieurs estimations du coût des travaux de rénovation et de transformation nécessaires à court terme sont établies pour l'acquéreur, mais elles sont fortement tributaires de l'état de vétusté admis et surtout des besoins exprimés ou supposés du mandant. A tel point que les montants évoqués varient entre CHF 3,5 mio. et 12,25 mio.:
- Rapport du 8 octobre 2003: CHF 8 475 000 hors taxes, ramenés à CHF 3 100 000 pour une variante minimaliste.
- Rapport du 13 octobre 2003: entre CHF 7 000 000 et 12 250 000 (sans les façades).

Une difficulté supplémentaire pour l'évaluation est que certaines estimations comprennent les réseaux et équipements informatiques (vétustes et obsolètes), qui plus est pour des montants importants, voire du mobilier, éléments qui sont en principe à la charge d'un éventuel locataire (CFC 3, équipements d'exploitation). Ils ne doivent par conséquent pas être pris en compte dans le calcul d'un acheteur investisseur (sous réserve du coût d'un éventuel démontage des installations existantes et pour autant évidemment que l'estimation du revenu locatif espéré ne tienne pas compte de ces équipements). Le lecteur verra que le flou entourant le coût des travaux de rénovation engendre une forte incertitude sur le prix probable.

2 Evaluation du droit de superficie

2.1 Les différentes valeurs

(Les valeurs sont tirées des trois expertises de 2003 et 2005.)

Valeur intrinsèque

Valeur intrinsèque (CHF)	2003a	2003b
Valeur intrinsèque bâtiment		
(Valeur à neuf: CHF 800/m^3; vétusté 12%		
➜ valeur intrinsèque: CHF 710/m^3)	16 200 000	16 200 000
Raccordements aux réseaux	200 000	200 000
Equipements d'exploitation		3 600 000
Valeur intrinsèque	16 400 000	20 000 000

Valeur de rendement

Revenu locatif	m^2	CHF/m^2 an	CHF/an
2003a (+ 2005)			
Sous-sol	850	100	85 000
Bureaux	4505	388	1 747 250
Logements	548	160	87 750
Total			**1 920 000**
2003b			**2 160 000**
2005			
Sous-sol	850	100	85 000
Bureaux	4505	425	1 914 625
Logements	548	160	87 750
Total			**2 087 375**

En septembre 2003, l'immeuble a été loué pour CHF 2 330 000/an.

Valeur de rendement (CHF)	2003a	2003b	2005
Revenu locatif	1 920 000	2 160 000	2 087 375
Charges (15%, resp. 10%)	288 000	324 000	208 738
Rente de superficie	220 000	*idem*	*idem*
Revenu net	1 412 000	1 616 000	1 658 638
Taux de capitalisation	5,5%	5,5%	5,75%-6%
Valeur de rendement	25 670 000	29 380 000	27 640 000
			à 28 850 000

Valeur de rendement en droit de superficie (2005):
   Revenu net capitalisé sur 70 ans à 6% = CHF 27 176 000
   + Valeur actuelle de l'indemnité de retour à 6% = CHF 82 000
   (Indemnité de retour = 30% de CHF 16 200 000 = CHF 4 860 000)
   = Valeur de rendement = CHF 27 260 000 ± 5% à 10%

Il est à relever que ce calcul fait l'hypothèse d'une constance des loyers et des prix de la construction, ce qui explique notamment la faiblesse de la valeur actuelle de l'indemnité de retour.

Valeur de gage
2003a: 2/3 valeur de rendement + 1/3 valeur intrinsèque = CHF 22 580 000
2003b: 2/3 valeur de rendement + 1/3 valeur intrinsèque = CHF 26 250 000

Valeur vénale
2003a: env. **CHF 22 500 000**
2003b: **CHF 26 200 000 à 26 500 000**
2005: valeur vénale = valeur de rendement = **CHF 27 260 000**

Vérification par comparaison (2005): si valeur des logements = état locatif capitalisé à 7% et valeur sous-sol = CHF 1000/m², alors les bureaux doivent valoir CHF 5 525/m² pour que l'ensemble atteigne CHF 27 000 000:

Valeur vénale par comparaison	m²	CHF/m²	CHF
Sous-sol	850	1 000	850 000
Bureaux	4 505	5 525	24 890 750
Logements	548	2 300	1 259 250
Total			**27 000 000**

Synthèse
Nous avions ainsi:
- une valeur intrinsèque entre CHF 16 et 20 mio.;
- une valeur de rendement entre CHF 26 et 29 mio. (entre CHF 24 et 30 mio. si l'on tient compte de la marge d'erreur de 10% annoncée dans l'expertise de 2005);
- une valeur vénale entre CHF 23 et 27 mio. (entre CHF 23 et 30 mio. si l'on tient compte de la marge d'erreur de 10% annoncée dans l'expertise de 2005).

En septembre 2003, un droit d'emption a été accordé pour un montant de CHF 30 mio. Ce droit a été exercé en décembre 2003.

2.2 Le prix probable

L'immeuble se prête mal à une évaluation par comparaison directe avec des prix payés ou par comparaison indirecte avec des prix affichés. Nous n'avons pas connaissance qu'un immeuble semblable, avec une telle rente de superficie, ait été échangé ou soit proposé à la vente au centre de Genève. Le niveau de la rente rend également les méthodes par les coûts peu opérantes (voir ci-dessous). Le prix probable est alors estimé indirectement par les revenus.

Le prix équivalent par les revenus

Le calcul est fait dans un premier temps au 31.12.2002 et les montants sont donc en francs suisses 2002 (sauf indication contraire). Les adaptations pour l'évaluation au 31.12.2003 viennent ultérieurement. Des valeurs de référence pour les hypothèses de calcul sont données en annexe 1.
   Trois prix équivalents sont estimés:
(a) par actualisation du revenu net
(b) par actualisation séparée des recettes et des dépenses
(c) par les équivalents certains

Hypothèses du calcul par actualisation		
Revenus (CHF)		
Etat locatif	Selon expertise 2005 sauf pour les bureaux, supposés loués à CHF 450/m² après travaux	2 199 930
	2003-2004 et 2035-2036 (travaux et mise en location)	0
Charges d'exploitation (CHF)	Les charges suivent l'inflation	
Gérance	3% de l'état locatif, dans l'hypothèse d'un locataire unique pour les bureaux	65 998
Conciergerie	CHF 3/m² locatif	17 709
Eau + électricité	CHF 4/m² locatif	23 612
Assurances	1‰ de la valeur à neuf	18 258
Entretien courant	3‰ de la valeur à neuf	54 773
Total		180 349
	2003-2004 et 2035-2036: seulement assurances	18 258
Travaux (CHF)		
Valeur à neuf bâtiment	CHF 800/m³; suit l'inflation	18 257 600
2003-2004	CHF 8 500 000 + façades CHF 1000/m² = CHF 11 000 000	4 000 000 + 7 000 000
2020, 2050 et 2065	10% de la valeur à neuf	1 825 760
2035	30% de la valeur à neuf	5 477 280
Taux de vétusté 2075		40%

Hypothèses du calcul par actualisation

Autres charges (CHF)		
Rente de superficie	Indexée annuellement	219 744
		(francs 2003)
	Dès 2051: ajustée à CHF 98/m²	270 573
	(francs 1986)	(francs 2003)
Complément de rente si autorisation de construire	Dès 2008: ajustée à CHF 98/m² (francs 1986) pour 370 m², indexé annuellement	5 904 (francs 2003)
Sous-rente de superficie	Dès 2008: montant prévu dans le projet de contrat	50 000 (francs 2008)
Frais de transaction		4,5%
Equivalents certains		
Loyers – en francs constants	Dépôts: baisse linéaire de 2002 à 2075 de CHF 80 à 50/m²	
	Bureaux: baisse linéaire	CHF 400 à 250/m²
	Logement: constant	CHF 160/m²
Sous-rente de superficie	En % de la valeur de base:	90%
Valeur résiduelle	En % de la valeur de base:	70%
Charges d'exploitation – en francs constants	Gérance:	5%
	Conciergerie:	CHF 5/m²
	Eau-électricité:	CHF 5/m²
	Assurances:	0,1%
	Entretien:	0,5%
Rente de superficie	En % de la valeur de base:	100%
Travaux	Travaux initiaux, en % de la valeur de base:	120%
	Travaux en 2020, 2050 et 2065, en % de la valeur à neuf:	20%
	Travaux en 2035, en % de la valeur à neuf:	50%
Taux d'inflation	Taux moyen observé sur 50 ans = 3%, sur 10 ans = 1%	2%
Croissance des loyers	= taux d'inflation	2%
Taux d'actualisation		
Taux de rendement hors risque	Taux réel moyen observé sur 50 ans = 1%, mais tendance à la hausse depuis les années 1970	3,5%
Revenu net	Prime de risque de 3%	6,5%
Revenu brut		5%
Dépenses		3%

Prix équivalent:
(a) actualisation du revenu net: CHF 21 233 594
(b) actualisation séparée des recettes et des dépenses: CHF 20 743 730
(c) équivalents certains actualisés au taux hors risque: CHF 23 627 164

Les prix équivalents par les revenus peuvent être comparés aux valeurs de rendement des expertises de 2003 et 2005, qui se situent entre CHF 26 et 29 mio. La différence entre les résultats (env. CHF 6 mio. en moyenne) s'explique principalement par les travaux (importants) réalisés dès 2004 et non pris en considération dans les expertises de 2003 et 2005 (cf. ci-dessous).

Il convient de relever que les experts n'ont pas déduit les frais d'achat des résultats obtenus avec les diverses méthodes, alors qu'il y a toujours cette différence entre un prix de revient acceptable pour l'acheteur et le montant qu'il accepte de verser au vendeur (donc le prix de la transaction). Ces frais se montent à environ CHF 1 mio., qui contribue également à expliquer l'écart avec nos résultats.

Le prix équivalent par actualisation séparée des recettes et des dépenses (b) est légèrement plus faible que par actualisation du revenu net (a); cependant, la différence (2%) n'est pas significative en regard de la subjectivité avec laquelle les différents taux d'actualisation ont été fixés.

En revanche, le prix par les équivalents certains (c) est sensiblement plus élevé que par actualisation du revenu net (+11%). Ceci illustre l'hypothèse selon laquelle les primes de risque peuvent facilement être surévaluées (chap. 4).

Avec nos hypothèses, un acquéreur prévoyant de réaliser des travaux pour CHF 11 mio. à court terme et espérant mettre ensuite le bâtiment en location pour un loyer global de CHF 2.2 mio. n'aurait pas dû accepter de payer beaucoup plus de CHF 20 mio. pour le droit de superficie au début de l'année 2003, sauf à être sensiblement plus optimiste quant à l'évolution future des revenus ou à se contenter d'un rendement plus faible. Toutefois, si nous avions procédé à l'évaluation à cette époque sur la base des (maigres) informations alors disponibles, nous aurions vraisemblablement prévu un montant nettement moins élevé pour les travaux et obtenu conséquemment des prix équivalents par les revenus sensiblement plus élevés, donc plus proches des valeurs de rendement des autres experts. Nous nous serions trompés, comme eux, et comme l'acheteur!

Simulations sur le prix équivalent par les revenus

L'actualisation se prête parfaitement à un exercice de simulation qui permet de mesurer la sensibilité des résultats à une variation des paramètres et donc la fiabilité de l'estimation.

Les expertises d'avril et juin 2003 ne contiennent qu'une indication très sommaire de l'état de l'immeuble, dont le degré de vétusté est estimé (sans explications) à 12%. Selon la contre-expertise de 2005, ce taux est justifié en regard des méthodes d'estimation préconisées par la littérature. Si nous avions interprété la déduction portée par l'expert à la valeur intrinsèque au titre de la vétusté comme le coût d'une remise à neuf (cf. chap. 5), nous aurions prévu un montant de CHF 2,2 mio. (12% d'une valeur à neuf de CHF 18,3 mio.) pour les travaux à court terme. L'expert a pris la précaution de signaler dans sa conclusion qu'il n'a pas tenu compte d'une éventuelle désaffectation des équipements d'exploitation (sécurité, climatisation, informatique) et de la remise en état consécutive des locaux. Cependant, même en doublant le coût de rénovation estimé par la vétusté, on est loin des montants articulés par la suite.

En prévoyant des travaux à court terme pour CHF 5 mio., nous aurions obtenu un prix équivalent par actualisation du revenu net de CHF 27 mio., très proche des valeurs de rendement estimées par les experts. Nous aurions aussi obtenu un prix équivalent par actualisation des équivalents certains de l'ordre de CHF 30 mio. (+ 25%)!

D'autres paramètres méritent des simulations. Le tableau suivant montre qu'une différence d'un demi-point de pour cent sur le taux d'actualisation engendre une variation de plus de 10% du prix équivalent. Un demi-point de moins pour le taux d'actualisation du revenu brut entraîne même une hausse du prix de près de 40%!

L'effet d'une variation du taux d'actualisation sur le résultat obtenu avec les équivalents certains se situe dans la moyenne (env. 20% de différence pour un demi-point de pour cent). Mais il est beaucoup plus facile de se «tromper» d'un demi-point sur la prime de risque que sur le taux hors risque. En Suisse, ce dernier est connu pour un horizon de 30 ans. Le prix obtenu avec les équivalents certains est donc beaucoup moins volatil que les autres prix obtenus par actualisation (la marge d'erreur est plus faible).

Simulations sur les taux d'actualisation	Taux (%)	Prix équivalent (CHF)	
Actualisation des cash-flows			
Cash-flows	6,0	24 563 650	+16%
	7,0	18 426 976	−13%
Actualisation séparée des recettes et des dépenses			
Revenu brut	4,5	28 878 373	+39%
	5,5	14 045 107	−32%
Dépenses	2,5	15 514 779	−25%
	3,5	24 934 439	+20%
Actualisation des équivalents certains			
Equivalents certains des cash-flows	3,0	28 713 587	+22%
	4,0	19 511 668	−17%

Les simulations peuvent également porter sur plusieurs paramètres simultanément. On fait varier tous ces paramètres en même temps par tirages répétés dans des distributions normales symétriques dont la propriété est que 95% des tirages se trouvent à la distance indiquée dans le tableau ci-dessous autour de la valeur centrale. Ceci permet de construire une distribution du prix équivalent par les revenus qui mesure la sensibilité de ce prix et le risque couru par l'acquéreur (technique de Monte-Carlo, voir graphique ci-dessous). En actualisant le revenu net, la moyenne de la distribution est proche du prix équivalent obtenu sans simulation avec CHF 21 938 000. 95% des prix estimés se trouvent au-dessus de CHF 13 312, 90% au-dessus de CHF 15 192 000 et 80% au-dessus de CHF 17 512 000. Cela signifie qu'en payant ce dernier prix, l'acheteur n'a que 20% de probabilité de ne pas obtenir le rendement exigé (soit le taux d'actualisation du revenu net, 6,5%). Deux tiers des tirages sont situés entre CHF 16 845 000 et 27 031 000.

Simulations sur plusieurs paramètres	
Paramètre	95% des tirages se trouvent dans l'intervalle
Loyers	± 20%
Sous-rente de superficie	± 15%
Valeur résiduelle	± 50%
Charges d'exploitation	± 33%
Travaux	± 50%

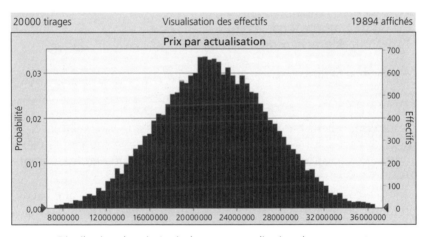

Distribution du prix équivalent par actualisation du revenu net.

La distribution permet également d'estimer la probabilité que le prix dépasse les «valeurs vénales» estimées par les trois expertises: pour l'expertise 2003a, valeur vénale de CHF 22 500 000, elle est de 45,3%; pour l'expertise 2003b, valeur vénale de CHF 26 200 000 à 26 500 000, elle est de 20,9% à 19,3%; et l'expertise 2005, valeur vénale de CHF 27 250 000, elle est de 15,8%. Cela signifie que si l'acheteur paie ce dernier prix, il a 84,2% de probabilité de ne pas obtenir le taux de rendement adéquat.

Le prix équivalent par les coûts

Par analogie avec l'achat d'un terrain bâti, l'arbitrage par les coûts consisterait ici à comparer les deux options suivantes:
- acheter le bâtiment sis 25 rue du Stand et le remettre à neuf;
- prendre un autre terrain en droit de superficie et y construire le même bâtiment.

S'il est possible de trouver un terrain équivalent avec la même rente de superficie, le prix équivalent pour le bâtiment en droit de superficie correspond au prix du bâtiment estimé par les coûts, soit entre 16 millions et 20 millions.

En effet, prendre un terrain en droit de superficie et construire est équivalent à acheter le bâtiment avec le terrain en droit de superficie et le rénover:

$$-C_0 - R + N + \frac{B_T}{(1+r)^T} = -P_0^* - T_0 - R + N + \frac{B_T}{(1+r)^T}$$

où C_0 = coût de construction du bâtiment
R = somme des rentes de superficie actualisées
N = somme des cash-flows actualisés
B_T = dédommagement pour le bâtiment au terme du droit de superficie
r = taux de rendement requis
P_0^* = prix équivalent par les coûts
T_0 = coût des travaux de rénovation

On en tire:
$$P_0^* = C_0 - T_0$$

Le prix équivalent par les coûts est donc égal à la valeur intrinsèque du bâtiment. Si l'acheteur est prêt à payer plus, comme le suggère la méthode par les revenus, c'est que la rente de superficie est inférieure à la rente du marché.

Dans ce cas, on peut montrer que le supplément de prix que l'acheteur est prêt à payer pour le bâtiment en sus de son prix équivalent par les coûts correspond à la différence (en valeur actuelle et en somme) entre la rente du marché et la rente du contrat pour le 25 rue du Stand.

$$-C_0 - R^* + N + \frac{B_T}{(1+r)^T} = -P_0^* - T_0 - R + N + \frac{B_T}{(1+r)^T}$$

où R^* = somme des rentes de superficie du marché actualisées

On en tire:
$$P_0^* = C_0 - T_0 + R^* - R$$

Malheureusement, on ne connaît pas la rente du marché. On peut néanmoins tirer un enseignement de cette formule. Si l'acheteur est prêt à payer entre CHF 23 et 27 mio. pour le bâtiment en droit de superficie (valeurs vénales début 2003 selon les experts) alors que sa valeur intrinsèque se situe entre CHF 16 et 20 mio. (toujours selon les experts), la différence entre la rente de marché et la rente du 25 rue du Stand est de l'ordre de CHF 7 mio. en somme et en valeur actuelle. En d'autres termes, un investisseur serait prêt à payer une rente sensiblement plus élevée pour un terrain nu sur lequel il pourrait construire un bâtiment équivalent. Sachant que la somme des rentes contractuelles actualisées se situe entre CHF 5 mio. (au taux de 6,5%) et CHF 10 mio. (au taux hors risque), le lecteur peut mesurer l'ampleur de la différence. Ce «rabais» sur la rente est capitalisé dans la valeur du droit de superficie (rien ne se perd…).

Le prix probable au 31.12.2002

Compte tenu du niveau de la rente, un acquéreur ne peut pas raisonner par les coûts. Et en l'absence de transactions ou d'offres portant sur un immeuble semblable, il ne reste plus que l'approche indirecte et la méthode par les revenus pour déterminer un prix probable.

Les acquéreurs raisonnent souvent par capitalisation. Les valeurs de rendement par capitalisation des experts sont de CHF 28,2 et 29,4 mio. (en partant du principe que l'expertise 2003b annule et remplace la 2003a). Quant à l'actualisation sommaire de l'expertise 2005, elle aboutit à un montant de CHF 27,3 mio.

On a vu cependant que les travaux nécessaires avaient été négligés ou sous-évalués dans ces expertises. L'acquéreur qui paie un tel prix se trompe (avec les experts), ou bien il espère un revenu plus élevé ou se contente d'un rendement plus faible. Encore qu'une autre hypothèse peut être avancée pour justifier ce prix, à savoir un locataire potentiel qui accepte de payer le loyer prévu par les experts sans que le propriétaire doive effectuer des travaux pour une dizaine de millions de francs.

La prise en compte des travaux effectivement réalisés ou prévus par celui qui a finalement acquis l'immeuble en 2003 réduit évidemment les prix équivalents. Le résultat de notre actualisation du revenu net est de CHF 21,2 mio., alors que l'approche par les équivalents certains donne CHF 23,6 mio.

Pour représenter le prix probable, on peut déterminer une valeur centrale avec une marge d'erreur. Compte tenu de tous les éléments ci-dessus, le prix par les équivalents certains est retenu comme valeur centrale. Avec une marge de l'ordre de 10%, le prix probable se situe alors **entre CHF 21 et 26 mio**. On rappellera que les experts ont estimé des valeurs vénales entre CHF 23 et 27 mio.

Un autre élément à prendre en considération est le phénomène de rareté. Un acquéreur peut accepter de payer une prime pour obtenir un bâtiment administratif vide au centre de Genève car cela se trouve peu fréquemment sur le marché. L'Histoire a montré par la suite que la concurrence entre acquéreurs a fortement contribué à faire monter le prix au-delà des montants prévus pas les experts.

Le prix probable au 31.12.2003
Deux événements ont modifié le prix équivalent par les revenus courant 2003 : la renégociation du droit de superficie (prolongé jusqu'en 2102) et la mise en location de l'immeuble à une collectivité publique avec un bail de 10 ans. L'incidence de ces événements est évaluée en estimant un prix équivalent au 31 décembre 2003.

Afin de comparer le prix équivalent et le prix payé, l'estimation est effectuée en deux étapes, d'abord avec la prolongation du contrat de superficie puis avec la mise en location du bâtiment. Les estimations sont établies par les équivalents certains.

a) Prolongation du droit de superficie
Différence avec le prix équivalent au 31.12.2002:
- Travaux initiaux en 2004-2005, début de la location en 2006
- Travaux en 2065: 40% de la valeur à neuf
- Travaux en 2080: 20% de la valeur à neuf
- Pas de recette locative en 2065 (travaux)
- Charges d'exploitation en 2065: seulement assurances
- Loyers dépôts après 2075 en francs 2002: CHF 50/m^2
- Loyers bureaux après 2075 en francs 2002: CHF 250/m^2

Prix équivalent par les revenus: **CHF 26 303 633**

Ce prix est supérieur de CHF 2 676 469 au prix équivalent estimé au 31.12.2002 par les équivalents certains. Environ un demi-million est imputable à l'inflation. Le reste, soit environ 2 millions, est essentiellement une plus-value apportée au bien par le conseil du vendeur, qui a renégocié le contrat de superficie. La prolongation d'un droit de superficie avantageux augmente évidemment le prix équivalent pour un investisseur ou un usager.

b) Prolongation du droit de superficie et mise en location du bâtiment
Différence avec l'étape a):
- Etat locatif en 2004: CHF 2 330 000 (mais pas de loyer encaissé en 2004 et 2005 en raison des travaux)
- Equivalent certain des loyers: 100% de l'état locatif jusqu'en 2015, puis équivalent certain de l'étape a)

Prix équivalent par les revenus: **CHF 29 317 701**

La mise en location du bâtiment en automne 2003 a fait augmenter le prix équivalent de 3 millions de francs (+ 11%) ! Cela provient du fait que le loyer payé dépasse le revenu locatif considéré dans les évaluations, et surtout du fait que le risque locatif est moindre car un bail a été signé.

La signature de ce bail avec une collectivité publique a pour effet qu'une marge de risque sur le revenu locatif initial n'est plus nécessaire. Ceci fait passer le revenu locatif équivalent certain initial (2006) de CHF 2,08 à 2,42 mio. La marge de risque pouvant être supprimée pour la durée du bail, le prix équivalent certain passe quant à lui de CHF 26 mio. à 29 mio.

Prix équivalent, prix probable et prix payé
Nous avons jusqu'ici estimé un prix équivalent par les revenus pour un investisseur lambda, que nous avons adopté comme prix probable faute de pouvoir appliquer d'autres méthodes. Le prix effectivement payé fin 2003 (CHF 30 mio.) semble correct en regard du dernier prix équivalent calculé (CHF 29 mio.), mais d'autres éléments doivent être pris en considération.

Le droit de superficie a fait l'objet d'un droit d'emption en septembre 2003 (droit exercé en décembre). Or, la conclusion d'un bail a été une exigence du vendeur pour la signature du droit d'emption. Dès lors, l'acquéreur n'aurait pas dû tenir compte de ce bail (qu'il a accepté de signer) dans la fixation de son prix acceptable car sa volonté était d'acquérir l'immeuble (le passage par un droit d'emption était dû au délai nécessaire pour le vote du crédit d'acquisition par le conseil municipal). Vu sous cet angle, le prix payé semble élevé. Le supplément de CHF 4 mio. par rapport au prix équivalent ne tenant pas compte de la mise en location (CHF 26 mio.) peut être interprété comme une prime de rareté (voir ci-dessus).

Pour mieux juger du prix payé, il faudrait calculer un prix équivalent pour l'acquéreur, qui n'était pas un investisseur mais un usager. Pour lui, l'alternative sous-jacente à la méthode par les revenus était de louer des locaux ailleurs (pour autant évidemment que des locaux équivalents fussent disponibles sur le marché). Comme il était manifestement prêt à payer un loyer plus élevé que le montant admis dans l'évaluation ne tenant pas compte de la mise en location, son prix acceptable devait être plus élevé que notre prix équivalent. Nous laissons (pour l'instant) au lecteur le soin de faire le calcul.

3 Evaluation du terrain

Comme le droit de superficie lui-même, le terrain grevé de ce droit distinct et permanent ne peut pas être évalué par comparaison directe, car les données du marché font cruellement défaut pour cet objet si particulier. Il ne reste donc que l'approche indirecte et la méthode par les revenus, qui est appliquée ici pour l'exercice.

Prix au 31.12.2002 par les revenus
Le prix équivalent par les revenus est la somme de la valeur actuelle des rentes et du prix probable du terrain en 2075:

$$P_0 = R + \frac{P_T}{(1+r)^T}$$

Si $P^T = (1+g)^T P_0$ où g = taux de croissance du prix du terrain

alors $$P_0 = \frac{R}{1 - \left(\frac{1+g}{1+r}\right)^T}$$

Pour $g = 2\%$ et $r = 4\%$, R = CHF 8 861 343 et P = **CHF 11 695 273**.

LEXIQUE

Le lexique comporte deux parties. La première donne les traductions en allemand et en anglais des termes couramment utilisés dans les ouvrages d'expertise immobilière. Le second donne les définitions des termes employés dans le présent ouvrage.

Français	*Allemand*	Anglais (GB)
Immeuble[1]	*Liegenschaft*	Property
Terrain (parcelle)	*Grundstück*	Lot
Bâtiment	*Gebäude*	Building
Maison	*Haus*	House
Logement	*Wohnung*	Dwelling
Logement en propriété	*Eigentumswohnung*	Owner-occupied dwelling
Appartement	*Wohnung*	Flat
Droit de superficie	*Baurecht*	Leasehold
Droit d'habitation	*Wohnrecht*	Right of residence/occupancy
Usufruit	*Nutzniessung*	Right of use
Prix	*Preis*	Price
Valeur	*Wert*	Value
Evaluation	*(Wert-)Schätzung*	Valuation/appraisal
Valeur vénale	*Verkehrswert*	Fair market value
Valeur de marché	*Marktwert*	Current market value
Valeur à neuf	*Neuwert*	Reconstruction value

---

[1] Bien inscrit au Registre foncier. Un immeuble comprend au moins une part de droit sur un terrain. Il s'agit souvent d'un terrain bâti ou non bâti, mais cela peut également être un appartement en PPE (copropriété du terrain) ou un droit de superficie (droit distinct et permanent sur un terrain). Selon cette définition, un bâtiment ne constitue pas un immeuble.

Français	Deutsch	English
Valeur intrinsèque ou réelle	*Realwert/Substanzwert/ Sachwert*	Depreciated cost
Valeur de rendement	*Ertragswert*	Capitalised value
Valeur actuelle	*Barwert*	Present value
Valeur d'assurance	*Versicherungswert*	Insurance value
Valeur fiscale	*Steuerwert*	Tax value
Valeur comptable	*Buchwert*	Book value
Revenu	*Ertrag*	Income
Revenu brut	*Bruttoertrag*	Gross income
Revenu net	*Nettoertrag*	Net income
Revenu locatif	*Mietertrag*	Rental income
Loyer	*Mietzins*	Rent
Bénéfice	*Gewinn*	Profit
Plus-value	*Mehrwert*	Appreciation
Flux de liquidités	*Cash flow*	Cash flow
Dépréciation	*Wertminderung*	Depreciation
Intérêt	*Zins*	Interest
Taux d'intérêt	*Zinssatz*	Interest rate
Taux de rendement	*Renditesatz*	Rate of return/yield
Taux de rendement interne	*Interner Zinsfuss*	Internal rate of return
Taux d'actualisation	*Diskontsatz*	Discount rate
Taux de capitalisation	*Kapitalisierungssatz*	Capitalisation rate
Multiplicateur du revenu	*Ertragsmultiplikator*	Income multiplier
Risque	*Risiko*	Risk
Prime de risque	*Risiko Prämie*	Risk premium
Coût moyen pondéré du capital (CMPC)	*Gewichteter Durchschnitt der Kapitalkosten*	Weighted average cost of capital (WACC)
Impôt	*Steuer*	Tax
Taxe	*Abgabe*	Fee
Impôt immobilier	*Grund- und Gebäudesteuer*	Property tax
Impôt sur la plus-value immobilière	*Grundstückgewinnsteuer*	Capital gains tax
Amortissement comptable	*Abschreibung*	Depreciation
Amortissement financier	*Tilgung*	Amortisation
Construction	*Bau*	Building
Vétusté	*Altersentwertung*	Deterioration
Rénovation	*Erneuerung*	Renewal
Obsolescence	*Wirtschaftliche Altersentwertung*	Obsolescence
Transformation	*Umbau*	Refurbishment

Méthode/approche	Verfahren/Ansatz	Methode/approach
Approche par comparaison directe	Vergleichsansatz	Sales comparison approach
Méthode par les coûts	Kostenansatz/ Sachwertverfahren	Cost-based approach/ depreciated cost approach
Méthode par les revenus	Finanzwertansatz/ Ertragswertverfahren	Income-based approach
Modèle hédoniste	Hedonischer Ansatz	Hedonic method
Actualisation	Aktualisierung	Discounting
Indexation	Indexierung	Indexation
Equivalent certain	Risikoloses Äquivalent	Certainty equivalent
Horizon d'investissement	Anlagehorizont	Investment horizon
Période d'actualisation	Diskontierungsperiode	Discounting period
Classe de centralité	Lageklasse	–

Expert[2]	*Experte*	Expert
Expertise[3]	*Schätzung*	Valuation
Evaluateur	*Schätzer*	Valuer

Définitions

Approche directe du prix probable/approche par comparaison directe
Estimation du prix probable en comparant le bien avec d'autres biens échangés sur le même marché dont on connaît les prix payés.

Approche indirecte du prix probable/approche par les prix équivalents
Méthodes d'estimation du prix probable à partir des prix acceptables des acheteurs potentiels et éventuellement du propriétaire, ceux-ci étant estimés à partir des méthodes de calcul des prix équivalents. Ces méthodes devraient tenir compte des modalités de la transaction.

Capital propre
Valeur économique des fonds propres du propriétaire dans un immeuble, estimée en actualisant les cash-flows libres; il faut ajouter le montant de la dette initiale au capital propre pour aboutir au prix du bien.

Cash-flow libre
Montant des liquidités générées par le bien au cours d'une année, déduction faite des liquidités que l'investisseur a dû débourser en rapport avec le bien; le cash-flow libre est le revenu net augmenté des apports de fonds par emprunt et réduit par l'amortissement de la dette.

---

[2] Personne apte à juger de quelque chose, connaisseur (Grand Larousse encyclopédique). Il ne faut pas confondre le substantif («C'est un expert») avec l'adjectif («Il est expert en la matière»). Ce dernier sous-entend des connaissances acquises par la pratique, l'expérience. Un expert bien formé et informé n'a pas besoin d'être expert.

[3] Constatation ou estimation effectuée par un technicien qualifié (Grand Larousse encyclopédique).

Coût moyen pondéré du capital
Moyenne arithmétique du coût des fonds étrangers et du taux de rendement visé sur les fonds propres, le premier étant pondéré par la part des fonds étrangers dans le prix du bien et le second par la part des fonds propres.

Equivalent certain
Montant sans risque équivalent pour l'investisseur à un montant entaché d'un risque.

Fonds immobilier
Concept utilisé pour évaluer le taux de rendement sur l'horizon d'investissement. Le fonds immobilier comprend un compte courant, l'immeuble acheté et la dette contractée. L'investisseur commence par verser sur le compte courant le montant qu'il veut investir dans l'immeuble ainsi que le montant emprunté; il prélève ensuite sur le compte courant le prix de revient de l'investissement; puis il ajoute au compte courant tous les cash-flows libres générés chaque année par l'investissement ou il y prélève les cash-flows libres négatifs; enfin il y verse le produit net de la vente de l'investissement au terme de l'horizon d'investissement. La variation de la valeur du fonds mesure le rendement du placement immobilier.

Horizon d'investissement
Période pendant laquelle l'investisseur détient l'immeuble, nombre d'années entre l'achat et la vente.

Marché de référence
Ensemble d'immeubles suffisamment semblables géographiquement et qualitativement à l'objet à évaluer pour que la comparaison directe des prix soit possible; moins la comparaison corrige pour les différences de qualité et plus ce marché de référence est restreint.

Méthodes par les revenus
Méthodes d'estimation du prix équivalent reposant sur la comparaison financière avec un placement alternatif ou avec la prise en location d'un autre bien.

Méthode par capitalisation
Méthode par les revenus simplifiée par l'hypothèse que les cash-flows libres croissent à un taux constant jusqu'à la fin des temps.

Méthode DCF
Méthode par les revenus qui tient compte avec plus ou moins de détail de tous les cash-flows liés à l'immeuble.

Méthodes par les prix
Méthodes d'estimation du prix équivalent qui consistent à comparer le bien à évaluer avec d'autres biens proposés sur le marché dont on connaît les prix demandés.

Méthodes par les coûts
Méthodes d'estimation du prix équivalent par le prix de l'ouvrage et le prix d'un terrain comparable.

Modèle hédoniste
Approche par comparaison directe utilisant un modèle statistique qui fait dépendre les prix des biens de leurs caractéristiques.

Multiplicateur du revenu
Rapport observé entre le prix d'un bien et le revenu qu'il génère; utilisé pour estimer le prix d'un bien à partir de ses revenus.

Ouvrage
Constructions et/ou aménagements réalisés sur un terrain prêt à bâtir (équipé, viabilisé).

Période d'actualisation
Lorsque l'horizon d'investissement est supposé infini, on le divise généralement entre une première période dite d'actualisation pendant laquelle on actualise des montants qui peuvent varier librement d'une année à l'autre et une seconde pour laquelle on capitalise ces montants grâce à l'hypothèse de leur évolution dorénavant régulière.

Prix acceptable
Prix pour lequel l'acheteur est indifférent d'acheter ou le propriétaire de conserver un immeuble par rapport à la meilleure de toutes les alternatives possibles.

Prix affiché
Prix auquel le vendeur offre le bien sur le marché (il s'agit d'un prix d'exercice).

Prix de revient de construction
Prix de construction d'un ouvrage équivalent.

Prix de l'ouvrage
Prix de construction d'un ouvrage équivalent, vétusté déduite.

Prix d'exercice
Prix auquel l'acheteur ou le vendeur est prêt à conclure la transaction.

Prix équivalent
Prix pour lequel l'acheteur ou le vendeur potentiel est indifférent d'acheter ou de conserver un immeuble par rapport à une alternative (acheter un autre immeuble, investir dans un autre actif, etc.).

Prix implicite
Concept utilisé dans le modèle hédoniste pour désigner le montant dont augmente le prix d'un bien immobilier lorsqu'on augmente une caractéristique d'une unité (par exemple ajouter un balcon ou placer l'appartement un étage plus haut).

Prix maximal
Prix acceptable le plus élevé parmi ceux de tous les acheteurs potentiels.

Prix minimal
Prix acceptable pour le vendeur.

Prix probable
Prix auquel un bien devrait pouvoir être vendu sur le marché (valeur vénale).

Prix proposé
Prix auquel un acteur propose d'acheter le bien (il s'agit d'un prix d'exercice).

Revenu net
Différence entre les recettes courantes générées par le bien et les dépenses courantes liées au bien; le revenu net augmenté de la plus-value est égal au rendement sur l'année.

Taux d'actualisation
Taux d'intérêt utilisé pour déterminer la valeur présente d'un revenu ou d'une charge futur.

Taux de capitalisation
Lorsque le taux d'actualisation est constant d'une année à l'autre, si les montants à actualiser croissent à un taux constant et si l'horizon d'investissement est infini, alors l'actualisation équivaut à diviser le montant courant par le taux de capitalisation, égal au taux d'actualisation moins le taux de croissance de ce montant.

Taux de rendement
Augmentation de la fortune de l'investisseur due à un actif rapportée à l'investissement initial dans cet actif; dans la pratique immobilière suisse, on appelle souvent «taux de rendement brut (net)» le rapport entre le revenu locatif brut (net) et le prix, ce qui est un abus de langage.

Taux de rendement visé
Le taux de rendement le plus élevé que l'investisseur puisse obtenir avec un placement alternatif financièrement comparable.

Valeur résiduelle
Le dernier cash-flow au terme de la période d'actualisation, qui résume tous les cash-flows futurs; il peut s'agir de la valeur capitalisée des cash-flows ultérieurs ou d'une prévision du produit net de la vente de l'immeuble.

BIBLIOGRAPHIE

Ouvrages cités dans le texte

Bahn Christopher (Ed.) *Immobilienwirtschaft aktuell. Die Immobilienbewertung in der Schweiz – Entwicklung, Gegenwart, Auswirkungen*, CUREM Center for Urban & Real Estate Management, vdf Verlag, Zurich, 2009.

Baranzini Andrea, Ramirez José: «Paying for Quietness: The Impact of Noise on Geneva Rents», *Urban Studies*, 42(4), 2005, pp. 633-646.

Baranzini Andrea, Ramirez José, Schaerer Caroline, Thalmann Philippe, «Applying Hedonics in the Swiss Housing Markets», *Swiss Journal of Economics and Statistics* 144(4), 2008.

Bender André, Hoesli Martin, Favarger Philippe, «Evaluation des biens immobiliers dans les institutions de prévoyance», Aspects de la sécurité sociale, *rapport de recherche* no 2/94, Office fédéral des assurances sociales, Berne, 1994.

Bender, André, Hoesli Martin, Jani Elion, «L'évaluation immobilière. Apport des simulations Monte Carlo», *L'Expert-Comptable Suisse*, 2006:8, pp. 564-569.

Canonica Francesco, *Schätzerlehrgang Grundwissen*, Schweiz. Immobilienschätzer-Verband SIV, Bern, August 2000.

Court Andrew, «Hedonic Price Indexes with Automotive Examples», in: *The Dynamics of Automobile Demand*, General Motors Corporation, New York, 1939, pp. 99-117.

Fahrländer Stefan S., «Semiparametric Construction of Spatial Generalized Hedonic Models for Private Properties», *Revue Suisse d'Economie et de Statistique* 142(4), 2006, pp. 501-528.

Fierz Kaspar, *Le taux d'intérêt et la valeur des biens-fonds*, 2e édition, Schulthess, Zurich, 2006.

French Nick, Byrne Peter, «Concepts and Models of Value», in: Alastair Adair, et al. (Eds.), *European Valuation Practice. Theory and Techniques*, E & FN SPON, Oxford, 1996, pp. 15-29.

Gaillard Etienne, «Taux de capitalisation», *papier* présenté lors du Séminaire de formation et de perfectionnement professionnels de la CEI (Chambre suisse d'experts en estimations immobilières), Lausanne, 6 mai 1998.

Hägi Adolf, *Die Bewertung von Liegenschaften*, Zurich, Polygraphischer Verlag, 1945.

Marco Daniel, Haas Daniel, MER HABITAT – Méthode de diagnostic, des désordres et des manques et d'évaluation des coûts de remise en état des bâtiments d'habitation, *Bulletin du Logement* n° 64, Office fédéral du logement, Granges, 1997.

Meyer-Meierling Paul, *Système de valeurs de référence du coût de la construction BKKS-2.0 – Planification financière pour les constructions neuves et les rénovations*, vdf Verlag, Zurich, 2003 (http://www.bkks.ch).

Naegeli Wolfgang, Wenger Heinz, *L'estimation immobilière*, Editions du Tricorne, Genève, 1997.

OFL, Office fédéral du logement, «Concevoir, évaluer et comparer des logements. Système d'évaluation de logements SEL édition 2000», *Bulletin du Logement* 69, Granges, 2000.

Pedrazzini Lorenzo, *L'évaluation des actifs immobiliers*, Georg, Genève, 1998.

Pedrazzini Lorenzo, Micheli François, *Le prix des immeubles – 10 cas pratiques +1*, 2e édition revue et augmentée, Presses polytechniques et universitaires romandes, 2008.

Pfister, Stefan, Ochsner Beat, «Die Geschichte der Immobilienbewertung in der Schweiz», in Christopher Bahn (Ed.) Immobilienwirtschaft aktuell. Die Immobilienbewertung in der Schweiz – Entwicklung, Gegenwart, Auswirkungen, vdf Verlag, Zurich, 2009, pp. 3-65.

Praplan Roger, *Technique et pratique immobilières*, Genève, mars 1978.

Salvi Marco, Schellenbauer Peter, *Preise, Mieten und Renditen. Der Immobilienmarkt Transparent Gemacht*, Banque cantonale de Zurich, Zurich, 2004.

Scognamiglio Donato Flavio, *Methoden zur Immobilienbewertung im Vergleich: Eine empirische Untersuchung für die Schweiz*, Dissertation, Rechts- und Wirtschaftswissenschaftliche Fakultät, Universität Bern, Berne, 2000.

Scognamiglio Donato Flavio, *Immobilienbewertungsmethoden und Benchmarking*, 4^e Edition, Verlag Hauseigentümerverband Schweiz, Wittenbach, 2008.

STUDER Tobias, «Stand und Entwicklungsmöglichkeiten der Immobilienbewertung», *Schweizer Treuhänder* 6, 1996.

THALMANN Philippe, «Explication empirique des loyers lausannois», *Revue Suisse d'Economie Politique et de Statistique* 123(1), 1987, pp. 47-70.

THALMANN Philippe, «La formation des prix sur un marché peu sophistiqué: le marché immobilier genevois», *Cahiers du G.R.A.T.I.C.E* 21, 2002, pp. 91-109.

THALMANN Philippe, FAVARGER Philippe, *Locataire ou propriétaire? Enjeux et mythes de l'accession à la propriété en Suisse*, Presses polytechniques et universitaires romandes, Lausanne, 2002.

The Appraisal Institute, *The Appraisal of Real Estate*, 13e édition, Chicago, 2008.

USECE, Union suisse des experts cantonaux en matière d'évaluation des immeubles, et SEK/SVIT, Chambre d'experts en estimations immobilières de l'Union suisse des fiduciaires immobilières, *Le manuel suisse de l'estimateur. Evaluation des immeubles*, distribué par Bündner Buchvertrieb, 2005.

Wüest & Partner, *Immo-Monitoring*, Band 1, *Analysen & Prognosen Fokus Wohnungsmarkt*, Verlag W&P, Zurich, annuel.

Autres ouvrages de référence

BENDER André, FAVARGER Philippe, HOESLI Martin, «Valuation Practice in Switzerland», in: *European Valuation Practice*, E & FN Spon - Chapman & Hall, Londres, 1996.

BROWN Gerald, MATYSIAK George, *Real Estate Investment – A Capital Market Approach*, Pearson Education, Harlow, 2000.

DE POLIGNAC Bernard, Monceau Jean-Pierre, *Expertise immobilière – Guide pratique*, Eyrolles, Paris, 2002.

HOESLI, Martin, *Investissement Immobilier. Décision et Gestion du Risque*, 2e édition, Economica, Paris 2011.

ISAAC David, STELEY Terry, *Property Valuation Techniques*, Palgrave, Houndmills, 2000.

THALMANN Philippe, «Les valeurs immobilières et les multiples façons de les estimer», *Banque et Finance* 34, pp. 74-77, 1998.

WENGER Heinz, WENGER Muck Marc, NAEGELI Wolfgang, *Der Liegenschaftenbewerter*, Schulthess, Zurich – Basel – Genf, 2009.